Entre las lenguas

**Lenguaje y educación
después de Babel**

Colección dirigida por
María Luisa Rodríguez
y Jorge Larrosa

Jorge Larrosa

Entre las lenguas
Lenguaje y educación después de Babel

EDITORIAL LAERTES

Primera edición: noviembre, 2003

Diseño cubierta e interior: Duatis Disseny

© Jorge Larrosa

© de esta edición: Laertes S.A. de Ediciones, 2003
c/ Virtut 8, baixos - 08012 Barcelona
www.laertes.es

ISBN: 84-7584-517-7
Depósito legal: B-45.992-2003

Impreso en Romanyà/Valls, S.A.
c/ Verdaguer 1 - 08786 Capellades (Barcelona)

Impreso en la UE

Índice

Presentación, agradecimientos y dedicatorias

Presentar un libro es hacerlo presente. Pero ¿cuál podría ser su presente? ¿el de la escritura, que ya no es, o el de la lectura, que aún no es? Hacer presente un libro es tratar de congelar el movimiento continuo de un lugar de paso, abierto, sin límites, una pura superficie por la que algo, por un instante, pasa.

El presente de un libro es la huella efímera del paso de lo que, escribiéndose, viene. Y también la huella del paso de lo que, leyéndose, se va. Fugazmente. Un umbral entre lo que viene al libro y lo que se va del libro.

Presentar un libro es darle presencia. Pero ¿cuál sería su presencia? ¿la que tiene para mí o la que tendrá para ti? Tal vez la de un espejo. En el que no hay nadie. Quizá la de un rostro desconocido. Siempre apareciendo y siempre borrándose. O la de una figura reflejada en el agua. Evanescente.

La presencia de un libro es el trazo en negro de sus palabras. Fugándose. Tan silenciosas. Y el trazo en blanco de sus silencios. Tan sonoros.

Presentar un libro es darlo a leer, darlo como un presente, compartirlo. Pero tal vez un libro no sea otra cosa que el compartirse de lo que nunca se tuvo, de lo que nunca será de nadie.

Compartir un libro es agradecerlo en la escritura. Que lo hace. En ceniza. Y dedicarlo en la lectura. Que lo deshace. En brasa.

• • •

Agradecer el libro. Convocar entre sus cenizas los nombres de los que compartieron su escritura. Trazar en ese polvo gris surcos de gratitud. Como corrientes de otro azul más denso en el azul del agua transparente. O en el azul infinito del cielo vacío.

Un surco azul Mediterráneo hacia Beatriz, por el cuerpo aéreo de la voz. Un surco azul Copacabana hacia Pedro, Eliana, Tania, Sonia y Maria Luiza, por el quizá de todos los dones. Un surco azul cielo de cordillera hacia Magaldy y Rigoberto, por ese pueblo que siempre está inventándose. Un surco azul camino de volcán hacia Kory, por lo intraducible de todo lo que importa. Un surco azul orilla de río Paraná con reflejos de horizonte pantanero hacia Liliana, Wanderley y Corinta, por el infinito de la lectura. Un surco azul terroso Mar del Plata con varios matices de barro del Guaíba para Inés, Carlos y Alfredo, por las múltiples lenguas de Babel. También hacia Alfredo y Magaldy, y hacia Lilian, un surco azul con espuma del Atlántico, por esa libertad que se libera en nacimiento. A Socorro un surco azul de todos los azules por el arte de la conversación. Un surco azul atardecer de Caracas hacia Gregorio y Gladys, por el compromiso pedagógico y su necesaria generosidad. Y un surco azul pintado sobre un árbol para Cynthia, por el arte de pasar palabras de una lengua a otra lengua.

• • •

Dedicar el libro. Entregar al fuego sus palabras. Deshojarlo. Abandonar sus páginas a los cuatro vientos. Trazar, en su dispersión, vínculos de amor. En el aire.

Con el viento del oeste, dedico este libro a los que están antes, a los que ahora, en mí, son antes, un crepúsculo admirable que me ilumina. Con el viento del oeste deshojo este libro hacia los que me dan un lugar, hacia los que me dan la luz y el horizonte, hacia los que me dan la palabra. A mis maestros, que nunca sabrán lo que les debo. A vosotros las palabras más serenas, las más agradecidas. A mis padres, custodios de mi infancia, cada vez más pequeños en su fragilidad, en la increíble ternura de su ocaso. Cada vez más grandes entre mi pecho y mi espalda. Alejándose. Viniendo a mí en su alejarse. A vosotros las palabras más débiles, las más inseguras, las más balbuceantes.

Con el viento del sur dedico este libro a los que están ahora, a los que habitan conmigo este mediodía casi sin sombras, incandescente. Con el viento del sur deshojo este libro hacia los amigos del alma. Para vosotros las palabras más sonrientes, las más amables. Y lo deshojo también hacia la mujer que amo, tan cerca que nunca la alcanzo, tan lejos que se confunde conmigo, siempre viniendo y siempre por venir, a la justa distancia. Para ti las palabras más apasionadas, las más estremecidas. También las más hermosas, las más alegres, las que llevan más ternura.

Con el viento del este, dedico este libro a los que están después, a los que ahora, en mí, son después, espléndida madrugada. Con el viento del este, lo deshojo hacia mis alumnos. Para vosotros las palabras más voluntariosas, las más afiladas, las más precisas, las más veloces. Lo deshojo también hacia mis hijos que están viniendo, que están alejándose en su venir. Para ti, tan joven, las palabras más generosas, las más libres. También las más valientes, las más osadas. Y para ti, tan niña, las palabras más amorosas, las más delicadas, las más suaves, las más cálidas.

Con el viento del norte, dedico este libro a los que están siempre y nunca a la vez, a los que ahora son siempre y nunca, a los que me acompañan ocultos en la cara de sombra, a los que acecho entre las líneas, a los que espero sin esperanza, a los que ni siquiera adivino. Deshojo este libro hacia vosotros, lectores desconocidos, improbables, habitantes misteriosos de los márgenes de la escritura, mis peores amigos, mis mejores enemigos. Para vosotros las palabras más silenciosas, los silencios más sonoros. Para vosotros la gratitud más tensa, más intensa, las palabras más fecundas. Para vosotros la brasa.

Origen de los textos

Este libro contiene alguno de los artículos que escribí entre 1999 y 2003. Sigue la estela de *La experiencia de la lectura*[1] y de *Pedagogía Profana*[2] en tanto que continúa intentando pensar la relación entre lenguaje, experiencia y formación y su posible articulación pedagógica. Un ejercicio que podríamos llamar «anotaciones para una patética de la relación educativa». Pero hay también un cierto desplazamiento temático desde la cuestión de la subjetividad y sus metamorfosis hacia los temas de la pluralidad y la diferencia, hacia lo que podríamos llamar «anotaciones para una babélica de la educación». La palabra Babel estaba ya escrita en el primer capítulo de *La experiencia de la lectura* y se desplegaba polifónicamente en una compilación reciente.[3]

1. *La experiencia de la lectura. Estudios sobre literatura y formación*. Barcelona. Laertes, 1996. Tercera edición revisada y ampliada en México. Fondo de Cultura Económica, 2003.

2. *Pedagogia Profana. Danças, piruetas, mascaradas*. Porto Alegre (Brasil). Contrabando, 1998. Segunda edición en Belo Horizonte (Brasil). Autêntica, 1999. Traducción francesa como *Apprendre et être. Langage, littérature et expérience de formation*. Paris. ESF, 1998. En español, *Pedagogía Profana. Estudios sobre lenguaje, subjetividad y formación*. Buenos Aires (Argentina). Novedades Educativas, 2000.

3. J. Larrosa, y C. Skliar (eds.), *Habitantes de Babel. Políticas y poéticas de la diferencia*. Barcelona. Laertes, 2001 (publicado también en Brasil en Belo Horizonte. Autêntica, 2001).

La palabra porvenir encabezaba la tercera parte de *Pedagogía Profana*. La palabra diferencia asomaba nítidamente entre las páginas de otras dos compilaciones.[4] Pero sólo aquí la relación entre lenguaje y educación está tratada de un modo explícito desde el punto de vista de la pluralidad, y sólo aquí la encarnadura temporal de la transmisión educativa está desplegada desde la donación y desde el quizá, es decir, desde la diferencia y la discontinuidad. Además, en mis libros anteriores había ciertas dificultades para tratar la educación desde un punto de vista político. Como si las palabras que conectan educación y política, las que articulan el proyecto político de la modernidad como un proyecto educativo (o al revés), las grandes palabras de libertad, igualdad y fraternidad (o comunidad), fueran, para mí, impronunciables, como si no supiera qué hacer con ellas, como si no tuvieran que ver conmigo. Tal vez de ahí el intento de hacerlas sonar de otra manera. Por otra parte, hay en estos textos una cierta voluntad de idioma que, aunque ya estaba presente en trabajos anteriores, aquí es mucho más consciente y, me parece, más arriesgada.

«Dar a leer... quizá» se escribió para un monográfico titulado «Teoría de la pasión comunicativa» publicado gracias a la hospitalidad de una revista de Caracas.[5] Una variante del texto se benefició de las discusiones habidas en un Congreso Internacional de Filosofía con Niños que tuvo lugar en Brasilia.[6]

4. J. Larrosa y N. Pérez de Lara (eds.), *Imágenes del otro.* Barcelona. Virus, 1996 (publicado en Brasil en Petrópolis. Vozes, 1998). J. Larrosa y L. Guzmán (eds.) *Camino y metáfora. Ensayos sobre estética y formación.* San Luis (Argentina). Nueva Editorial Universitaria, 2001.

5. «Dar a leer... quizá. Notas para una dialógica de la transmisión» en *RELEA. Revista Latinoamericana de Estudios Avanzados.* n.º 9. Caracas (Venezuela), 1999, págs. 97-110.

6. «Dar a ler, dar a pensar... quem sabe. Entre literatura e filosofia» en W. Kohan y D. Leal, (orgs.) *Filosofia para crianças em deba-*

«Aprender de oído» se escribió para un taller de lectura que preparé con Beatriz Aparici para uno de los Seminarios que vienen celebrándose en la Facultad de Filosofía de la Universidad de Barcelona sobre la vida y la obra de María Zambrano[7] y se benefició también de la hospitalidad de una revista colombiana que invitó a varias personas a atravesar de una forma poco convencional la relación entre Filosofía y Pedagogía.[8]

«Leer sin saber leer» se escribió para un número especial dedicado a Blanchot por una revista de Barcelona.[9]

«Leer es traducir» es un texto inédito que se escribió para un Seminario que tuvo lugar en Tenerife. La versión definitiva debe mucho a los comentarios que allí hicieron Fernando Bárcena, Joan-Carles Mèlich, Kory González y Magaldy Téllez.

«Sobre repetición y diferencia» fue escrito para uno de los COLE (Congreso de Leitura) de Campinas, se benefició allí de los comentarios de Roger Chartier, Jean Hébrard, Márcia Abreu y Wanderley Geraldi y debe mucho también a la gente de los departamentos de educación y de letras de la Universidad Nacional de Entre Rios donde presenté otra versión del texto.[10]

---

te. Vol. IV. Petrópolis (Brasil). Vozes, 1999, págs. 119-129. Publicado también en *Filosofía para niños. Discusiones y propuestas.* Buenos Aires (Argentina). Novedades Educativas, 2000, págs. 101-110.

7. «Un surco en el aire» en *Aurora. Papeles del Seminario María Zambrano.* n.º 3. Universidad de Barcelona. Barcelona 2001, págs. 7-15.

8. «Aprender de oído. El aula, el claro y la voz en María Zambrano» en *Educación y Pedagogía.* Vol. XII, n.º 26-27. Medellín (Colombia), 2001, págs. 37-46.

9. «Leer sin saber leer. Resonancias entre Blanchot y Duras» en *Maurice Blanchot. La escritura del silencio. Revista Anthropos.* n.º 192-193. Barcelona, 2001, págs. 157-164.

10. «Las paradojas de la repetición y la diferencia. Notas sobre el comentario de texto a partir de Foucault, Bajtín y Borges» en *El cardo.* Año II, n.º 3. Paraná (Argentina) 1999, págs. 4-21. «Os paradoxos da repetição e a diferença. Notas sobre o comentário de texto a partir de Foucault, Bakhtin e Borges» en M. ABREU (Org.) *Leitura, História e História da Leitura.* Campinas (Brasil). Mercado de Letras, 2000, págs. 115-145.

«El código estúpido» es un texto no publicado que se inició a partir de una conversación que tuvo lugar a la salida de una exposición en un museo de arte contemporáneo y se escribió por la perplejidad que me produjo que a la concentración de un millón de personas en la manifestación contra la guerra de Barcelona la siguió otra concentración de otro millón de personas en la visita del Papa de Madrid.

«Experiencia y pasión» se escribió para un Seminario organizado por la Administración Popular de la municipalidad de Campinas y se publicó gracias al interés de su traductor, Wanderley, y de una revista brasileña de educación.[11]

«El cuerpo del lenguaje», inédito, es mi contribución a una ponencia sobre los lenguajes del cuerpo y la educación realizada en colaboración con Fernando Bárcena y José María Asensio para el Seminario Interuniversitario de Teoría de la Educación en su edición de 2003.

La primera versión de «Erótica y hermenéutica» se presentó en Rio de Janeiro, en un encuentro de escritores organizado por el profesor y poeta Pedro García, aunque el texto definitivo se escribió a partir de una conversación en Barcelona con Angel Gabilondo.[12]

«Entre las lenguas», no publicado hasta aquí, es el resultado de una página de Derrida que conmovió por igual a estudiantes y a profesores, a intelectuales sofisticados y a militantes de barriada, durante los varios años que viajó conmigo por España, por Venezuela, por Argentina y por Brasil.

11. «Notas sobre a experiência e o saber de experiência» en *Revista Brasileira de Educaçao.* n.º 19. Campinas (Brasil), 2002, págs. 20-28.

12. «Erótica y hermenéutica, o el arte de amar el cuerpo de las palabras» en *Educación y Pedagogía,* n.º 23-24. Medellín (Colombia) 1999, págs. 17-28. También en *Nexos. Estudos em comunicação e Educação.* Año IV, n.º 6. Campinas (Brasil), 2000.

Una versión de «Contra fariseos» se escribió por encargo de Alain Vergnioux para abrir un monográfico sobre educación moral de la revista que él anima.[13]

«La liberación de la libertad» se escribió como conferencia de apertura de la Cátedra de Estudios Avanzados de la Universidad Central de Venezuela, por encargo de Lilian do Valle se presentó en el grupo de trabajo de Filosofía de la Educación de uno de los encuentros periódicos de Anped en Caxambú, y acabó yendo a parar, gracias a la insistencia y a la generosidad de Alfredo Veiga, a un librito de lecturas más o menos pedagógicas de algunos fragmentos de Nietzsche.[14]

«Inventar un pueblo que falta»[15] se escribió para un Seminario de teoría política que tuvo lugar en una ciudad de la cordillera venezolana y algunos de sus motivos fueron utilizados por grupos bolivarianos en la realización de textos y de audiovisuales.

Una primera versión de «Educación y empequeñecimiento» se escribió para un monográfico sobre igualdad y libertad en educación que se publicó en Brasil, en Colombia, en Argentina y en España.[16] La versión que aquí se presenta debe mucho a los otros coautores de ese monográfico, sobre todo a Carlos Skliar, Walter

13. «Ouverture. Morale et scepticisme» en *Le Télémaque*. Presses Universitaires de Caen. N.º 23. Mayo de 2003, págs. 7-10.

14. «La liberación de la libertad» en *La liberación de la libertad (y otros textos)*. Caracas (Venezuela). Centro de Investigaciones Postdoctorales de la Facultad de Ciencias Económicas y Sociales de la Universidad Central de Venezuela, 2001. También en *Nietzsche e a educação*. Belo Horizonte (Brasil). Autêntica, 2002.

15. «Inventar un pueblo que falta» en X. MARTÍNEZ y M. TÉLLEZ (eds.) *Pliegues de la democracia*. Caracas (Venezuela). Centro de Investigaciones Postdoctorales (CIPOST), 2001, págs. 19-34.

16. «Pedagogía y fariseísmo. Sobre la elevación y el rebajamiento en Gombrowicz» en *Educação e Sociedade*, Campinas (Brasil). N.º 82, abril 2003, págs. 289-298. Ese dossier está en estos momentos en prensa en *Cuadernos de Pedagogía*. Rosario (Argentina), en *Educación y Pedagogía*. Medellín (Colombia) y en *Diálogos*. Valencia (España).

Kohan, Lilian do Valle, Inés Dussel, Paco Jódar, Alejandro Cerletti y Estanislao Antelo.

Las dos conversaciones que cierran el libro[17] se escribieron tras sendos debates que tuvieron lugar en Caracas y su redacción debe mucho a la generosidad y a la agudeza de los contertulios que allí formularon sus ideas, sus comentarios, sus preguntas y sus inquietudes.

Quede constancia de mi agradecimiento a todos los que acompañaron la escritura de estos textos y, también, por la autorización a publicarlos aquí de nuevo, a las revistas y las editoras que los acogieron por primera vez.

17. «De la pluralidad, la diferencia, del acontecimiento, la libertad: a propósito del lenguaje, la literatura y la formación (entrevista a Jorge Larrosa por Magaldy Téllez y Rigoberto Lanz)» *en RELEA. Revista Latinoamericana de Estudios Avanzados.* Caracas (Venezuela), 2000, págs. 135-144. «Sobre lectura, experiencia y formación. Conversatorio» en J. LARROSA et. al. *Más allá de la comprensión: lenguaje, formación y pluralidad.* Caracas. Universidad Simón Rodríguez, 2002, págs. 79-111.

I. Ensayos pedagógicos

Capítulo Primero
Dar a leer... quizá

–«*Lo que dicen las palabras no dura. Duran las palabras. Porque las palabras son siempre las mismas y lo que dicen no es nunca lo mismo.*»[1]

–«*Entre quien da y quien recibe, entre quien habla y quien escucha, hay una eternidad sin consuelo.*»[2]

–«*El pasado fue escrito, el porvenir será leído... sin que ninguna relación de presencia pueda establecerse entre escritura y lectura.*»[3]

–Recibir las palabras, y darlas.

–Para que las palabras duren diciendo cada vez cosas distintas, para que una eternidad sin consuelo abra el intervalo entre cada uno de sus pasos, para que el devenir de lo que es lo mismo sea, en su vuelta a comenzar, de una riqueza infinita, para que el porvenir sea leído como lo que nunca fué escrito... hay que dar las palabras que hemos recibido.

–¿Quizá dar a leer?

–«*Dar a leer... quizá.*»

1. A. PORCHIA, *Voces.* Buenos Aires. Edicial, 1989, pág. 111.
2. R. JUARROZ, *Decimocuarta poesía vertical. Fragmentos verticales.* Buenos Aires. Emecé, 1997, pág. 148.
3. M. BLANCHOT, *El paso (no) más allá.* Barcelona. Paidós, 1994, pág. 60.

–Pero reservemos el «quizá» para el final porque quizá esta conversación no sea otra cosa que un camino hacia el quizá, es decir, hacia un final que sea como un comienzo o que al menos, quizá, anuncie un comienzo. Así que dejemos por ahora la palabra «quizá» y guardémosla a un lado, ya escrita pero sólo como anunciada y aún sin escribir, para escribirla de nuevo como la última palabra.

–Entonces leamos de nuevo: «dar a leer».

–Lo que ocurre es que «dar a leer» es una expresión demasiado legible. Cuando leemos «dar a leer» enseguida creemos haber entendido porque ya sabemos de antemano qué significa «leer» y qué significa «dar». ¿Cómo hacer para que la lectura vaya más allá de esa comprensión aproblemática, demasiado tranquila, en la que sólo leemos lo que ya sabemos leer?

–Con un hacer que tenga la forma de una interrupción: si no interrumpimos, en la misma lengua, el uso normal de la lengua, sólo entendemos lo que ya se adapta a nuestros esquemas previos de comprensión.

–Interrumpir lo que ya sabemos leer, es decir, dar a leer la expresión «dar a leer» como si aún no supiéramos leerla. Por eso dar a leer exige devolverles a las palabras esa ilegibilidad que les es propia y que han perdido al insertarse demasiado cómodamente en nuestro sentido común. Para dar a leer es preciso ese gesto a veces violento de problematizar lo evidente, de convertir en desconocido lo demasiado conocido, de devolverle una cierta oscuridad a lo que parece claro, de abrir una cierta ilegibilidad en lo que nos es demasiado legible.

–¿Un gesto filosófico?

–Un gesto filosófico si entendemos que la filosofía es abrir la distancia entre el saber y el pensar, esa distancia que sólo se abre cuando lo que ya sabemos se nos da como lo que hay que pensar.

–¿Dar a pensar, entonces, las palabras «dar a leer»?

–Darlas a pensar de otro modo en el mismo movimiento en que se las da a leer de otro modo. Dar a leer (lo que aún no sabemos leer): dar a pensar (lo que aún no pensamos).

–Dar a leer lo que aún no sabemos leer. Pero ¿no es eso lo que hace el escritor y, eminentemente, el poeta, renovar las palabras comunes, escribirlas como por primera vez, hacerlas sonar de un modo inaudito, darlas a leer como nunca antes han sido leídas? Barros, por ejemplo: «... *no bastan las licencias poéticas, hay que ir a las licenciosidades. Tenemos que picardear el idioma para que no muera de clichés. Subvertir la sintaxis hasta la castidad: eso quiere decir: hasta obtener un texto casto. Un texto virgen que el tiempo y el hombre aún no hayan maltratado. Nuestro paladar de leer anda con tedio. Es preciso proponer nuevos enlaces para las palabras. Inyectar insanía en los verbos para que transmitan sus delirios a los nombres. Hay que encontrar por primera vez una frase para poder ser poeta en ella».*[4]

–Certero eso de que «*nuestro paladar de leer anda con tedio*». También anda con tedio nuestro paladar de vivir y ¿por qué no decirlo? nuestro paladar de pensar.

–Dar a pensar lo que aún no pensamos. Jankélévitch por ejemplo: «... *las palabras que sirven de soporte al pensamiento deben ser empleadas en todas las posiciones posibles, en las locuciones más variadas; hay que hacerlas girar, torcerlas sobre todas sus caras, en la esperanza de un brillo; palparlas y auscultar su sonoridad para percibir el secreto de su sentido. Las asonancias y las resonancias de las palabras ¿no tienen una vir-*

---

4. M. de Barros, *Gramática expositiva do chão*. Rio de Janeiro. Civilização brasileira, 1990, pág. 312.

tud inspiradora? Este rigor debe a veces lograrse al precio de un discurso ilegible: que se contradiga tiene poca importancia; basta continuar sobre la misma línea, resbalar sobre la misma pendiente, y el discurso se aleja cada vez más del punto de partida, y el punto de partida acaba por desmentir el punto de llegada (...). Lo que importa es ir hasta el límite de lo que se puede hacer, conseguir una coherencia sin falla, hacer aflorar las cuestiones más escondidas y las más informulables».[5]

–El poeta aspira a un «texto casto» que podamos paladear sin tedio. El filósofo pretende un «discurso ilegible» que suscite preguntas inéditas. En ambos casos, trastornar el uso normal de la lengua, interrumpir el sentido común de las palabras hasta hacerlas ilegibles. Pero el filósofo, dando a leer de otro modo las palabras comunes, libera la posibilidad de pensar de otro modo. El poeta lo es en la frase «que encuentra por primera vez», mientras que el filósofo lo es en la frase «que hace aflorar cuestiones escondidas». Y el filósofo insiste en que no llega a esa frase desde su genialidad sino desde las palabras, aprendiendo de ellas y con ellas, llevándolas hasta el extremo de lo que pueden dar a pensar.

–Leamos entonces uno de esos textos filosóficos que se empecinan en dar a pensar el leer más allá de la aparente claridad de la palabra «leer». Gadamer, por ejemplo: «... *qué cosa sea leer, y cómo tiene lugar la lectura, me parece una de las cuestiones más oscuras».*[6] Cada día leemos, a veces hablamos de nuestras lecturas y de las lecturas de los otros, todos nosotros sabemos leer y, a veces, enseñamos a otros a leer, habitualmente usamos con plena normalidad y competencia la palabra leer...

5. V. Jankélévitch, *Quelque part dans l'inachevé.* Paris. Gallimard, 1978, pág. 18.
6. H-G. Gadamer, «Filosofía y literatura» en *Estética y Hermenéutica.* Madrid. Tecnos, 1996, pág. 189.

pero a lo mejor aún no sabemos qué es leer y cómo tiene lugar la lectura.

–Leamos también un texto que hace ilegible, y por tanto da a pensar, la palabra «dar». Todos nosotros participamos constantemente en prácticas de intercambio y de comunicación, cada día damos y recibimos, pero a lo mejor dar es imposible. Por ejemplo Derrida: «... *el don es lo imposible. No imposible sino lo imposible. La imagen misma de lo imposible»*.[7]

–Si leer es lo más oscuro y dar es lo imposible, ¿cómo leer «dar a leer»?

–Quizá leyendo la dificultad de leer la expresión «dar a leer» ya hemos comenzado a leerla, ya estamos dando a leer la oscuridad del «leer» y la imposibilidad del «dar», aunque todavía no sepamos qué dicen las palabras «dar a leer».

–Leer es oscuro cuando se lee lo que no se sabe leer, pero sólo así la lectura es experiencia: la experiencia de la lectura: leer sin saber leer. Dar es imposible cuando se da lo que no se tiene, pero esa imposibilidad es la condición misma de la ética: la ética del don: dar lo que no se tiene.

–La expresión «dar a leer» contiene la relación entre la experiencia de la lectura y la ética del don. Y cómo esa relación está implicada en esa peculiar duración de las palabras en la que éstas se conservan transformándose. Lo que nos interesa en el «dar a leer» es esa paradójica forma de transmisión en la que se dan simultáneamente la continuidad y el comienzo, la repetición y la diferencia, la conservación y la renovación.

–Leer sin saber leer. Por ejemplo: «... *lo que más amenaza la lectura: la realidad del lector, su personalidad,*

---

7. J. DERRIDA, *Dar (el) tiempo. La moneda falsa.* Barcelona. Paidós, 1995, pág. 17.

su inmodestia, su manera encarnizada de querer seguir siendo él mismo frente a lo que lee, de querer ser un hombre que sabe leer en general».[8] Solamente el que no sabe leer puede dar a leer. El que ya sabe leer, el que ya sabe lo que dicen las palabras, el que ya sabe lo que el texto significa... ése da el texto ya leído de antemano y, por tanto, no lo da a leer.

–Dar lo que no se tiene. Por ejemplo: «*...dar a leer es siempre un gesto doble. Dar a leer no puede tener lugar mas que en una escritura que se da retirándose en los márgenes del texto que da a leer. No se da a leer mas que cuando se escribe en los márgenes, cuando se practica la cita, la reescritura, cuando se da lo que no nos pertenece propiamente –es decir, lo que no se puede dar».*[9] Solamente el que no tiene puede dar. El que da como propietario de las palabras y de su sentido, el que da como dueño de aquello que da... ese da al mismo tiempo las palabras y el control sobre el sentido de las palabras y, por tanto, no las da.

–Dar a leer, entonces, es dar las palabras sin dar al mismo tiempo lo que dicen las palabras. O, mejor, interrumpiendo todas las convenciones que nos hacen dar a leer lo que ya tenemos como propio, lo que ya sabemos leer. Hemos leído que «*las palabras son siempre las mismas y lo que dicen no es nunca lo mismo*». Por eso hay que dar las palabras retirando o interrumpiendo al mismo tiempo lo que dicen las palabras para dar así el infinito durar de las palabras, su posibilidad de decir siempre de nuevo más allá de lo que ya dicen.

–Añadamos aquí el punto de vista de la pasión: ¿qué pasión pasa por el «dar a leer»? y ¿por qué esa palabra: «pasión»?, otra palabra oscura.

8. M. BLANCHOT, *El espacio literario.* Barcelona. Paidós, 1992, pág. 187.
9. M. LISSE, «Donner à lire» en *L'éthique du don. Jacques Derrida et la pensée du don.* Paris. Metailié-Transition, 1992, pág. 148.

–Oscura como todas las palabras cuando se dan a leer en su ilegibilidad, en lo que tienen de incomprensible, en lo que en ellas hay de exceso o de ausencia respecto de sí mismas. Dar a leer es dar la alteridad constitutiva de las palabras: lo que en ellas se nos ofrece plenamente y sin reservas, y al mismo tiempo se nos retira escapándose a cualquier captación apropiadora.

–Escribamos entonces: *«la pasión de dar a leer».*

–Parece que al escribir la palabra «pasión» junto a la expresión «dar a leer» estamos dando a leer otra imposibilidad. Porque si leemos, según la vieja distinción escolástica, que pasión se opone a acción, *passio* a *actio,* como pasividad a actividad, «dar a leer» no podría ser un acto o una actividad.

–«Dar a leer» no podría ser, desde luego, la acción voluntaria e intencional de un sujeto poderoso que sabe lo que quiere. Pero «pasión» no dice sólo privación o defecto de actividad. Trías, por ejemplo, nos da a leer «pasión» como lo que *«sobrevuela la dualidad de lo activo y lo pasivo, a la vez mantenimiento y suspensión del sentido de los términos de esa dicotomía».*[10]

–¿Hemos escrito la palabra «pasión» para suspender la dicotomía de lo activo y de lo pasivo en el «dar a leer»?

–En efecto, para entender el «dar a leer» como la acción de un sujeto pasional: para que el «dar a leer» no sea lo que hace un sujeto soberano poniendo en juego su poder, su saber y su voluntad... sino lo que le pasa a un sujeto indigente cuando suspende toda voluntad de dominio, toda propiedad, todo proyecto, todo saber, todo poder y toda intención. Y eso tanto sobre las palabras que da a leer como sobre la lectura de aquél a quien da a leer. El «dar a leer» es el acto de un sujeto pasional cuando su fuerza no depende de su

10. E. Trías, *Tratado de la pasión.* Madrid. Taurus, 1979, pág. 29.

saber sino de su ignorancia, no de su potencia sino de su impotencia, no de su voluntad sino de su abandono.

–La fuerza actuante del «dar a leer» sólo es aquí generosidad: no apropiación de las palabras para nuestros propios fines, sino desapropiación de nosotros mismos en el darlas a leer. Las palabras que se dan a leer no son palabras que se puedan tener o de las que podamos apropiarnos, sino que son más bien palabras que se «dan a leer» abandonándolas. Por eso su lectura es siempre imprevisible, siempre por venir.

–Hablemos primero del escritor. ¿Cuál es la pasión del escritor que «da a leer»?

–El «dar a leer del escritor» se produce en el momento en el que el libro, ya escrito, se da al lector para que lo lea. Su dar a leer reside en el movimiento en el que se abandona la escritura y se inicia la comunicación.

–¿Pero no es también la palabra «comunicación» otra palabra demasiado clara que nombra una práctica demasiado posible?

–Leámosla entonces interrumpiéndola. Derrida por ejemplo: «... *el horizonte semántico que habitualmente gobierna la noción de comunicación es excedido o hecho estallar por la intervención de la escritura, es decir, de una diseminación que no se reduce a una polisemia. La escritura se lee...*»[11] La escritura se lee, se da a leer. Y ese hecho tan obvio hace estallar la noción común de comunicación como transporte codificado de un sentido entre un emisor y un receptor, incluso si ese sentido que se transporta no es único sino múltiple.

–Quizá el escritor escriba porque «quiere decir» algo y «utilice» la escritura como un «medio» o un «vehículo» para comunicar eso que quiere decir: ideas,

11. J. Derrida, «Firma, acontecimiento, contexto» en *Márgenes de la filosofía*. Madrid. Cátedra, 1989, pág. 371.

pensamientos, sentimientos o representaciones. Pero simplemente porque la escritura se da a leer, el modo como comunica cae inmediatamente fuera de esa noción común de comunicación como relación entre conciencias o como transporte lingüístico de un «querer decir».

–Además, no es evidente siquiera que el escritor sea el origen de la escritura. El escritor no escribe desde su voluntad sino desde sus palabras: no escribe sino lo que ha escuchado primero. El escritor no da sino lo que ha recibido: la frase *«que encuentra por primera vez»* o la frase a la que ha llegado *«para hacer aflorar las cuestiones más escondidas»*.

–No sabemos de donde viene la escritura. Pero, si es escritura, o bien el dar a leer no puede ser entendido como comunicación o bien debemos entender la palabra «comunicación» de un modo completamente diferente.

–En el «dar a leer del escritor» debemos leer la palabra «comunicación» desde la ausencia del escritor y desde el fracaso de su querer decir. Cuando el escritor da a leer no se pone a sí mismo para relacionarse a través de la escritura con un lector más o menos anticipado ni tampoco da a leer simplemente lo que sus palabras «dicen» o «quieren decir». El escritor da a leer las palabras en el mismo movimiento en que las abandona a una deriva en la que ni él ni sus intenciones estarán presentes y que él, desde luego, no podrá nunca controlar. Las palabras que se dan a leer no unen al escritor con el lector sino que los separan infinitamente, en una «eternidad sin consuelo». Por eso *«escribir es producir una marca que constituirá una especie de máquina productora a su vez, que mi futura desaparición no impedirá que siga funcionando y dando, dándose a leer y a reescribir»*.[12]

12. J. Derrida, *op. cit.*, pág. 357.

–Entonces, no es el escritor el que da a leer, sino que es la escritura misma la que se da a leer en la desaparición del autor, en la no presencia de su querer decir o de su querer comunicar. Hemos leído que no existe *«ninguna relación de presencia entre escritura y lectura»*.

–Por eso el «dar a leer» es el momento en que el escritor da las palabras perdiendo todo el poder sobre lo que dicen las palabras. La escritura se da a leer en el momento en que el escritor queda desposeído de toda propiedad y de toda soberanía, en el momento en que las palabras que se dan a leer no son ya ni sus propias palabras ni las palabras sobre las que él podría ejercer alguna suerte de dominio ni las palabras en las que él aún estaría de algún modo presente. El escritor no puede poseer el momento de la lectura, nunca podrá tener la lectura. Por eso, al «dar a leer», el escritor da lo que no tiene, lo que no sabe, lo que no quiere, lo que no puede... nada que dependa de su saber, de su poder o de su voluntad... nada que le sea propio.

–Hablemos ahora del lector. ¿Cuál es la pasión del lector que «da a leer»? Lectores que dan a leer son los profesores, los críticos, los estudiosos, los eruditos, los comentaristas y, en general, todos aquellos que dan a leer palabras que no han escrito sino que les han sido dadas. Démosles un nombre único: maestro de lectura. El maestro de lectura es el que quiere dar a leer lo que él mismo ha recibido como el don de la lectura. Entonces, ¿cuál es la pasión del maestro de lectura que «da a leer»? ¿le convendría también a esa pasión el nombre de «comunicación»?

–Aquí comunicación es «transmisión»: mediación entre lo que se ha recibido y lo que se da. El maestro de lectura es el que aprende para enseñar, aquél en el que se conjugan la pasión de aprender y la pasión de enseñar. Así Lévinas: *«La transmisión comporta una enseñanza que ya se dibuja en la receptividad misma del aprender y la prolonga: el verdadero aprender consiste en recibir la lectura tan profundamente que se hace necesidad de darse al otro: la verdadera lectura no permanece en la conciencia de un solo hombre sino que estalla hacia el otro».*[13]

–La relación entre el recibir y el dar, entre el aprender y el enseñar, ha sido dada a leer por Lévinas con la palabra «estallar»: ¿es entonces la transmisión un estallido?

–La transmisión es una comunicación que estalla. Cuando hay transmisión la noción común de comunicación estalla porque lo que se comunica sólo se transmite transformándose. La transmisión no es el comunicarse de algo inerte sino el abrirse de la posibilidad de la invención y de la renovación. Por eso, en el maestro de lectura, la pasión del aprender y la pasión del enseñar se conjugan en la pasión de lo nuevo, de lo imprevisible, de la lectura por venir.

–Pero para que la pasión del maestro de lectura sea la pasión de la lectura por venir es preciso que ni la pasión del aprender ni la pasión del enseñar pasen por la apropiación o por la reproducción de lo mismo. El maestro que da a leer no sabe leer (las palabras que lee no son de su propiedad) y no es el dueño de la lectura de los otros. Tanto lo que recibe como lo que da le son ajenos, diferentes. Por eso son fuente de pasión. Trías: «... *esa afección por lo diferencial es lo que denominamos pasión».*[14]

–Tanto lo que aprende como lo que enseña son, para el maestro de lectura, «lo diferencial». Quizá por eso el maestro, como el escritor pero de otra manera, también comunica desde su ausencia y desde su fracaso. Su comunicación es un llamar la atención, no sobre sí mismo, sino sobre las palabras que da a leer. El

---

13. E. Lévinas, *L'au-delà du verset.* Paris. Minuit, 1982, pág. 99.
14. E. Trías, *Tratado de la pasión. Op. cit.,* pág. 146.

maestro comunica por su humildad, por su ponerse al servicio de las palabras: su pasión comunicativa está hecha también de generosidad, de desprendimiento.

–Una generosidad que se dirige no sólo a las palabras que da a leer, sino también a aquéllos a quienes da a leer. ¿Una doble responsabilidad, por tanto, que es una doble desaparición y un doble fracaso?

–El maestro de lectura se hace responsable, primero, de las palabras que ha recibido como un don de la lectura y que, a su vez, quiere dar a leer. Esa responsabilidad que se llama respeto, atención, delicadeza o cuidado, le exige desaparecer él mismo de las palabras que da a leer para darlas a leer en su máxima pureza. Y el maestro de lectura se hace responsable también de los nuevos lectores que deberán producir nuevas lecturas. Por eso también tiene que desaparecer en la lectura de lo que da a leer para que sea una lectura nueva e imprevisible.

–El dar a leer del maestro de lectura ¿es un proteger las palabras y un abrir la lectura?

–Su dar a leer implica siempre un doble gesto. Por un lado debe respetar las palabras que da a leer para protegerlas tanto del dogmatismo interpretativo como del delirio interpretativo. Por otro lado debe abrir la lectura, es decir, debe hacer que la lectura sea a la vez rigurosa e indecidible.

–Podríamos ahora escribir la palabra «pasión» junto a esa otra palabra con la que habitualmente suele darse a leer: la palabra «amor». Quizá no esté del todo desencaminado si recordamos la definición célebre de Lacan: *«el amor es dar lo que no se tiene».*[15] Dar las palabras podría ser indistinguible de estar apasionado por las palabras, de estar enamorado de las palabras. ¿Sería el «dar a leer» la pasión del filólogo?

15. Lacan, *Écrits.* Paris. Seuil, 1966, pág. 618.

–Leamos una declaración de amor a las palabras. García Calvo: «*Las palabras, pues, camaradas, cojámoslas y vayamos descuartizándolas una a una con amor, eso sí, ya que tenemos nombre de 'amigos-de-la-palabra'; pues ellas no tienen por cierto parte alguna en los males en que penamos día tras día, y luego por las noches nos revolvemos en sueños, sino que son los hombres, malamente hombres, los que, esclavizados a las cosas o dinero, también como esclavas tienen en uso a las palabras. Pero ellas, con todo, incorruptas y benignas: sí, es cierto que por ellas este orden o cosmos está tejido, engaños variopintos todo él; pero si, analizándolas y soltándolas, las deja uno obrar como libres alguna vez, en sentido inverso van destejiendo sus propios engaños ellas, tal como Penélope por el día apacentaba a los señores con esperanzas, pero a su vez de noche se tornaba hacia lo verdadero».*[16]

–Aquí se nos da a leer el «amor a las palabras» como algo que no tiene que ver con su uso sino con su libertad, y que no tiene que ver con su vida diurna, aquella en la que las palabras trabajan al servicio del orden y de la esperanza, al servicio del sentido, sino con su vida nocturna, la más inquietante y la más peligrosa, pero también la más benigna, la más hospitalaria, la más generosa y la más verdadera. Esa declaración de amor nos da a pensar el ser amigos-amantes-enamorados de las palabras en una forma de amor que no pasa por el conocimiento, ni por el uso, ni por la voluntad de apropiación, ni siquiera por la voluntad de sentido.

–¿Amor-pasión?

–Sí, si entendemos que la pasión le da al amor un carácter paradójico. El amor marcado por la pasión anula las dicotomías entre posesión y entrega, entre apropiación y desprendimiento, entre satisfacción y

16. A. GARCÍA CALVO, *Lalia. Ensayos de estudio lingüístico de la sociedad.* Madrid. Siglo XXI, 1973, s.p.

deseo, entre padecimiento y afirmación, entre libertad y cautiverio. El filólogo es un ser poseído por su amor a las palabras, padece de amor a las palabras, está cautivado por las palabras. Pero es en ese padecimiento y en ese cautiverio en los que se afirma como sujeto pasional: sólo accede a las palabras, y nunca plenamente, cuando se entrega a ellas; sólo se le dan, y nunca del todo, cuando se desprende; sólo le hacen libre, y nunca totalmente, cuando las deja libres; sólo se le entregan, y nunca completamente, cuando anula su saber, su poder y su voluntad. Por eso, el amor-pasión no puede satisfacerse, sino que sólo se satisface en su permanente insatisfacción, en tanto que el deseo permanece como deseo.

–Y esa nocturnidad, ese amor a la libertad nocturna de las palabras, ¿tiene también que ver con la pasión?

–El amor-pasión siempre tiene algo de ilegítimo, de desventurado y de peligroso. El amor legítimo a las palabras es un amor diurno que tiene que ver con la apropiación, con el uso y con el trabajo del sentido: es un amor seguro, útil, que no pone nada en peligro, y que tiende a la seguridad, a la felicidad y a la estabilidad del mundo. Sin duda, la mayoría de las veces el «dar a leer» forma parte del día: cuando el dar a leer tiene que ver con la esclavitud de las palabras a la verdad común, a la belleza o a la bondad común, al lenguaje corriente, a las fórmulas eficaces, a la cultura, a la educación o a la historia, al diálogo público, a la moral, al conocimiento, a los negocios de los hombres en suma. Pero a veces el amor a las palabras y el dar a leer que le corresponde está atravesado por una pasión nocturna, libre, desgraciada e inútil que interrumpe por un momento, haciéndola vacía e insignificante, toda la seguridad, toda la estabilidad, toda la felicidad y todo el sentido del día.

–El filólogo, entonces, debe entregarse también a

ese amor nocturno y dar a leer las palabras apasionadas de la noche. Así Blanchot: «... *cuanto más se afirma el mundo como futuro y el pleno día de la verdad donde todo tendrá valor, donde todo tendrá sentido, donde el todo se realizará bajo el dominio del hombre y para su uso, más parece que la palabra debe descender hacia ese punto donde nada aún tiene sentido, más importante se hace que mantenga el movimiento, la inseguridad y la desventura de lo que escapa de toda percepción y de todo fin».*[17]

–¿Podemos ya escribir ese «quizá» que habíamos dejado anunciado y reservado para que fuera nuestra última palabra?

–Escribamos entonces: «... quizá».

–Y démoslo a leer como una figura de la discontinuidad. Por eso la palabra «quizá» viene precedida de unos puntos suspensivos, es decir, de algo que permanece suspendido en un ritmo silencioso de marcas y vacíos. Los puntos suspensivos no son vectores direccionales, no llevan a ninguna parte ni vienen de ninguna parte, no significan nada, no suenan de ningún modo. Indican una dilación, una espera, un suspense, una pausa, un aplazamiento, un instante de atención y escucha, una levísima interrupción con la que se prepara el quizá y en la que, quizá, se anuncia su venida.

–Esa discontinuidad del quizá ¿no se nos da a leer junto con el acontecimiento y con el porvenir? Así Derrida: «... *el pensamiento del quizá involucra quizá el único pensamiento posible del acontecimiento. Y no hay categoría más justa para el porvenir que la del quizá. Tal pensamiento conjuga el acontecimiento, el porvenir y el quizá para abrirse a la venida de lo que viene, es decir, necesariamente bajo el régimen de un posible cuya posibilitación debe triunfar sobre lo imposible. Pues un*

17. M. Blanchot. *El espacio literario. Op. cit.*, pág. 236.

posible que sería solamente posible (no imposible), un porvenir segura y ciertamente posible, de antemano accesible, sería un mal posible, un posible sin porvenir. Sería un programa o una causalidad, un desarrollo, un desplegarse sin acontecimiento».[18]

–El quizá da a leer la interrupción, la discontinuidad, la posibilidad, quizá, del acontecimiento que se abre en el corazón de lo imposible, la venida del porvenir, es decir, de lo que no se sabe y no se espera, de aquello que no se puede proyectar, ni anticipar, ni prever, ni prescribir, ni predecir, ni planificar.

–«Dar a leer... quizá» para leer en el «dar a leer» el quizá del acontecimiento, de la discontinuidad y del por-venir.

–¿También el quizá de la fecundidad?
–«Dar a leer... quizá»: la fecundidad del «dar a leer».
–Leamos entonces la palabra «fecundidad». Lévinas, por ejemplo: *«un ser capaz de otro destino que el suyo es un ser fecundo».*[19] Y escribamos algunas variaciones de esa cita: una vida capaz de otra vida que la suya es una vida fecunda; un tiempo capaz de otro tiempo que el suyo es un tiempo fecundo; una palabra capaz de otra palabra que la suya es una palabra fecunda. ¿No es la fecundidad una modalidad del «dar»? Fecundidad: dar la vida, dar el tiempo, dar la palabra.
–La fecundidad es dar una vida que no será nuestra vida ni la continuación de nuestra vida porque será una vida otra, la vida del otro. O dar un tiempo que no será nuestro tiempo ni la continuación de nuestro tiempo porque será un tiempo otro, el tiempo del otro. O dar una palabra que no será nuestra palabra ni la conti-

18. J. DERRIDA, *Políticas de la amistad.* Madrid. Trotta, 1998, pág. 46.
19. E. LEVINAS. *Totalidad e Infinito.* Salamanca. Sígueme, 1977, pág. 289.

nuación de nuestra palabra porque será una palabra otra, la palabra del otro.

–«Dar a leer... quizá» tiene que ver con el quizá de una palabra que no comprenderemos, pero que, al mismo tiempo, necesita del darse generoso de nuestra palabra.

–Y es ahí donde dar a leer (sin saber leer) es dar lo que no se tiene. O, aún más radicalmente, es ahí donde dar a leer es dar la aceptación de la muerte de las propias palabras: ese imposible de dar al otro la aceptación de la muerte propia, el silencio, la interrupción, el quizá, el espacio vacío en el que quizá puede venir el porvenir de la palabra o la palabra del porvenir.

–Aquí, junto al quizá, otra vez la pasión. Trías: la pasión *«es un amor que se desarrolla en el horizonte de la muerte».*[20]

–Leamos de nuevo: *Dar a leer: la pasión del amor: la pasión de la muerte: la pasión de la fecundidad: la pasión del quizá.*

–Recibir las palabras, y darlas.

–Para que las palabras duren diciendo cada vez cosas distintas, para que una eternidad sin consuelo abra el intervalo entre cada uno de sus pasos, para que el devenir de lo que es lo mismo sea, en su vuelta a comenzar, de una riqueza infinita, para que el porvenir sea leído como lo que nunca fue escrito... hay que dar las palabras.

–¿Quizá dar a leer?

–*«Dar a leer... quizá.»*

---

20 E. TRÍAS, *Tratado de la pasión. Op. cit.*, pág. 26.

Capítulo Segundo
Aprender de oído

Una lectura pedagógica convencional de María Zambrano podría plantearse desde dos puntos de vista. Podría interrogarse la razón poética zambraniana misma como razón pedagógica, es decir, como razón mediadora entre la palabra y la vida. O podrían examinarse los textos que durante su exilio latinoamericano dedicó explícitamente a la educación a petición de algunas revistas pedagógicas. Además, y puesto que María Zambrano, quizá por el carácter inclasificable de su escritura, continúa siendo una pensadora marginal en las instituciones académicas, habría que encabezar todo eso con una somera presentación de la autora. Pero he optado aquí por un ejercicio más humilde (lo que no quiere decir que sea más fácil) y seguramente más honesto: dar a leer un texto de María Zambrano presentándolo, reescribiéndolo, subrayándolo, parafraseándolo, haciéndolo resonar con otros textos y, a veces, extendiéndolo, con la única intención de despertar en el improbable lector algo que podríamos llamar «ganas de seguir leyendo».

El texto que quiero dar a leer trata sobre el oído, sobre el aprender de oído, sobre el aula como uno de *«los lugares de la voz donde se va a aprender de oído»*.[1]

1. *Claros del bosque.* Barcelona. Seix Barral, 1977, pág. 16.

El texto retoma por tanto un motivo clásico que podríamos hacer sonar junto a las consideraciones de Nietzsche sobre «el método acromático de enseñanza» en la última de las conferencias de Basilea, junto a las reflexiones de Heidegger sobre el «oír» y el «escuchar» en varias secciones de sus conferencias sobre el lenguaje, o junto a los diversos trabajos de Derrida sobre el privilegio del oído y de la voz en el fonocentrismo occidental y, por tanto, en una pedagogía construida fonocéntricamente. Pero aunque sea interesante, y seguramente necesario para evitar lecturas demasiado ingenuas, trazar un contexto lo más noble posible del motivo zambraniano de la voz, voy a proponer aquí una lectura inmanente.

La vida de la palabra y la palabra de la vida

Quizá podría recorrerse gran parte del texto zambraniano desde la problematización vital de los modos del darse de la palabra. La de María Zambrano es una «razón vital» que se hace, por su propia necesidad interna, «razón poética», pero que, en cuanto razón poética, precisa interrogar constantemente los diferentes modos de su encarnación en la vida. De lo que se trata es de indicar caminos del pensamiento y de la palabra (de la «palabra pensante, pensativa», en la expresión de Heidegger) que sean a la vez caminos que despierten, alberguen y transformen la vida en todas sus dimensiones, sin humillarla y sin mutilarla, y de indicar caminos de vida que sean a la vez caminos de fidelidad a la palabra entera, también sin humillación y sin mutilación. La razón poética es un gesto de rebeldía frente a la humillación de la vida que hace tanto el absolutismo de la filosofía sistemática como el utilitarismo de la razón tecnocientífica, y frente a la mutilación de la palabra que se produce al esclavizarla a la doble economía de la representación y de la comunicación. Lo que le interesa a María Zambrano es la conexión entre los modos del darse de la palabra y las condiciones existenciales del darse de la vida humana.

Habiendo un hablar, ¿por qué el escribir?

Antes de entrar en la determinación zambraniana de la oralidad, de la voz, de la *phoné*, y de su relación específica con el aprendizaje, quizá haya que decir algo sobre el modo como aparece el habla en el que quizá sea el texto más hermoso de los varios que María Zambrano dedicó a la escritura y en el que la oralidad no es otra cosa que ese hablar vacío y ruidoso, meramente comunicativo y, por lo tanto, preso de las circunstancias y los apremios de la vida, en el interior del cual emerge la necesidad de escribir. Porque el «hablar» que a nosotros nos interesa no es ese «hablar» al que María Zambrano se refiere cuando se pregunta: *«Habiendo un hablar, ¿por qué el escribir?»*.[2] Ahí el hablar no es un hablar necesario, un darse de la palabra en la necesidad de hablar, sino más bien esa cháchara insustancial y siempre excesiva que la escritura debe venir precisamente a interrumpir y a salvar. La escritura ahí viene a «salvar las palabras» de la usura del tiempo y de la esclavitud de los negocios de los hombres. Como si hubiéramos perdido las palabras y la amistad de las palabras en el momento mismo en que las hemos convertido en un instrumento de nuestras necesidades más vanas. Y como si la escritura viniese a salvar las palabras liberándolas, devolviéndoles esa libertad que les hemos quitado desde que las hemos arrastrado con nosotros a la caída, es decir, al trabajo y a la historia,

---

2. «Por qué se escribe» en *Hacia un saber sobre el alma*. Madrid. Alianza, 1987, pág. 31.

desde que las hemos hecho humanas, demasiado humanas. Para Maria Zambrano, escribir es primero un imponer silencio: acallar las palabras de la comunicación más banal, la que responde en definitiva a las necesidades de la vida más banales, para buscar, en una soledad silenciosa, lo que no puede decirse: «...*pero esto que no puede decirse, es lo que se tiene que escribir*».[3] El primer gesto es acallar lo que se dice. El segundo, escribir en soledad lo que no puede decirse hablando. Y el tercero, recuperar después una comunicación más noble que despierte también a los hombres, por su intermediario, a una vida más noble. La escritura es, desde ese punto de vista, un movimiento fundamental en la aspiración imposible a la vida entera y a la palabra entera o, dicho de otro modo, el lugar en el que se inscriben como pasión la muerte y el renacimiento (la imposible salvación) de esa vida siempre a medias nacida y de esa palabra siempre a medias revelada.

Lo que sólo se da de oído

Lo que quiero hacer aquí es invertir la pregunta de *Por qué se escribe* y preguntar: habiendo un escribir, ¿por qué hablar? O, quizá, mejor: habiendo un leer, ¿por qué escuchar? Porque Maria Zambrano dice en algún lugar que ella es una persona de oído y no de voz. Y es verdad que, cuando se refiere a la oralidad en sus reflexiones sobre las formas del darse de la palabra, generalmente privilegia la escucha, el oir. Y también es verdad que María Zambrano escribe mucho más y mucho mejor de sus experiencias de oyente que de sus experiencias de hablante. La cuestión general, entonces, sería ¿por qué hablar, por qué escuchar? ¿por qué

3. *Op. cit.*, pág. 33.

a veces la palabra tiene que pasar por la voz y por el oído? ¿a qué necesidad esencial responde la oralidad? ¿qué es lo que pasa por la oralidad que no pasa, y no puede pasar, por la escritura? ¿por qué también son necesarios los lugares de la voz?

El aula como lugar de la voz

Voy a leer ahora, reescribiéndolo, el pasaje que se dedica a las aulas universitarias en el final de la sección que abre *Claros del bosque.* Las aulas aparecen ahí como «*lugares de la voz donde se va a aprender de oído*». Y no deja de ser significativo que esa sección inicial, esa sección en la que aparece el motivo del *Claro* como cifra de lo abierto y, enseguida, un conjunto de reflexiones sobre el *Incipit Vita Nuova* como cifra de todo renacimiento, termine con unas palabras, sin duda algo más que circunstanciales, sobre la sala de clase como uno de los lugares de la voz, como uno de los lugares donde la palabra se dice a viva voz, y se recibe de oído, escuchando atentamente.

El primer párrafo dice así:

«Y se recorren también los claros del bosque con una cierta analogía a como se han recorrido las aulas. Como los claros, las aulas son lugares vacíos dispuestos a irse llenando sucesivamente, lugares de la voz donde se va a aprender de oído, lo que resulta ser más inmediato que el aprender por letra escrita, a la que inevitablemente hay que restituir acento y voz para que así sintamos que nos está dirigida. Con la palabra escrita tenemos que ir a encontrarnos a la mitad del camino. Y siempre conservará la objetividad y la fijeza inanimada de lo que fue dicho, de lo que ya es por sí y en sí. Mientras que de oído se recibe la palabra o el gemido, el susurrar que nos está destinado. La voz del desti-

no se oye mucho más de lo que la figura del destino se ve».[4]

El primer motivo del texto determina la palabra dicha como una palabra que viene a nuestro encuentro, que sentimos *«que nos está dirigida».* Como si al leer tuviéramos que ir nosotros de algún modo al encuentro de la palabra, que por eso *«tenemos que ir a encontrarnos (con ella) a la mitad del camino»,* mientras que, en la escucha, la palabra, simplemente, viene, nos viene. Por eso, la palabra oída es la palabra *«que nos está destinada».* No la palabra que nos construye como destinatarios, es decir, la que se propone hacer alguna cosa con nosotros, ni tampoco la que nosotros buscamos desde nuestras preguntas, o desde nuestras inquietudes, desde lo que ya queremos en definitiva, sino aquella en la que oimos *«la voz del destino».* Una palabra que no se busca, sino que viene, y que sólo se da a aquel que entra en el aula distraídamente. Distraídamente, es decir, con una atención tensada al máximo pero manteniéndose como atención pura, como una atención que no está normada por lo que sabemos, por lo que queremos, por lo que buscamos o por lo que necesitamos. El oído fino, atento, delicado, abierto a la escucha, el oído distraído, sería aquí una cifra de la disponibilidad.

El segundo motivo determina la palabra dicha como una palabra no fija sino fluída, una palabra que no es «en sí y por sí» sino que deviene, una palabra que no aparece en la forma «de lo que fue dicho» sino en la forma de lo que viene diciéndose, de lo que diciéndose viene, quizá de lo aún por decir, y una palabra por último que no es inanimada sino que está animada, viva. Aquí María Zambrano retoma el motivo clásico de la solidez inalterable y un tanto marmórea, pétrea y monumental, de la palabra escrita frente a la fluidez contextual, líquida o gaseosa, de la palabra oral. Y retoma

4. *Claros del bosque. Op. cit.,* pág. 16.

también el motivo de la letra muerta, del cuerpo de la letra como una materialidad cadavérica, sin alma, que sólo el aliento de la voz del lector es capaz de revivir. Como si hubiera una vida de las palabras que sólo está en la voz, en el aliento de la voz, en el alma de la voz.

El tono de voz

El tercer motivo, mucho más interesante, indica como de pasada que la palabra dicha conserva algo de «el gemido, el susurrar», algo que sólo se puede percibir de oído por la sencilla razón de que no pertenece al sistema de la lengua. Hay algo en la voz, parece sugerir el texto, que no está en la lengua o, quizá mejor, que no está en la letra. Detengámonos en este punto.

Podría ser que María Zambrano estuviese pensando en el célebre pasaje de Aristóteles, en *Sobre la interpretación,* en el que se diferencia la *phoné* animal del *logos* humano, ese pasaje en el que se dice que «*lo que está en la voz constituye el símbolo de los pathemas o de los padecimientos del alma, y lo que está escrito el símbolo de lo que está en la voz*». En ese pasaje, lo que constituye el paso de la voz (animal) al logos (humano) o, si se quiere, de la naturaleza a la cultura, es precisamente la existencia de las letras, de los *grammata,* que articulan la voz y convierten el *logos* humano en un lenguaje articulado. Por eso los gramáticos oponían la voz confusa de los animales a la voz humana como una voz articulada. Y por eso, cuando se examina en qué consiste el que la voz humana sea articulada, se constata enseguida que es precisamente el hecho de que se pueda escribir, es decir, que esté ya constituída en letra. Por eso hay elementos de la voz, precisamente los que no se pueden articular, el gemido, el susurro, el balbuceo, el sollozo, el quejido, tal vez la risa, que no se pueden escribir, que necesariamente se pierden en la lengua escrita, así como se pierden también los elementos estrictamente musicales como el ritmo, el acento, la melodía o el tono.

Podemos leer ahora esa sentencia zambraniana que dice que *«pensar es ante todo –como raíz, como acto– descifrar lo que se siente»* a la luz de esa distinción aristotélica según la cual lo que está en lo voz es justamente lo que se siente, lo que se padece, y lo que está en la escritura es lo articulado de la voz. Desde esa relación, una palabra pensante que contenga sólo lo articulado de la palabra, sólo lo meramente inteligible, sería una palabra sin voz, una palabra afónica, y su afonía estaría producida por el silenciamiento de lo que en la voz es símbolo de los padecimientos del alma, es decir, del tono. Por eso una palabra apática, o antipática, una palabra no pasional en suma, sería el síntoma de un pensar también apático cuya apatía sólo podría expresarse en un tono sin tono, en un tono atonal o monótono, en el tono dogmático en definitiva de ese pensamiento que rehuye el padecer para limitarse a comprender. María Zambrano nos estaría recordando entonces que un pensar pasional, un pensar que sea *«descifrar lo que se siente»*, poner en letra y en cifra los padecimientos del alma, exige una palabra tonal o, mejor, politonal, si tiene que ser capaz de expresar con un amplio registro de tonos todos los matices de *«lo que se siente»*. Una palabra, en definitiva, que conserva su dimensión musical-pasional, ese dia-pasión que Aristóteles descubrió gracias a la venganza de los pitagóricos[5] y que es el que nos da el tono de la voz, el cambio de tono,

---

5. *«Cuando Aristóteles subió a las altas esferas, algunos pitagóricos se hallaban en su borde esperándole. Le tenían a su albedrío, pero, gente de dulce condición, se limitaron a ponerle una lira entre las manos, le entregaron unos papeles de música y le dejaron solo. Él se puso enseguida a estudiar; y aprovechó. Pero tenía los dedos un poco duros para tañer. Al cabo, para no aburrirse, se entusiasmó en ello, lentamente. Pero nadie acudía. Nadie de aquellos porque ningu-*

el contraste entre los tonos, todo lo que la palabra tiene de voz, lo que se pierde al tomarla al pie de la letra, sin atender a la música, si atender al tono, como acallando en ella todo lo que no sea meramente inteligible.

La discontinuidad de la voz

El segundo párrafo de nuestro texto comienza así:

«Y así se corre por los claros del bosque análogamente a como se discurre por las aulas, de aula en aula, con avivada atención que por instantes decae -cierto es—y aun desfallece, abriéndose así un claro en la continuidad del pensamiento que se escucha: la palabra perdida que nunca volverá, el sentido de un pensamiento que partió. Y queda también en suspenso la palabra, el discurso que cesa cuando más se esperaba, cuando se estaba al borde de su total comprensión. Y no es posible ir hacia atrás. Discontinuidad irremediable del saber de oído, imagen fiel del vivir mismo, del propio pensamiento, de la discontinua atención, de lo inconcluso de

---

no en verdad tenía que venir. La clave de todo estaba en la sentencia de un pitagórico para él desconocido: 'La música es la aritmética inconsciente de los números del alma'. Y sólo cuando Aristóteles -el así llamado por la Historia- encontrase, y no en teoría, sino haciéndolos sonar, los números de su propia alma, se levantaría de allí. Nadie le aguardaba; nadie tenía que venir a levantarle. Él solo se levantaría al escuchar en música los números de su alma. Y así fue. Mas, antes... Antes hubo de padecer –entendimiento en suspenso–, muchas cosas, hubo de pasar por todas; por el amor, por la locura, por el infierno. Pues la escala musical completa así lo dice: 'dia-pasión'... 'Día-pasión'. Hay que pasar por todo para encontrar los números de la propia alma» («Tres delirios: la condenación de Aristóteles» en *Orígenes*, n.º 35. La Habana, 1954). Para el tema de la música y el tiempo en María Zambrano como dimensión olvidada por la filosofía y, quizá, de imposible tratamiento filosófico por su no reducción a lo meramente inteligible, este texto delicioso debe leerse junto a «La condenación aristotélica de los pitagóricos» en *El hombre y lo divino*. Madrid. Siruela, 1991 (ed. original de 1955).

todo sentir y apercibirse, y aún más de toda acción. Y del tiempo mismo que transcurre a saltos, dejando huecos de atemporalidad en oleadas que se extinguen, en instantes como centellas de un incendio lejano. Y de lo que llega falta lo que iba a llegar, y de eso que llegó, lo que sin poderlo evitar se pierde».[6]

El motivo central del fragmento es el del «*claro*» que abre la palabra que se recibe de oído. En primer lugar, la oralidad es el lugar de la fugacidad de la palabra: la palabra que se oye es la palabra perdida que nunca volverá, la que llegó y se fue y la que, sin poderlo evitar, se pierde. Al escuchar hay algo que siempre queda atrás, y es imposible ir hacia atrás para recuperarlo. En segundo lugar, la oralidad es el lugar de la suspensión de la palabra: así la voz constituye un discurso o un discurrir que cesa sin que haya llegado a ningún término, siempre al borde de algo que nunca llega, siempre en la inminencia de una revelación que no se produce, siempre inconcluso, como dejando siempre una falta, un anhelo. Si al escuchar hay algo que queda siempre atrás, también hay algo que queda delante y que queda también a medias oído, como señalado o anunciado en el brusco interrumpirse de la palabra dicha. Por eso la oralidad es la forma de la palabra siempre a medias oída, de la palabra, en definitiva, que se da en su pasar y que por tanto permanece inapropiable.

El motivo de la fugacidad de la voz frente a la permanencia de la letra también es clásico. Pero María Zambrano lo hace sonar de forma peculiar. Mientras que la letra es perdurable porque está inscrita en el espacio,[7] la voz es fugaz porque se despliega en el tiem-

---

6. *Claros del bosque. Op. cit.*, pág. 17.

7. El motivo de la perdurabilidad de la letra, todavía latente en el texto juvenil «Por qué se escribe», aparece enormemente matizado en obras posteriores sobre la escritura. Así por ejemplo, en *Claros del bosque*, las letras aparecen metaforizadas como piedras (letras en la

po. Como también se despliega en el tiempo la vida y todo lo que está vivo: el pensamiento, la atención, la percepción, el sentir, el actuar. Pero María Zambrano insiste, sobre todo, en la discontinuidad de lo temporal. Y es ahí, en esa fugacidad y en esa discontinuidad, como «*palabra en el tiempo*» según la feliz expresión de Antonio Machado, donde la voz puede emparentarse a la música. La voz no sólo nos da el tono pasional o afectivo del pensamiento, lo que daría su relación con el sentir, con los padecimientos o los afectos del alma, sino también su tempo, su ritmo, y un ritmo que sería además polirrítmico como polirrítmica es la vida y todo lo que le pertenece. Y así, mientras que en la palabra escrita el encadenamiento de las palabras, su continuidad, se hace a través de la lógica del concepto, o del argumento, en la palabra oral la conexión se hace por resonancias, por variaciones melódicas o por alteraciones rítmicas.

---

tierra) o como estrellas (letras en el cielo). Serían entonces letras mudas. Además el destino de las piedras es hacerse polvo y el de las estrellas apagarse. Reescribiremos el texto, dejándolo sin comentar, para que el lector lo haga resonar con el motivo de la fugacidad de la voz que estamos aquí desplegando: «*¿Y no podrían ser estas piedras, cada una o todas, algo así como letras? Fantasmas, seres en suma que permanecen quizá condenados, quizá solamente mudos en espera de que les llegue la hora de tomar figura y voz. Porque estas piedras no escritas al parecer, que nadie sabe, en definitiva, si lo están por el aire, por el alba, por las estrellas, están emparentadas con las palabras que en medio de la historia escrita aparecen y se borran, se van y vuelven por muy bien escritas que estén; las palabras sin condena de la revelación, las que por el aliento del hombre despiertan con vida y sentido. Las palabras de verdad y en verdad no se quedan sin más, se encienden y se apagan, se hacen polvo y luego aparecen intactas: revelación, poesía, metafísica, o ellas simplemente, ellas. 'Letras de luz, misterios encendidos', canta de las estrellas Francisco de Quevedo. 'Letras de luz, misterios encendidos', profecías como todo lo revelado que se da o se dio a ver, por un instante no más haya sido*». *Op. cit.*, pág. 92.

El surco en el aire

«Y lo que apenas entrevisto o presentido va a esconderse sin que se sepa dónde, ni si alguna vez volverá; ese surco apenas abierto en el aire, ese temblor de algunas hojas, la flecha inapercibida que deja, sin embargo, la huella de su verdad en la herida que abre, la sombra del animal que huye, ciervo quizá también él herido, la llaga que de todo ello queda en el claro del bosque. Y el silencio. Todo ello no conduce a la pregunta clásica que abre el filosofar, la pregunta por 'el ser de las cosas' o por 'el ser' a solas, sino que irremediablemente hace surgir desde el fondo de esa herida que se abre hacia dentro, hacia el ser mismo, no una pregunta, sino un clamor despertado por aquello invisible que pasa sólo rozando. '¿Adónde te escondiste?...' A los claros del bosque no se va, como en verdad tampoco va a las aulas el buen estudiante, a preguntar.»[8]

Al final del párrafo aparece el motivo central del texto y, sin duda, el que está presentado con mayor fuerza metafórica. La voz, como la música, como el aletear de los pájaros, como la huida entrevista de los animales o como el silbido de una flecha, deja en su pasar una vibración, una huella sonora, «un surco apenas abierto en el aire». Así, si la escritura es como un abrir surcos en la tierra (la palabra «verso» significa «surco» en latín y, como se sabe, la palabra «página» deriva de ese «pagus» que se refiere al campo y del que también viene «paisaje»), la oralidad es como un abrir surcos en el aire. Siempre la palabra como ese «trazo abriente» del que hablaba Heidegger, pero un trazo sonoro en este caso, y un trazo vivo puesto que viva es la palabra dicha a viva voz.

Por eso esos trazos, esas huellas, esos surcos en el aire, se convierten enseguida en heridas abiertas. Lo

8. *Op. cit.*, pág. 17.

único que de la voz queda en el claro, en el aula, en cualquiera de los lugares de la voz, es una «herida que se abre hacia adentro», «y el silencio». Por eso, los dones de la voz, lo que se nos da en la voz, es el resonar de dos formas de silencio. El silencio del claro, conservando aún el resonar de la palabra que lo ha surcado, y el silencio interior, doliente, abierto en el alma por esa palabra. ¿No será esa herida, ese silencio interior, el surco donde va a ir a depositarse la palabra concebida, la palabra fecunda, la palabra seminal, la palabra semilla? En cualquier caso, la palabra recibida hace un vacío vivo y, por eso, creador, fecundo. En el lleno del saber no puede brotar nada. Como tampoco puede brotar nada realmente nuevo en el vacío que se abre a partir de un buscar, de un querer o de un preguntar. La fecundidad zambraniana no nace de la voluntad sino de la pasividad, de la pasión, de la paciencia, de la apertura y de la disponibilidad en suma. Por eso escuchar es dejarse decir algo que no se busca y que no se quiere, algo en definitiva que no depende de nuestras preguntas.

El aula se abre como claro. Y el claro no es el lugar de la búsqueda. Por eso, si nada se busca, el claro puede dar lo más imprevisible, lo más ilimitado. Lo único que da el claro, el aula, al que entra distraídamente es la nada, el vacío. Por eso el claro, el aula, no es un lugar de transmisión, sino de iniciación, de iniciación al vacío. Pero a un vacío que es apertura y que por eso se abre hacia adentro, un vacío que hay que hacer en uno mismo, interrumpiendo el siempre demasiado lleno del saber y deteniendo el siempre demasiado ansioso del buscar. El claro, el aula, nos da la voz. Pero una voz que no se entiende como una serie concreta de «dichos» o de enunciados lingüísticos más o menos interesantes, más o menos inteligibles, más o menos apropiables, sino como el tener-lugar mismo de la voz, el acontecimiento de la voz. Lo que da el claro, el aula, lo que necesariamente se aprende oído, no es otra cosa que lo que la voz tiene de no-lenguaje, de tono y de ritmo, y lo que la voz tiene también de umbral entre lo que se oye y lo que no se oye, entre lo que viene y se va, entre lo que se pone y lo que se anuncia.

Modelando el silencio

Voy a dar a leer, reescribiéndolo ahora ya sin comentarios, el epígrafe que se titula «*La palabra del bosque*». Porque si «*se corre por los claros del bosque análogamente a como se discurre por las aulas*», tal vez las palabras del bosque tengan también algún parentesco con las palabras que se dan de oído a los que entran distraídos a los lugares de la voz.

«Del claro, o del recorrer la serie de claros que se van abriendo en ocasiones y cerrándose en otras, se traen algunas palabras furtivas e indelebles al par, inasibles, que pueden de momento reaparecer como un núcleo que pide desenvolverse, aunque sea levemente; completarse más bien, es lo que parecen pedir y a lo que llevan. Unas palabras, un aletear del sentido, un balbuceo también, o una palabra que queda suspendida como clave a descifrar; una sola que estaba allí guardada y que se ha dado al que llega distraído ella sola. Una palabra de verdad que por lo mismo no puede ser ni enteramente entendida ni olvidada. Una palabra para ser consumida sin que se desgaste. Y que si parte hacia arriba no se pierde de vista, y si huye hacia el confín del horizonte no se desvanece ni se anega. Y que si desciende hasta esconderse entre la tierra sigue ahí latiendo, como semilla. Pues que fija, quieta, no se queda, que si así quedara se quedaría muda. No es palabra que se agite en lo que dice, dice con su aleteo y todo lo que tiene ala, alas, se va, aunque no para siempre, que puede volver de la misma manera o de otra, sin dejar de ser la misma. Lo que viene a suce-

der según el modo de la situación de quien recibe según su necesidad y su posibilidad de atenderla: si está en situación de poder solamente percibirla, o si en disposición de sostenerla, y si, más felizmente, tiene poder de aceptarla plenamente, y de dejarla así, dentro de sí, y que allí, a su modo, al de la palabra, se vaya haciendo indefinidamente, atravesando duraciones sin número, abrigada en el silencio, apagada. Y de ella sale, desde su silencioso palpitar, la música inesperada, por la cual la reconocemos; lamento a veces, llamada, la música inicial de lo indecible que no podrá nunca, aquí, ser dada en palabra. Mas sí con ella, la música inicial que se desvanece cuando la palabra aparece o reaparece, y que queda en el aire, como su silencio, modelando su silencio, sosteniéndolo sobre un abismo.»[9]

9. *Op. cit.*, págs. 85-86.

Capítulo Tercero
Leer sin saber leer

Sabemos que Maurice Blanchot frecuentaba el apartamento de la Rue Saint-Benoît donde, según cuentan, Marguerite Duras solía preparar para él un «steak grillé». Sabemos de la intensidad de la relación de Blanchot con dos de los hombres más importantes en la vida (y en la escritura) de Duras: Robert Antelme y Dionys Mascolo. Sabemos que Blanchot y Duras compartieron algunas aventuras políticas, algunos amigos y muchas lecturas. Sabemos de la casa de Neauphle, donde Duras descubrió la intimidad entre escritura y soledad, y de la casa de Eze donde, casi al mismo tiempo, Blanchot escribió sus primeros relatos e hizo esa experiencia de la soledad esencial del escritor con la que se abre *L'espace littéraire*. Sabemos de sus mutuos y a veces apasionados elogios. Sabemos que ambos llevaron la experiencia de la literatura al extremo de sus obras, a ese lugar donde se abre el silencio, y al extremo de sus vidas, allí donde se percibe la presencia de la muerte. Sabemos que en la escritura de Blanchot hay numerosas trazas de sus lecturas de Duras: a juzgar por los ensayos que escribió sobre algunas de sus obras, parece que le fascinaba sobre todo esa comunidad en el abandono que componen los personajes durasianos, esa relación impersonal, neutra, profundamente solitaria, hecha de distancias infinitas, de silencios sin consuelo. Sabemos que en la escritura de Duras hay huellas de Blanchot no siempre completamente borradas: el personaje de Stein en *Détruire, dit-elle,* la dedicatoria y quizá alguna de las voces de *Abahn Sabana David.* Sabemos de su común aprendizaje del judaismo donde ambos ven la preservación de la distancia en la relación con lo otro y lo desconocido. Sabemos de la guerra, del insommio, del alcohol, de la enfermedad. Sabemos de encuentros y desencuentros. Sabemos que los estudiosos de la obra de Duras utilizan frecuentemente a Blanchot como clave de lectura, y no sólo por los textos que éste le dedica explícitamente. Para nosotros, lectores de Duras, es imposible no oir palabras de Blanchot sonando en los márgenes y configurando, desde ahí, el modo como se nos dan a leer. Y como lectores de Blanchot no podemos dejar de percibir un murmullo durasiano entre sus líneas. A veces es una cuestión de ritmo, a veces el tratamiento del diálogo, a veces, como sucede entre *La maladie de la mort* y *L'attente l'oubli,* una correspondencia de situaciones narrativas, a veces la presencia reiterada de algunos motivos, a veces la aparición de una voz que parece no venir de ningún sitio y que sostiene el lugar de la ausencia, de la pérdida y de la desaparición. Siendo la escritura actividad esencialmente solitaria, Blanchot nunca ocultó la relación sin relación que sitúa la suya junto a la de sus amigos, entre ellos Marguerite Duras, quizá el nudo neutro e invisible de esa comunidad sin comunidad *«cuya evidencia −la realidad última− no está nunca mejor afirmada que en la inminencia de su desaparición»,*[1] y cuyos libros *«ha-*

---

1. M. BLANCHOT, *La communauté inavouable,* Paris. Minuit, 1983, pág. 88.

bía amado tan perfectamente que me faltaba el poder de ir más allá.[2] Y Duras por su parte, que no renunciaba a vampirizar literariamente las personas que le impresionaban (entre ellas, Maurice Blanchot: «...*la locura da vueltas a su alrededor. La locura también es la muerte*»[3]), solía decir, transformando esa noble expresión tan francesa del *maître à penser*, que Bataille y Blanchot son quizá los dos únicos *écrivains à écrire* de este siglo.

Más allá de que Duras y Blanchot sean mucho más que contemporáneos, entre sus respectivas escrituras pueden escucharse numerosas resonancias. Una de esas resonancias, la que puede leerse entre la experiencia de la lectura que Blanchot construye en *L'espace littéraire* y la figura del lector que Duras dibuja en *La pluie d'été*, es la que voy a intentar dar a leer aquí reescribiéndola, proponiendo una travesía «entre» los textos y procurando que esa oscilación haga sonar las diferencias sin neutralizarlas. Por ejemplo: «...*lo que más amenaza la lectura: la realidad del lector, su personalidad, su inmodestia, su manera encarnizada de querer seguir siendo él mismo frente a lo que lee, de querer ser un hombre que sabe leer en general*».[4] Para que la lectura sea posible, para liberar la lectura de todo lo que la amenaza, hay que suprimir al lector. Entonces,

2. «La maladie de la mort (éthique et amour)» en *Le Nouveau Commerce*, n.º 55, printemps 1983, pág. 31. Este texto fue recogido con leves modificaciones en *La communauté inavouable. Op. cit.*, págs. 58-77. Curiosamente en la nueva versión desapareció esa declaración personal de amor a la obra durasiana.

3. M. DURAS (1993), *Escribir*. Barcelona. Tusquets, 1994, pág. 47.

4. M. BLANCHOT (1955), *El espacio literario*. Barcelona. Paidós, 1992, pág. 187. Las consideraciones sobre la lectura atraviesan la obra de Blanchot y, desde luego, las de *L'espace littéraire* representan sólo una de sus múltiples modalidades. Un ejercicio próximo al que estoy haciendo aquí, conectando la figura del lector de *L'espace littéraire* con un personaje literario, concretamente con *Le dernier homme* del mismo Blanchot (Paris. Gallimard, 1957), puede leerse en H.J. FREY, «The Last Man and the Reader» en *The Place of Maurice Blanchot, Yale French Studies* n.º 93, 1998, págs. 252 y ss.

suprimido el lector o, al menos, ese lector personal, determinado y mundano que tiene como propias una historia, una cultura, ciertos intereses, ideas, gustos, expectativas, preocupaciones ¿quién lee? ¿quién sería ese lector sin realidad, sin personalidad, sin presencia, dispuesto a abandonarse en la lectura, leyendo sin saber leer? ¿Ernesto quizá?: *«Ernesto decía que era cierto, que no sabía cómo había podido leer sin saber leer. Incluso a él le preocupaba algo la cosa».*[5] Pero ¿qué es eso de leer sin saber leer? o, en otras palabras, ¿quién es Ernesto? Ernesto es un niño de edad indefinida y ni su propia madre está segura de su nombre. Ernesto lee (sin saber leer) un libro quemado. Ernesto permanece junto a sus padres y sus hermanos en una pasividad embotada por el alcohol, indiferente al mundo e inundada de una felicidad incomprensible. Ernesto abandona la escuela porque allí le enseñan cosas que no sabe y, a continuación, emprende un viaje en el que pone en juego una suerte de inteligencia errante y fragmentaria con la que incorpora todo el saber y, al mismo tiempo, su anulación: finalmente comprende lo incomprensible de todas las cosas. Ernesto vive en la proximidad ígnea de un amor incestuoso cuyo destino es estrictamente blanchotiano: cumplirse en la propia imposibilidad de su realización. Ernesto se va de casa para siempre para no ser nadie, para no querer nada, quizá para morir, quizá para dedicarse como científico a una búsqueda indiferente y sin riesgos. Ernesto, el niño, emparentado con otras figuras durasianas como el judío, el loco, o la mendiga, encarna también esa figura nómada, incansable y sin objetivo cuyo itinerario no está estructurado por la posesión sino por el deseo, no por el saber

5. M. Duras (1990), *La lluvia de verano*, Madrid. Alianza 1990, pág. 16. La figura de Ernesto aparece por primera vez en un libro para niños: *Ah! Ernesto*. Paris. Harlin Quist, 1971. En 1985 reaparece como protagonista de la película *Les enfants* de la cual *La pluie d'été* es una traducción literaria.

intelectual de la separación sino por la confusión corporal con el objeto, no por la voluntad sino por la pasión, no por la identidad sino por la disipación.

La abolición del lector

El modo como Blanchot aborda la experiencia de la lectura forma parte de un encarnizado trabajo de despojamiento. En la estela que va del primer romanticismo a Mallarmé, se trata de vaciar el espacio literario hasta que se convierta en absoluto. Liberado del autor que le daría el sentido, del mundo que sería su materia, del mensaje que sería su contenido, de la cultura que determinaría su perfección y sus valores, e incluso de la historia... sólo queda eliminar también al lector para que su desnudez sea completa. O, mejor, sólo queda que la palabra literaria se de a leer para que, en la lectura, su ser se afirme sin autor, sin referente, sin contenido, sin valor y fuera del tiempo. Para que la lectura sea posible en su máxima pureza y culmine así ese despojamiento, hace falta que desaparezca completamente ese lector arrogante, educado, desenfadado y soberano que sólo hace doscientos años constituía el ser mismo de la literatura a través de un saber capaz de utilizar, gozar y valorar los tesoros de las Bellas Letras. En el siglo XVIII, la literatura se confundía con ese saber que permitía la apreciación de las obras: el verdadero «literato» era el lector, el hombre de letras. En el *Diccionario Filosófico*, y después de lamentar la vaguedad y la indeterminación de la palabra «literatura», Voltaire la usa para designar *«un conocimiento de las obras del gusto, una pátina de historia, de poesía, de elocuencia y de crítica».*[6] Casi al mismo tiempo, y en un movimien-

6. Citado por J. RANCIÈRE, *La parole muette*. Paris. Hachette, 1998, pág. 9.

to que va a convulsionar ese universo bien ordenado de eruditos y *amateurs*, el romanticismo va a dar todos los derechos al creador y, haciendo al lector indistinguible, va a hacer estallar todas las reglas del gusto y va a doblar la literatura sobre sí misma: la concepción schlegeliana de la lectura como *«poema del poema»* y la afirmación de Novalis de *«un lenguaje que sólo se ocupa de sí mismo»*[7] son signos mayores de ese desplazamiento. Finalmente Mallarmé lleva a la literatura a una intransitividad radical y acaba expulsando lo que aún podía quedar de ese lector mundano que hacía de su «saber leer» el principio de la apropiación mundana de los textos. La parte «negativa» de la experiencia de la lectura, lo que la lectura no es, tal como aparece formulado en *L'espace littéraire* es quizá una traducción hasta sus últimas consecuencias –una reescritura desplazada y llevada al extremo– del *dictum* de Mallarmé tantas veces citado por Blanchot: *«Impersonificado, el volumen, en tanto uno se separa como autor, no reclama la cercanía del lector. Tal, sepa, que entre los accesorios humanos, existe solo: hecho, siendo».*

Blanchot insiste: leer no es comprender, no es conversar, no es valorar ni juzgar; el lector no precisa ninguna capacidad especial, ningún don, ningún saber, ninguna potencia; el lector es anónimo, insignificante, transparente, intercambiable; la lectura no es actividad, no es trabajo, no es producción; no hace nada, no añade nada, no aporta nada; saca al lector del mundo y, por tanto, no tiene nada que ver con la relación entre el texto y el mundo: ni con la verdad, ni con la bondad, ni con la belleza, ni siquiera con la utilidad o con ese adorno inútil que nosotros llamamos cultura; no remite a nada exterior, no sirve para nada, no conecta

---

7. Vid. Ph. Lacoue-Labarthe y J.L. Nancy, *L'absolu littéraire. Théorie de la littérature du romantisme allemand.* Paris. Seuil, 1978.

con nada, no comunica nada; no tiene antecedentes ni consecuencias; no sirve para la instrucción, ni para el autoconocimiento, ni para la formación; no tiene la forma del consuelo ni de la diversión; en ella no está presente la biblioteca universal ni la comunidad real o ideal de los lectores: nada de intertextualidad ni de intersubjetividad puesto que en la lectura tanto el libro como el lector son únicos; la lectura está fuera del tiempo y cada lectura es como la primera lectura; es distraída, irresponsable, ligera, inocente; diríase incluso que el lector es superfluo e innecesario.

Blanchot es radical en sus negaciones: el lector no es nadie y la lectura no es nada; la lectura no se realiza fuera de sí misma, ni en el lector, ni en el mundo, ni en la historia; y si a pesar de todo esa lectura exterior se realiza todos los días y *«se pone al servicio del lector, participa en el diálogo público, expresa, refuta lo que se dice en general, consuela, divierte, aburre (...), ya no es por cierto la obra lo que se lee, son los pensamientos de todos que vuelven a ser pensados, los hábitos comunes que se vuelven más habituales, el vaivén cotidiano que sigue tejiendo la trama de los días: movimiento muy importante en sí mismo que no conviene desacreditar, pero en el que no están presentes ni la obra de arte ni la lectura»*.[8]

El libro quemado

«Era un libro muy gordo encuadernado en cuero negro: tenía una quemadura de tapa a tapa, hecha por vaya usted a saber qué artefacto, alguno de aterradora potencia, algo así como un soplete o una barra de hierro al rojo. El agujero de la quemadura era completamente redondo. Alrededor, el libro estaba como antes de que lo

---

8. *El espacio literario. Op. cit.*, pág. 194.

quemaran y se hubiera podido leer la parte de las páginas que lo rodeaba.»[9]

El libro aparece en un espacio desolado, en Vitry, un suburbio de Paris, bajo unos escombros, en un cobertizo abandonado. Su aparición no es luminosa sino oscura, negra incluso, y no es feliz sino dolorosa, como si tuviera algo de exhumación, algo de luto. El libro impresiona por su soledad, por su abandono, por la violencia y la crueldad con que ha sido martirizado, por la marca del fuego, quizá porque remite a esa misteriosa proximidad, tan profunda en nuestra cultura -y tan brutalmente expresada en los campos de exterminio-, entre el libro y el fuego, el libro y la tumba, el libro y el martirio. Sin duda se trata de un libro sagrado y, como tal, a la vez vacío e infinito. No tanto porque habla de un rey judío, no tanto porque alude al *Eclesiastés*, el libro al que Duras siempre volvía, no tanto porque va a lanzar a Ernesto a la errancia y al exilio, topologías blanchotianas de la relación hebraica con el libro, no tanto porque, como la palabra profética de *Le livre à venir*, va a descoyuntar el desierto de Vitry deshaciéndolo como lugar y haciéndolo aún más desértico, no tanto porque lleva la marca del dolor, de la tortura y de la muerte, sino porque condensa todo eso en su centro agujereado, quemado, atravesado por el fuego. Es imposible no hacer resonar ese hueco del libro con la palabra-ausencia o la palabra-agujero de *Le ravissement de Lol V. Stein*, esa palabra *«horadada en su centro por un agujero, un agujero en el que todas las otras palabras habrían sido enterradas»*;[10] o con ese centro *«cuyo nombre es un agujero»* del que habla Derrida a propósito de Jabès;[11] o con el libro quemado

<hr>

9. *La lluvia de verano. Op. cit.* pág. 12.

10. M. Duras (1964), *El arrebato de Lol V. Stein.* Barcelona. Tusquets, 1997, pág. 40.

11. J. Derrida, *L'écriture et la différence.* Paris. Seuil, 1967, pág. 433.

de Rabbi Nahman de Braslav al que Blanchot se refiere en relación a la infancia y a esa complicidad entre escritura y desaparición, entre inscripción y borradura, en uno de sus ensayos sobre L-R des Fôrets.[12]

Diríase que el libro aparece en una exhumación, como cuando se encuentra un cadáver que hubiera sido enterrado a medio quemar: los hermanos de Ernesto lloran al descubrir el libro y Ernesto, al verlo, entra en un silencio que dura días mientras lo vela en el cobertizo. Durante ese duelo intenso que empieza a trastornarlo, Ernesto quisiera que el destino del libro penetrara en su cabeza y en su cuerpo *«hasta que él pudiera arribar a la parte desconocida de la vida en su totalidad».*[13]

Y durante el duelo, la lectura: la llamada y el milagro de la lectura que tiene algo de ese *Lazare, veni foras* en el que Blanchot sitúa la imposible posibilidad del retorno a la vida de la obra en la disolución de la lápida mortuoria del libro. La metáfora de la muerte y la resurrección, de la vida póstuma, o de la vida después de la vida es común en relación a la lectura, como si la letra encarnara el espíritu y lo mantuviera animado hasta que el lector le diera, en cada lectura, una nueva vida en su propio interior. Pero Blanchot insiste en que la lectura no tiene que ver con la revivificación de un sentido que se haría presente en el momento en que la piedra que sella el sepulcro se abre o se hace transparente, sino que al abrirse el libro *«sólo se abre lo que está mejor cerrado; sólo es transparente lo que pertenece a la mayor opacidad; sólo se deja admitir en la ligereza de un Sí libre y feliz lo que se ha soportado como el aplastamiento de una nada sin consistencia».*[14]

---

12. *Une voix venue d'ailleurs.* Plombières-les-Dijon. Ulysse Fin de Siècle, 1992, pág. 35. Sobre el libro quemado de Nahman de Braslav, vid. M.A. Ouaknin, *Le livre brûlé.* Paris. Lieu Commun, 1986.
13. *La lluvia de verano. Op. cit.*, pág. 14.
14. *El espacio literario. Op. cit.*, pág. 183.

No se trata de una mera inversión en la que la lectura se pensara como recorriendo al revés el movimiento tradicional que la entiende como el paso de lo muerto a lo vivo, de lo ausente a lo presente, de lo desconocido a lo conocido o del sinsentido al sentido, sino que se mantiene en esa oscilación en la que cada palabra está puesta como a distancia de sí misma y remite por eso a su propio vacío: a la vez presente y ausente, conocida y desconocida, transparente y opaca, abierta y cerrada, legible e ilegible.

Un libro que no estuviera agujereado sería simplemente legible y, por tanto, no disimularía una obra siempre inalcanzable, siempre por venir. El lector *«quiere leer aquello que sin embargo no está escrito»*.[15] Quizá por eso el agujero, que es la marca de la violencia y del sufrimiento en la escritura, pero también la marca del lugar vacío del sentido o de la alteridad constitutiva del lenguaje, es acogido tan serenamente en la lectura-duelo de Ernesto. Ernesto no intenta colmar el hueco del libro quemado ni tampoco descarta la parte que se puede leer por considerarla incompleta y por tanto ilegible.

En la lectura, el duelo por el centro inexistente debe convertirse en la afirmación de sus posibilidades, en su doble apertura hacia el comienzo y hacia el porvenir. En la lectura el lugar quemado está también ahí como ese centro ilocalizable que imanta a todas las demás palabras y les da lo que tienen de juego, de promesa y de infinito.

Cuando Ernesto transforma el duelo por el centro desaparecido en la lectura de su dispersión posible, el libro quemado se convierte justamente en el libro en el que se lee sin saber leer.

15. *El espacio literario. Op. cit.*, pág. 183.

Leer sin saber leer

«Decía que lo había intentado del siguiente modo: le había dado a determinado dibujo de palabra, de forma totalmente arbitraria, un primer sentido, Luego a la palabra que venía detrás le había dado otro sentido, pero en función del primer sentido del que había dotado a la primera palabra, y así sucesivamente hasta que toda la frase quisiera decir algo sensato. Así era como había entendido que la lectura era una especie de desarrollo continuo, dentro del propio cuerpo, de una historia que uno se inventaba.»[16]

La lectura despliega el vacío que constituye el centro inaccesible del libro y lo dispersa, llevándolo a la máxima exterioridad. El libro quemado no es comprensible por ningún código que le preexista, pero eso no significa que no dé nada a leer. Ernesto practica un arte adivinatoria y trata al texto como un criptograma cuya clave no conoce sino que inventa. Ernesto no posee ningún código de desciframiento simplemente porque acepta de forma incondicional esa característica de la palabra literaria que consiste en que *«inscribe en ella misma su principio de desciframiento».*[17] Justamente porque la palabra literaria suspende todo código exterior a ella misma, el sentido se produce como arbitrario y vertiginoso. Cuando Ernesto intenta explicar qué le paso con el libro quemado dice: *«... con ese libro... precisamente... es como si el conocimiento cambiase de rostro... En cuanto entra uno en esa especie de luz del libro... vive uno como deslumbrado... resulta difícil de decir... Aquí las palabras no cambian de forma, sino de sentido..., de función... No tienen ya sentido propio, ¿sabe?, remiten a otras palabras que uno no reconoce, que nunca ha leído ni oído... cuya*

16. *La lluvia de verano. Op. cit.*, pág. 15.
17. La expresión es de M. Foucault, «La folie, l'absence d'oeuvre» en *La table ronde*, n.º 196, pág. 16.

forma no ha visto nunca, pero de las que siente... sospecha... el lugar vacío en uno mismo... o en el universo... no sé».[18] Puesto que las palabras no tienen sentido propio, Ernesto permite que ese lenguaje que no le pertenece le diga palabras que no reconoce y que sin embargo abren un lugar vacío en él mismo y en el universo.

Ernesto lee con una mezcla de atención y de distracción, interrumpido por largas ausencias, en una intensa escucha y en una desconcentración extrema, abandonándose en la lectura, sin tratar de apropiarse de lo que lee, pero entrando en la luz del libro. También para Blanchot la proximidad de la obra es luz, pero no una luz dadora de ser y de sentido, como en Heidegger, sino una *«luz negra, noche que viene de abajo, luz que deshace el mundo».*[19] Por eso la lectura no es experiencia de plenitud sino de vacío y lo que Ernesto acoge en el deslumbramiento son las palabras de una lengua que no conoce.

Quizá ha aprendido a leer así, sin darse cuenta, articulando el vacío del cuerpo con la textura insignificante de la lengua, dejándose llevar por esa lengua desconocida, de los cantos de su madre, de esas melopeas *«que humedecen el interior de la voz, y que hacen que las palabras salgan de su cuerpo sin que, a veces, ella se dé cuenta, como si la visitara el recuerdo de una lengua abandonada»*[20] y cuyo efecto en Ernesto tanto recuerda la voz de las sirenas, esa *«voz que 'canta sin palabras' y que deja oír tan poco (...), de la que toda seducción consiste en el vacío que abre, en la inmovilidad fascinante que provoca en aquellos que la escuchan».*[21]

---

18. *La lluvia de verano. Op. cit.*, pág. 93.

19. E. Lévinas, *Sur Maurice Blanchot.* Paris. Fata Morgana, 1975, pág. 23. Como se sabe, *L'espace littéraire* está atravesado por una oscilación no dialéctica entre la luz y la oscuridad, el día y la noche.

20. *La lluvia de verano. Op. cit.*, pág. 24.

21. M. Foucault (1986), *El pensamiento del afuera.* Valencia, Pretextos, 1988, pág. 62.

El abandono de la escuela

Ernesto nunca había ido a la escuela porque a sus padres se les había olvidado mandarlo. Pero después de la historia con el libro, Ernesto pasó allí diez días, en silencio, escuchando al maestro muy atentamente. Y a la mañana del décimo día se levantó, salió de la clase, volvió a casa y le dijo a su madre esta frase enigmática: *«Mama, te diría, mama... mama, no voy a volver al colegio, porque en el colegio me enseñan cosas que no sé».*[22]

Después de leer (sin saber leer) el libro quemado, Ernesto siente un ansia voraz de conocimiento. Pero para que su itinerario de formación sea posible deberá negar primero el aprendizaje entendido como adquisición intelectual e individual de un contenido cualquiera. La «lectura» del saber a la que Ernesto se entrega no pasa por la posesión sino por el deseo, no se dirige a nada que pueda ser asimilado o retenido sino que se conserva en un impulso que no se fija en ninguna captación concreta. Ernesto no quiere aprender las cosas que no sabe. Ernesto rechaza el aprendizaje de conocimientos particulares como si quisiera conservar esa inteligencia sin límites ni contornos, esa pasividad esencial que le permite incorporar lo incomprensible. Ernesto quiere conservar la infancia y esa porosidad sin determinación que le va a permitir aprender de otro modo: permaneciendo en el exterior de los lugares del saber, paseándose por las puertas y los pasillos de los institutos y de las universidades, pegando la oreja a las paredes de las aulas, errando siempre por los espacios intermedios, allí donde el conocimiento resuena con la vida y se encuentra con lo desconocido, con una curiosidad insaciable que no es activa sino receptiva, pasional, Ernesto aprenderá sin resistencia todo lo que se puede saber y, sobre todo, la inexistencia de Dios, el

---

22. *La lluvia de verano. Op. cit.*, pág. 20.

abandono común de los hombres y la falta de valor de todas las cosas, la sabiduría última del rey David que ya había leído en la escritura indescifrable y sin embargo tan clara del libro quemado: que todo es vanidad, vanidad de vanidades, y perseguir vientos, que lo que está torcido no se puede enderezar, y que lo que falta no puede contarse. Al final de su aprendizaje Ernesto ha captado la totalidad del sentido y, a la vez, su ausencia. Lo sabe todo y sabe también que ese todo del que se puede saber todo no es nada. Ha experimentado ese *«desastre que arruina todo dejándolo todo como estaba».*[23] Por eso podría decir: *«todo lo que se puede saber cuando no se sabe nada, yo lo sé»*,[24] o como en un eco, todo lo que se puede ignorar cuando no se ignora nada, yo lo ignoro. O, en otro ecos que sin duda no son ajenos a las paradojas interruptoras e hipnóticas de la escritura de Blanchot: todo lo que se puede leer cuando no se lee nada, yo lo leo... todo lo que no se puede leer cuando se ha leído todo, yo lo leo.

La pregunta, sin embargo, sigue abierta: ¿quién es ese yo que lee lo que no se puede leer, y que no lee nada leyéndolo todo?

«Lecteur (mais le suis-je?)»

¿Quién es Blanchot-lector? ¿quién es ese lector tan inseguro o tan ausente de sí mismo que se pone entre paréntesis para preguntarse si *él-Blanchot-el lector que firma Blanchot* lo es?

Blanchot, en su obra crítica, es sin duda un lector gigantesco y un maestro de lectura exigente y cautivador: «... *sobre la extensión de la Biblioteca contem-*

---

23. M. BLANCHOT, *L'écriture du désastre.* Paris. Gallimard, 1980, pág. 7.
24. M. DURAS, *La douleur.* Paris. POL, 1985, pág. 14.

poránea, M. Blanchot ha ejercido un magisterio indudable».[25] No sólo ha establecido los textos canónicos de esa Biblioteca, sino que ha abierto un modo de lectura que, interrogando una y otra vez la profundidad sin fondo de la palabra literaria y las imposibles condiciones de posibilidad de la experiencia de la escritura, ha marcado todas esas formas otras de leer que han hecho estallar lo que aún quedaba de la vieja hermenéutica: la recolección, el sentido, la presencia, la comunicación, la reflexión, el diálogo, la luz, el comentario, la apropiación, todos los nombres de la comprensión en suma. La lectura crítica ha sido practicada por Blanchot como escritura de la traza producida en un «movimiento de pasión» que se dirige, sin encontrarla nunca pero irresistiblemente atraído por ella, más acá o más allá de la obra, a la obra como génesis y a la obra como porvenir: en la lectura, el libro *«recupera la indecisión de lo incierto, de lo que aún está totalmente por hacer. Y la obra recupera así la inquietud, la riqueza de su indigencia, la inseguridad de su vacío, mientras la lectura, uniéndose a esta inquietud y abrazando esta indigencia, se vuelve semejante al deseo, angustia y ligereza de un movimiento de pasión».*[26] Pero ese lector que es atraído incesantemente por lo que no puede encontrar, por el vacío que está antes o después de la obra (y que por eso carece de positividad y no es citable ni parafraseable), y que escribe sin descanso su travesía de ese vacío, su «movimiento de pasión», ese lector que en cierto sentido aún es Maurice Blanchot, aún puede decir yo (como también pueden decir yo y firmar con su propio nombre –Lévinas, Derrida, Collin, Laporte, Noël...– los pocos que han osado hacer «lectura crítica» de su obra), ¿no practica una lectura no muy distinta de

25. A. POCA, «De la literatura como experiencia anónima del pensamiento», prólogo a la edición española de *El espacio literario. Op. cit.*, pág. 11
26. *El espacio literario. Op. cit.*, pág. 191.

esa en la que «*el conocimiento cambia de rostro*» y se sospecha «*el lugar vacío en uno mismo... o en el universo*»?

Blanchot, en su obra narrativa, exige sin duda un cierto tipo de lectura. Quizá el lector blanchotiano esté en el modo como sus relatos se dan a leer, en la experiencia que hace al leerlos el lector de esa peculiarísima voz narrativa de Blanchot: un movimiento monótono que se mueve pero no avanza, que no lleva a ninguna parte, que no puede ser concebido como comprensión, pero no porque sea incomprensible, sino porque apunta a una comprensión siempre aplazada, suspendida, constantemente interrumpida cuando parecía a punto de cristalizarse, como apuntando a lo que no puede ser dicho pero sin perderlo como indecible. Lévinas podría ser sensible a esa modalidad de lectura cuando se pregunta si el trabajo «*de manos sucias*» de la lectura crítica (que requeriría en el caso de Blanchot «*recursos intelectuales considerables, quizá desmesurados*») no debería olvidarse para «*hacer posible de nuevo la aproximación a esa escritura en su significancia sin significado, es decir en su musicalidad*».[27] Una modalidad de lectura no muy distinta a la que descubrió Ernesto mientras leía sin saber leer: «*esa especie de desarrollo continuo, dentro del propio cuerpo, de una historia que uno se inventaba*».

La lectura crítica como el «*movimiento de pasión*» de un lector que busca sin encontrar lo que la obra tiene de ausencia y así inscribir la huella de esa ausencia sobre el mundo y sobre el lector aún demasiado mundano para vaciarlos de cualquier sentido y hacerlos retornar a lo insignificante. La lectura sin significado como la experiencia del lector al que se da a leer el aplazamiento y la interrupción permanente de cualquier forma de comprensión. Pero hay que seguir insistiendo: la lectura no es nada y el lector no es nadie.

---

27. E. Lévinas, *Sur Maurice Blanchot. Op. cit.*, pág. 57.

«Leer» es el título de uno de los ensayos de *L'espace littéraire*. «Leer» en infinitivo, evitando la sustantivación, sin sujeto, sin atribución a personas gramaticales, sin definición de tiempo, desprovisto de todo modo de empleo, aludiendo a un puro movimiento que no es ni activo ni pasivo, casi silencioso, tan leve como un deslizamiento. En ese ensayo se dan a leer palabras como inocencia, felicidad, ligereza, distracción, pasividad, irresponsabilidad, libertad, facilidad, plenitud, transparencia, inmediatez, afirmación, impersonalidad, olvido-de-uno-mismo, aceptación, juego, danza, acogida. ¿Figuras de la infancia? Sin duda. Pero no de la infancia como paraíso perdido o como anticipación de un futuro más o menos utópico, sino esa infancia cuya primera figura es el niño del primer discurso de Zaratustra: «... *el niño es inocente y olvida; es una primavera y un juego, una rueda que gira sobre sí misma, un primer movimiento, una santa afirmación*».[28] ¿Ernesto? Quizá.

---

28. F. Nietzsche, *Así habló Zaratustra*. Barcelona. Círculo de Lectores, 1973, pág. 40.

II. Ensayos babélicos

Capítulo Cuarto
Leer es traducir

> *Cada poesía es una lectura de la realidad, y toda lectura de un poema es una traducción que transforma la poesía del poeta en la poesía del lector.*
>
> Octavio Paz

Leer es traducir

Resulta común a gran parte del pensamiento contemporáneo extender lo que sea el traducir a cualquier fenómeno comunicativo. Podríamos decir que la reflexión sobre la experiencia de la traducción, sobre las paradojas de la traducción, o sobre la posibilidad/imposibilidad de la traducción, no tiene sólo que ver con lo que acontece en la mediación entre las lenguas, sino que se amplía a cualquier proceso de transmisión o de transporte de sentido. Comenzaré con algunas citas, a modo de ejemplo, y las dejaré sin comentar y sin desarrollar, aunque sí me permitiré algunas disgresiones, sólo para dar una primera idea de la enorme generalidad del problema de la traducción, para inducir algunas perplejidades, y para producir algunas resonancias entre esas citas y el resto del texto.

Las primeras serán dos citas de un autor procedente de la teoría literaria, de uno de los más grandes, de George Steiner, y concretamente de uno de los libros más importantes que se han escrito sobre el tema, *Después de Babel. Aspectos del lenguaje y la traducción,* cuyo primer capítulo se titula, precisamente, «Comprender es traducir». Steiner se define a sí mismo como «maestro de lectura», lo cual es un gesto que le honra en una época en que todos queremos ser autores, en que todos ponemos la biblioteca a nuestro servicio en lugar de ponernos nosotros al servicio de la biblioteca, y en que se está perdiendo la humildad del estudio, la lentitud del estudio, la generosidad del estudio. Además de eso, Steiner es un escritor enormemente lúcido que, pese a todas las evidencias en contra, continúa empeñado en dar a la lectura un contenido ético y civilizatorio fundamental. Y empeñado también en mantener una dignidad de la lectura, una ascesis de la lectura, que se ajusta difícilmente al triunfo contemporáneo de la trivialidad, de la superficialidad y de lo lúdico. En el prólogo a la segunda edición de su libro dice Steiner: «*la traducción se halla formal y pragmáticamente implícita en todo acto de comunicación, en la emisión y recepción de cualquier modo de significado. (...) comprender es descifrar. Oir un significado es traducir*».[1] Y, como un eco, en el capítulo VI del libro, al inicio de un capítulo que se titula «Topologías de la cultura», Steiner escribe: «*... este estudio se inició con el intento de demostrar que la traducción propiamente dicha, es decir, la interpretación de los signos verbales de una lengua por medio de los signos verbales de otra, es un caso particular y privilegiado del proceso de comunicación y recepción en cualquier acto del habla humana. Los problemas epistemológicos y lingüísticos fundamentales que implica la traducción de una lengua a otra son fundamentales precisamente porque ya se encuentran conteni-*

---

1. GEORGE STEINER, *After Babel. Aspects of Language and Translation.* Nueva York. Oxford University Press. 2º ed., 1977, pág. xii.

dos en todo discurso confinado a una sola lengua. Una teoría de la traducción no puede ser más que una teoría de las operaciones de la lengua misma, una comprensión de la comprensión. (...) Interrogarse sobre las condiciones y la validez de la significación, equivale a estudiar la sustancia y los límites de la traducción».[2]

El otro autor que citaré es Hans-George Gadamer, el gran maestro alemán de la hermenéutica filosófica, un pensador centenario que pasó su vida reflexionando sobre todas las implicaciones culturales, históricas, éticas, políticas o estéticas de ese misterio cotidiano que llamamos «lectura». Una cosa que a mí me conmueve de Gadamer es el modo encarnizado como mantiene ese gesto ¿filosófico? de hacer desconocido lo demasiado conocido, aquello que creemos saber porque nunca nos hemos parado a pensarlo. Después de toda una larguísima vida dedicada a pensar la lectura, Gadamer escribió algo tan hermoso como esto: «... *qué cosa sea leer, y cómo tiene lugar la lectura, es una de las cosas más oscuras».* El primer texto pertenece al capítulo 12 de *Verdad y Método*, a ese capítulo fundamental que se titula «El lenguaje como medio de la experiencia hermenéutica». Ahí Gadamer escribe: «... *el ejemplo del traductor que tiene que superar el abismo de las lenguas muestra con particular claridad la relación recíproca que se desarrolla entre el intérprete y el texto, que se corresponde con una reciprocidad del acuerdo en la conversación. Todo traductor es intérprete. El que algo esté en una lengua extraña no es sino un caso extremo de dificultad hermenéutica, esto es, de la extrañeza y de la superación de la extrañeza. La tarea propia del traductor no se distingue cualitativamente, sino sólo gradualmente, de la tarea hermenéutica general que plantea cualquier texto».*[3] La segunda cita de Gadamer, muy breve, casi una sentencia, perte-

---

2. GEORGE STEINER, *Depués de Babel. Aspectos sobre el lenguaje y la traducción.* México. Fondo de Cultura Económica, 1981, pág. 477.

nece a un artículo de 1989 que se titula como este capítulo, «Leer es como traducir», y dice así: «... *entraña la traducción todo el misterio de la comunicación social y de la comprensión humana»*.[4]

A continuación, dos citas de Martin Heidegger, de ese enorme filósofo que nos ha dado, entre otras muchas cosas, toda una práctica del pensamiento mismo como lectura y traducción. Lo que Heidegger nos ha enseñado es que la escritura filosófica es inseparable de operaciones de lectura, traducción y reescritura. Y que el pensamiento no es otra cosa que un trabajo sobre los textos y sobre la lengua de los textos. Lo que es conmovedor en Heidegger es el modo como su propia voz se va haciendo poco a poco una voz subordinada, una voz en aprendizaje, una voz que se pone a escuchar la lengua y a aprender de la lengua. La primera está en una nota a pie de página que aparece en el curso de 1942, en un curso que fue todo él una lectura del poema de Hölderlin «Der Ister», y en el contexto de unos comentarios a la versión del primer coro de la *Antígona* de Sófocles. Allí Heidegger escribe: «*todo traducir debe ser un interpretar. Y vale también lo contrario: toda interpretación, y todo lo que está a su servicio, es un traducir. De lo cual se deriva que el traducir no se mueve únicamente entre dos lenguas diversas, sino que también es un traducir el moverse en el interior de la misma lengua. La interpretación de los* Himnos de Hölderlin *es un traducir en el interior de nuestra lengua alemana. Y lo mismo vale para la interpretación, por ejemplo, de la* Crítica de la Razón Pura *de Kant o de la* Fenomenología del Espíritu *de Hegel»*.[5] La segunda cita

3. Hans-George Gadamer, *Verdad y Método*. Salamanca. Sígueme, 1984, págs. 465-466.

4. Hans-George Gadamer, «Leer es como traducir», en *Arte y verdad de la palabra*. Barcelona. Paidós, 1998, pág. 84.

5. Martin Heidegger, «Hölderlins Hymne Der Ister» en *Heideggers Gesammtausgabe*. Band 53. Frankfurt and Main. Klostermann, 1982, págs. 75-76.

pertenece al curso sobre Parménides de invierno de 1942-43 y dice así: «*la traducción de la propia lengua en su palabra más propia permanece siempre como lo más difícil. Por ejemplo la traducción de la palabra alemana de un pensador alemán es particularmente difícil porque se afirma la convicción testaruda de que nosotros ya comprendemos la palabra alemana dado que pertenece a nuestra lengua, mientras que para traducir la palabra griega debemos primero aprender la lengua extranjera*». Y un poco más adelante: «*estamos traduciendo constantemente también nuestra propia lengua, la lengua materna, a su propia palabra. En todo diálogo y en toda conversación consigo mismo se hace valer un originario traducir*».[6]

La próxima cita es de uno de los mayores poetas-traductores de la lengua castellana, del mejicano Octavio Paz, y pertenece a un artículo titulado «Traducción: literatura y literalidad». Octavio Paz es un poeta profundamente mejicano, que ha hecho sonar incluso la vieja cultura azteca frente a las pretensiones superficialmente europeístas de la mayoría de sus contemporáneos, y que ha trabajado también profundamente textos orientales, japoneses e hindúes fundamentalmente, hasta hacer sonar el castellano de un modo profundamente turbador. Es uno de esos escritores cuya lengua poética está atravesada de muchas lenguas (como algunos de los grandes americanos: Guimarães Rosa, Roa Bastos, Cabrera Infante). Paz comienza su texto con estas palabras: «*Aprender a hablar es aprender a traducir; cuando el niño pregunta a su madre por el significado de esta o aquella palabra, lo que realmente pide es que traduzca a su lenguaje el término desconocido. La traducción dentro de una lengua no es, en este sentido, esencialmente distinta a la traducción entre dos lenguas*». Y un

---

6. MARTIN HEIDEGGER, «Parmenides» en *Heideggers Gesammtausgabe.* Band 54. Frankfurt and Main. Klostermann, 1982, págs. 18-19.

poco más adelante, una frase rotunda: *«el lenguaje mismo, en su esencia, es ya traducción».*[7]

La última cita es de uno de los clásicos en teoría de la traducción, de Henri Meschonnic, y pertenece al segundo volumen del libro *Por la poética*, concretamente a un capítulo titulado «Poética de la traducción». Meschonnic es uno de los pocos lingüistas que se ha dejado contaminar de verdad por la poesía y ha sido capaz de pensar radicalmente la lengua desde su funcionamiento constitutivamente poético. El fragmento dice así: *«La teoría de la traducción no es una lingüística aplicada. Es un campo nuevo en la teoría y en la práctica de la literatura. Su importancia epistemológica reside en su contribución a la comprensión de esas prácticas sociales a las que llamamos escritura y lectura».*[8]

Podríamos seguir indefinidamente, y construir un texto hecho enteramente de citas, o podríamos detenernos en desarrollar y comentar cada una de las citas anteriores y el modo como, a partir de ellas, pueden pensarse, desde distintos puntos de vista, los problemas implicados en la relación entre traducción y lectura. Pero dejemos ahí todos esos fragmentos como una lista heterogénea y desordenada de testimonios sobre la generalidad del problema de la traducción y como una indicación de su posible fecundidad para una teoría de la lectura.

La condición babélica de la lengua

Con la expresión «leer es como traducir» quiero dar a pensar la lectura como una operación en la que el lenguaje se da en su condición babélica o, dicho de otro modo, quiero sugerir que la lectura no es una opera-

---

7. OCTAVIO PAZ, *Traducción: literatura y literalidad.* Barcelona. Tusquets, 1971, págs. 9 y 13.

8. HENRI MESCHONNIC, *Pour la poétique II.* Paris. PUF, 1973, pág. 67.

ción que se da en *la* lengua, ni siquiera en *una* lengua, sino una operación que se da *entre* las lenguas, y entre lenguas, además, que llevan en sí, todas y cada una de ellas, las marcas babélicas de la pluralidad, de la contaminación, de la inestabilidad y de la confusión. La traducción y, como intentaré mostrar, también la lectura, no pueden pensarse fuera de la condición babélica del lenguaje humano. Esa condición babélica singnifica varias cosas.

Babel significa que no hay tal cosa como el lenguaje. El lenguaje, así en singular y con mayúscula, es una invención de los filósofos y un síntoma más de su fuerte tendencia a trabajar como funcionarios de la Unidad. Como también son invenciones de los filósofos esas otras extrañas abstracciones como el hombre, o la razón, o la historia, o la realidad. Hannah Arendt escribió que la condición humana de la pluralidad deriva del hecho de que *«son los hombres, no el Hombre, los que viven en la Tierra y habitan en el mundo».*[9] La condición humana de la pluralidad, podríamos añadir, deriva del hecho de que lo que hay son muchos hombres, muchas historias, muchos modos de racionalidad, muchas lenguas y, seguramente, muchos mundos y muchas realidades. Eso es obvio, aunque nunca está de más recordarlo contra todos aquellos que quieren meternos en su realidad con pretensiones de ser *la* realidad, en su mundo con pretensiones de ser *el* mundo, en su lenguaje con pretensiones de ser *el* lenguaje, en su razón con pretensiones de ser *la* razón, en su historia con pretensiones de ser *la* historia o en su humanidad con pretensiones de ser *la* humanidad.

Babel significa también que no contamos con tal cosa como la posibilidad no problemática de la traducibilidad generalizada. En un texto muy interesante

9. Hannah Arendt, *La condición humana.* Barcelona. Paidós, 1993, pág. 22.

que se titula «Apuntes para una historia de la traducción», Agustín García Calvo hace notar el carácter anti-babélico tanto del milagro de Pentecostés como de «*la primera traducción verdadera de que tenemos noticia*»:[10] la traducción al griego de algunos libros del *Pentateuco* por parte de un grupo de judíos helenizados de la comunidad de Alejandría que se conoce como *Septua-ginta*, la de los Setenta. Y no deja de ser interesante que la tradición oral talmúdica que se refiere a dicha tra-ducción la considera como de inspiración divina pues-to que los diferentes traductores, representantes de las doce tribus de Israel, redactaron todos idéntica versión, exactamente igual, a pesar de trabajar en celdas sepa-radas. Así, al mito babélico que da cuenta de la pérdida del lenguaje común sucede el doble milagro judaico y cristiano de la traducción entre las lenguas como una señal de redención. La posibilidad de la traducción apa-rece como una buena nueva, como la demostración de la posibilidad de la unidad del espíritu humano por encima de cualquier diferencia.

No existe tal cosa como el lenguaje ni tampoco tal cosa como una intertraducción no problemática: no existe tal cosa como una lengua de todas las lenguas, ni siquiera como horizonte o como tendencia. Pero tam-poco hay tal cosa como una serie de lenguas particula-res, de idiomas distintos. La condición babélica de la lengua no significa sólo la diferencia *entre* las lenguas sino la irrupción de la multiplicidad de la lengua *en* la lengua, en cualquier lengua. Por eso cualquier lengua es múltiple y algo así como *una* lengua singular es también un invento de los filósofos y de los lingüistas al servicio del Estado. Naturalmente están los diccio-narios, las gramáticas y las Academias de la Lengua, todos ellos inventos recientes, más o menos contempo-

---

10. Agustín García Calvo, *Lalia. Ensayos de estudio lingüísti-co de la sociedad.* Madrid. Siglo XXI, 1973, pág. 50.

ráneos al surgimiento del Estado moderno. También existen instituciones tales como escuelas de inglés, antologías de poesía catalana, congresos de hispanistas o historias de la literatura brasilera. Y desde luego hay aparatos educativos y culturales, también de Estado, que construyen constantemente lenguas normalizadas y hablantes igualmente normalizados. Las lenguas nacionales son lenguas de Estado, y quizá no esté de más recordar todo el poder y toda la violencia que hay detrás de eso que llamamos mapas lingüísticos, al menos el mismo poder y la misma violencia que hay detrás de los mapas políticos.

En esta época en la que hay toda una retórica de la lengua como lugar de encuentro habría que recordar las palabras certeras de Canetti: «*No hay ningún historiador que, por lo menos, no ponga en la cuenta de César como mérito esto: que los franceses de hoy hablen francés. ¡Como si, de no haber matado César a un millón de ellos, hubieran sido mudos!*».[11] A lo que habría que añadir que el francés actual no sólo se edifica sobre la imposición genocida del latín en el siglo primero sino también sobre la imposición centralista e ilustrada del francés central sobre las cerca de veinte lenguas que se hablaban en el siglo XVII en ese territorio que hoy llamamos Francia y, además, sobre la imposición del francés culto y estándar y la deslegitimación correlativa de todas las otras formas lingüísticas que lo constituyen.

No hay que olvidar que las lenguas viven en una mutación perpetua que hace que no sean las mismas en dos cortes históricos cualesquiera. Además, en el interior de cada lengua hay enormes diferencias entre los grupos sociales que remiten a factores como el lugar geográfico, el estrato social, la ideología, los estudios rea-

---

11. ELÍAS CANETTI, *La provincia del hombre*. Madrid. Taurus, 1982, pág. 197.

lizados, la profesión, la edad, el género, etc. Y tanto es así que podríamos decir que, en el límite, cada hablante habla una lengua particular. Es más, cada hablante habla varias lenguas si consideramos su capacidad de adaptar su lengua a diferentes contextos y diferentes interlocutores. La traducción, por tanto, es inherente a la expresión y a la comprensión humana, a cualquier forma de intersubjetividad, y hay traducción de una lengua a otra, pero también de un momento a otro de la misma lengua, de un grupo de hablantes a otro y, en el límite, de cualquier texto (oral o escrito) a su receptor. Si hay un argumento empírico para probar la multiplicidad y la mutabilidad infinita de la experiencia humana, ese es el hecho de que decenas de miles de lenguas se hayan hablado y se hablen en el mundo, y cada una de ellas con enormes variaciones temporales, socioculturales e individuales.

Pero la confusión y la dispersión babélica no es sólo esa pluralidad casi infinita de lenguas y de variantes de lenguas. Babel quiere decir también, y sobre todo, que la lengua, cualquier lengua, en cualquier momento de su historia y en cualquier contexto de uso, se da en estado de confusión, en estado de dispersión; Babel significa que la palabra humana se da como confusa, como dispersa, como inestable y, por lo tanto, como infinita.

Babel atraviesa cualquier fenómeno humano de comunicación, o de transporte o de transmisión de sentido. Y, desde luego, cualquier acto de lectura. Lo que ocurre es que existen distintas actitudes ante Babel, ante el significado del «hecho» Babel, ante el escándalo o la bendición de Babel, ante lo remediable o lo irremediable de Babel, ante la radicalidad y el alcance de la condición babélica de la palabra humana.

Hermenéutica y mediación

La interpretación dominante del mito de Babel en términos de culpa, castigo y expiación, como si fuera una segunda versión de la expulsión del Paraíso, ha presentado la condición babélica como una catástrofe que habría que remediar. De ahí ese antibabelismo difuso que atraviesa occidente según el cual la pluralidad y la multiplicidad de la lengua, de cualquier lengua, es algo meramente fáctico y transitorio cuyo destino es su propia superación y, en el límite, su propia supresión. La tradición hermenéutica, que es la que aquí nos interesa puesto que tratamos de pensar la lectura, es un pensamiento de la mediación, de la diferencia mediada. De ahí que sea un pensamiento del diálogo, de la lectura y también de la traducción como prácticas lingüísticas de mediación, de comunicación, de construcción de lo común, tanto en el espacio como en el tiempo. Y eso independientemente de sus enormes dificultades. La hermenéutica es un pensamiento del trabajo de la mediación, del esfuerzo de la mediación, de la difícil posibilidad de la mediación entre las lenguas, entre los individuos, entre el pasado y el presente, entre las culturas.

En el interior de esa lógica, o de esa dialógica, antibabélica que atraviesa Occidente podría situarse sin duda al sujeto de la comprensión tal como se constituye en un cierto sentido común que permea lo político, lo cultural, lo social, lo pedagógico e incluso lo estético. Y que permea también, desde luego, las teorías de la lectura implícitas a todos esos dominios. El sujeto de la comprensión es un sujeto que habita la lengua desde el punto de vista de la comprensión, un sujeto que quiere comprender, que está constituído desde la buena voluntad de comprender, desde la arrogancia de su voluntad de comprender, desde la confianza en el poder de su capacidad de comprender. De un modo un tanto caricaturesco, podríamos decir que el sujeto de la comprensión, por lo menos el que se presupone en un cierto sentido común, es aquél que pretende abolir la distancia en el tiempo y en el espacio, aquél que quiere apropiarse de la totalidad del tiempo y de la totalidad del espacio. El sujeto de la comprensión se cree capaz de convertir el pasado en su propio pasado, de apropiarse del pasado comprendiéndolo, haciéndolo suyo. Y también se cree capaz de mediar cualquier diferencia: entre las lenguas, entre los individuos, entre las culturas. La comprensión es mediación, un tender puentes en el espacio y en el tiempo, pero puentes de una sola dirección: todos los caminos conducen al sujeto de la comprensión y él es el centro de todos los caminos. Lo que quiere, al comprender, es convertir el pasado en presente, lo lejano en próximo, lo extraño en familiar, lo otro en lo mismo, el afuera en adentro, lo que no es suyo en suyo, todas las lenguas en su lengua. Por eso todo lo convierte en propiedad, en identidad, en riqueza. Lo que comprende le hace mejor: más culto, más sensible, más inteligente, más rico, más lleno, más grande, más alto, más maduro. Quizá por eso todo lo comprende desde su cultura, desde su sensibilidad, desde su inteligencia, desde su riqueza, desde su plenitud, desde su grandeza, desde su altura, desde su madurez. Por eso, el sujeto de la comprensión es el traductor etnocéntrico y el lector etnocéntrico: no el que niega la diferencia, sino el que se apropia de la diferencia traduciéndola a su propio lenguaje.

En Gadamer, los textos sobre la traducción son relativamente pocos para la importancia del asunto. Si es verdad, como Gadamer indica en la cita de Schleiermacher que coloca como emblema de la tercera parte de *Verdad y Método*, que «*todo lo que hay que presuponer en la hermenéutica es únicamente lenguaje*», parece que debería ser importante el hecho de que el lenguaje se da en su condición babélica, es decir, que no existe algo así como el lenguaje independiente de la pluralidad de las lenguas o, lo que es lo mismo, que no existe lenguaje independientemente de una lengua histórica y particular. Es evidente que no hablamos el lenguaje, sino un idioma. Y, desde ese punto de vista, el tema de la traducibilidad y la intraducibilidad, el tema del idioma y de lo idiomático del idioma, parece que debería ser esencial. Como si Babel amenazara la comprensión y pusiera en peligro la buena voluntad del sujeto de la comprensión. Podríamos decir que el problema de la traducción inscribe Babel en la hermenéutica y la pone en peligro. Y que todo el esfuerzo de Gadamer se encamina a obviar o a conjurar ese peligro. Digamos que Gadamer sobrevuela la condición babélica del lenguaje al igual que sobrevuela la condición poética del lenguaje y la condición textual del lenguaje. Tres condiciones que, tomadas en su radicalidad, harían estallar la hermenéutica misma: no sólo la hermenéutica gadameriana, sino gran parte de las teorías que componen esa *koiné* hermenéutica de la que habla Vattimo y que incluyen tanto la Teoría de la Acción Comunicativa de Appel-Habermas como algunos enfoques del pragmatismo lingüístico norteamericano.[12]

Puesto que desarrollar el tema de la escritura sería un poco prolijo, permítanme al menos un paréntesis respecto a la poesía. A veces suena en Gadamer un resuelto optimismo respecto a la comprensión: siempre es posible llegar a entenderse, siempre se puede comprender un texto. Y extiende ese optimismo respecto a la traducción: todo es traducible, siempre se puede entender más allá de los límites de la propia lengua, siempre es posible abrir la propia lengua a otras lenguas, lo propio a lo ajeno, lo familiar a lo extraño. Pero

---

12. Ver G. VATTIMO, *Etica de la interpretación*. Barcelona. Paidós, 1991. También *Más allá de la interpretación*. Barcelona. Paidós, 1995.

otras veces Gadamer hace declaraciones mucho más pesimistas, precisamente cuando habla de la poesía y de la comprensibilidad/traducibilidad de los textos literarios. Lo que ocurre es que la poesía no es un caso particular del lenguaje, sino que todo lenguaje tiene carácter poético. La intraducibilidad de la poesía se extiende, por tanto, a todo el lenguaje por mucho que queramos taponar los agujeros. Por eso el tema clásico de Filosofía y Poesía o, dicho de otro modo, el tema clásico de Concepto y Metáfora, es clave respecto a la inscripción de Babel en la lengua, en cualquier lengua. Por eso todos los filósofos antibabélicos se van a esforzar en mantener bien nítidas las fronteras, mientras que los pensadores babélicos van a encargarse de hacerlas borrosas.

Pero volvamos a Babel, a la pluralidad de las lenguas y al problema de la traducción. El primer texto que quiero comentar está al principio del capítulo 12 de *Verdad y Método*, uno de los capítulos fundamentales del libro, ese que se titula precisamente «El lenguaje como medio de la experiencia hermenéutica». Ahí el tema de la traducción aparece en relación a las dificultades de la comprensión. Gadamer comienza afirmando que *«el lenguaje es el medio en el que se realiza el acuerdo de los interlocutores y el consenso sobre la cosa»*. Y continúa: *«Son las situaciones en las que se altera o dificulta el ponerse de acuerdo las que con más facilidad permiten hacer conscientes las condiciones bajo las que se realiza cualquier consenso. Por ejemplo, resulta particularmente ilustrador el proceso lingüístico en el que por traducción y traslación se hace posible una conversación en dos lenguas distintas»*.[13] El tema de la traducción aparece para ilustrar una comunicación difícil. Como si la pluralidad de las lenguas fuera un obstáculo

13. H.G. Gadamer, *Verdad y Método*. Salamanca. Sígueme, 1984, pág. 462.

añadido al ya de por sí difícil trabajo de la mediación, y como si la traducción, como mediación entre las lenguas, expresara esa dificultad suplementaria. Enseguida Gadamer define la tarea del traductor como un «*trasladar el sentido que se trata de comprender al contexto en el que vive el otro interlocutor. Pero esto no quiere decir que le esté permitido falsear el sentido. Precisamente lo que tiene que mantenerse es el sentido, pero como tiene que comprenderse en un mundo lingüístico nuevo, tiene que hacerse valer en él de una forma nueva*».[14] La traducción aparece aquí como transporte de sentido, como un transporte en el que el sentido adopta otra materialidad lingüística y se entrega, o se da entender, en otro contexto vital. La traducción es un transporte de una lengua a otra lengua y de un contexto vital a otro contexto vital.

Gadamer reproduce aquí toda la imaginería clásica de la conducción de algo de un sitio a otro (eso sería el significado literal de *tra-ducere*), del transporte, de la transferencia, del translado (traducción en inglés es *translation*), de la transposición (traducción en alemán es *Übersetzung*, un calco semántico del compuesto latino *trans-positio*, de donde deriva transposición, pero también un calco semántico del compuesto griego *meta-phorein*, que todavía en el griego moderno significa transporte) y también de la transmisión. En la traducción hay algo, el sentido, que se transporta y que, al transportarse, se conserva y a la vez se transforma, se metamorfosea, se modifica. Como si en la traducción se conservase el significado y se transformase el significante, la materialidad concreta que porta o soporta el sentido, el soporte que tiene o contiene el contenido. Esa imaginería sería exclusivamente técnica y se adaptaría sin problemas a la teoría técnica de la comunicación y a las tecnologías de la información

14. *Ibídem.*

si no fuera por dos cuestiones. Primero por el tema de la vida, por el modo como la lengua está anclada en el mundo de la vida. Y segundo por el tema de la inseparabilidad de significante y significado. Porque lo que hay que traducir, el sentido, no es mera información.

El traductor, decía Gadamer, experimenta la dificultad de la comprensión. Lo que ocurre es que precisamente por la diferencia entre las lenguas, la lingüisticidad misma de la comprensión se hace consciente: «*El caso de la traducción hace consciente la lingüisticidad como medio del acuerdo posible, porque en ella este medio tiene que ser producido artificiosamente a través de una mediación expresa*».[15] Ahí Gadamer parece presuponer una cierta inconsciencia de la lengua, una cierta naturalidad de la lengua. Como si los hablantes de la misma lengua se entendieran como si no hubiera lengua, como si entre ellos hubiera un medio natural y aproblemático, olvidando el carácter lingüístico de la comprensión. Podríamos decir que los hablantes normalmente viven en su propia lengua con absoluta naturalidad, inconscientemente, sin ninguna distancia. Como quien vive naturalmente la naturaleza porque todavía no se ha distanciado de ella, porque todavía no la ha convertido en naturaleza. Y realmente, en muchas ocasiones, cuando hablamos no vemos ni oímos ni tocamos la lengua, sino que vivimos en ella naturalmente, es decir, sin tener consciencia de ella. La lengua sólo aparece como tal cuando se da en su dificultad, cuando nos faltan las palabras o cuando nos traicionan las palabras o cuando se nos resisten las palabras. Y eso es especialmente intenso en la traducción. La traducción hace palpable la lengua, la materialidad misma de la lengua y, al llamar la atención sobre esa materialidad, la traducción hace consciente la diferencia entre las lenguas, hace consciente la condición babélica de la len-

15. *Ibídem.*

gua. Da la impresión de que el hablante que vive la lengua naturalmente vive en una situación prebabélica. Que es el esfuerzo en la comprensión (incluso en la misma lengua) el que manifiesta ya un cierto babelismo. Y que la traducción entre lenguas lo muestra de forma particularmente penosa porque exige una doble mediación.

Y algo parecido sucede un poco más adelante cuando Gadamer no se refiere ya al intérprete entre hablantes, sino al traductor de textos, a ese personaje modesto, anónimo y necesariamente orientado al fracaso que lee dando a leer, haciendo posible la lectura. Gadamer no saca todas las consecuencias del carácter textual de la lengua. De hecho, se enfrenta al concepto de texto cuando se ve obligado a ello por sus debates con la deconstrucción y tiende a pensar la lectura desde el punto de vista del diálogo y de la conversación. Lo único que, según Gadamer, diferencia al traductor de textos del intérprete entre hablantes es que la traducción no se refiere al querer-decir del autor sino a lo que el texto dice, a lo que en el texto pone. Y, en esa referencia privilegiada al texto, en esa exigencia de fidelidad al texto, el traductor *no puede neutralizar la diferencia fundamental entre las lenguas*.[16] Por eso, el drama del traductor está en tener que realizar un esfuerzo orientado al fracaso: *mantener a la vez el derecho de la lengua a la que traduce y sin embargo dejar valer en sí lo extraño e incluso adverso del texto (...). Sólo reproducirá de verdad aquel traductor que dé con una lengua que no sólo sea la suya sino también la adecuada al original*.[17]

En el mismo capítulo 12, y un poco más adelante, en el contexto de una discusión sobre la íntima relación entre lenguaje y razón y entre el lenguaje y las

16. *Op. cit.*, pág. 464.
17. *Op. cit.*, pág. 465.

cosas que nombra, en el contexto de la relación entre lenguaje, pensamiento y realidad, Gadamer escribe lo siguiente: «... *con esto el lenguaje gana tal cercanía con la razón, esto es, con las cosas que designa, que se vuelve un verdadero enigma cómo puede haber diversas lenguas, si todas ellas tienen que valer como igualmente cercanas a la razón y a las cosas. El que vive en un lenguaje está penetrado de la insuperable adecuación de las palabras que usa para las cosas a las que se refiere. Parece imposible que otras palabras de lenguas distintas estén en condiciones de nombrar las mismas cosas de una manera tan adecuada. Sólo parece justa la palabra propia (...). Incluso la tortura del traducir tiene que ver en último extremo con el hecho de que las palabras originales parecen inseparables de los contenidos a los que se refieren (...). Cuanto más sensible se muestra nuestra conciencia histórica en sus reacciones, tanto más intensamente parece experimentar lo intraducible de lo extraño. Pero con esto la unidad íntima de palabra y cosa se convierte en un escándalo hermenéutico. ¿Cómo iba a ser posible llegar simplemente a comprender una tradición extraña si estamos tan atados a la lengua que hablamos?*».[18]

En este fragmento aparece nítidamente el tema de la conexión entre el lenguaje y el mundo de la vida y el tema de la inseparabilidad de la palabra y la cosa o, de otro modo, de la lengua y del sentido. Por eso el escándalo hermenéutico y la imposibilidad de la traducción. Pero Gadamer disuelve inmediatamente ese escándalo: «*El esfuerzo por comprender e interpretar siempre tiene sentido. En ello se muestra palmariamente la generalidad superior con la que la razón se eleva por encima de las barreras de toda constitución lingüística dada. La experiencia hermenéutica es el correctivo por el que la razón pensante se sustrae al conjuro de lo*

18. *Op. cit.*, pág. 482.

lingüístico, y ella misma tiene carácter lingüístico».[19] El trabajo de la comprensión convierte a Babel y a la pluralidad de las lenguas en un mero punto de partida desde el que la razón misma se desata lingüísticamente de una lengua particular y se eleva por encima de sus determinaciones. El problema ya no es el de la diversidad de las lenguas, sino el modo como en la multiplicidad de las lenguas se da la misma unidad de pensamiento y lenguaje. La traducción, parece decir Gadamer, desata la lengua de sus determinaciones vitales concretas y desata el vínculo entre el sentido y la lengua. Y por eso amplia el mundo de la vida y amplia también las posibilidades del lenguaje. Siempre es posible entenderse más allá de los límites de la propia lengua. El propio mundo lingüístico en el que uno vive no es una barrera que le impida el conocimiento del mundo de otra lengua.

El segundo texto que quería comentar se titula «La diversidad de las lenguas y la comprensión del mundo» y es una conferencia de 1990. Es un texto que recorre temas clásicos de la hermenéutica gadameriana como la comprensión de sí y la comprensión del mundo, el diálogo como fundador de la comunidad y de la solidaridad, o la diferencia entre el lenguaje natural y el lenguaje de la ciencia. Pero, curiosamente, el texto no contiene una negación de Babel, el tópico clásico del difícil trabajo de la comprensión como remedio a la catástrofe de Babel, sino una afirmación babélica, algo así como babilonios somos, gracias a Dios, y ojalá lo sigamos siendo. El texto comienza afirmando el carácter político del problema de la diversidad y de la comunidad. Y es ahí donde aparece Babel. Babel representa la búsqueda de una lengua única, totalitaria, monológica, objetivante y orientada a la dominación y, por otro lado, representa también la productivi-

19. *Op. cit.*, pág. 483.

dad dialógica, no objetivante y orientada a la comprensión de la situación babélica misma. Para la lengua única, que en el texto de Gadamer aparece como actualizada en el lenguaje de la ciencia, el mundo es objeto. Sin embargo en Babel hay que entenderse unos con otros en el mundo y en una pluralidad de interpretaciones del mundo. Y es ahí donde aparece el párrafo que me interesa: «*Ocurre entre tú y yo la misma cosa que entre los pueblos o entre los círculos culturales y comunidades religiosas. Por doquier nos enfrentamos al mismo problema: debemos aprender que escuchando al otro se abre el verdadero camino en el que se forma la solidaridad. Sucede exactamente lo contrario de aquello que en el relato de la torre de Babel tenía en mente la gente como ideal delirante. Allí se decía: 'tenemos que hacernos un nombre, por si nos desperdigamos por la faz de la tierra'. ¿Bajo qué nombre queremos permanecer juntos? Es el nombre que se tiene y que le permite a uno, por así decirlo, ya no escuchar al otro*».[20] Agarrarse al propio nombre, al nombre que se tiene, al que nos hace permanecer juntos, es el ideal delirante del que no escucha. Y escuchar es perder el propio nombre, desperdigarse por la faz de la tierra, atender al otro como otro. Pero lo que nos hace querer permanecer juntos no es sólo el nombre propio, sino también la lengua propia y la ciudad propia. El ideal delirante es también agarrarse a la propia lengua y a la propia ciudad. Por eso escuchar quizá exija también la disposición a perder la propia lengua y a perder la propia ciudad. Algo parecido, tal vez, a eso que, en otro contexto, algunos babilonios llaman hospitalidad.

En este párrafo babélico de Gadamer, la unidad y la aspiración a la unidad es el peligro y la pluralidad es su superación. Además, continúa Gadamer, la plurali-

---

20. En *Arte y verdad de la palabra*. Barcelona, Paidós, 1998, pág. 125.

dad no debe burocratizarse o racionalizarse, sino que debe mantenerse viva. La pluralidad de las lenguas no es irracional, sino el elemento de una razón dialógica y mediadora, de una razón viva, de una razón de mil caras. Y la pluralidad no es tampoco un problema que deba administrarse políticamente, sino la vida misma del hombre y de la lengua en su estado de dispersión.

Deconstrucción y diferencia

Frente a ese antibabelismo generalizado, comienza a apuntar un pensamiento de la diferencia no mediada. Un pensamiento más heterológico que dialógico, más babelizante que antibabelizante, un pensamiento que no tenga que ver con la dificultad, trabajosa e incluso desesperada, de la mediación, sino con la responsabilidad de la diferencia y con la diferencia. Un pensamiento, en fin, que se aparte definitivamente de la nostalgia de o de la esperanza en la comprensión, que se aparte incluso del punto de vista de la comprensión. Y eso porque el punto de vista de la comprensión contiene la peor de las violencias tanto para la lengua como para la condición humana misma en tanto que condición babélica. El envite no es tanto pensar la lengua a pesar de Babel como responder al destino babélico del lenguaje: responder a y hacerse responsable de la pluralidad de las lenguas, la extrañeza de las lenguas, la confusión, la dispersión y la inestabilidad de las lenguas, y también responder a y hacerse responsable de la exigencia de comunidad que se da en la pluralidad, en la extrañeza, en la confusión, en la dispersión y en la estabilidad de las lenguas. El envite es, en definitiva, pensar una comunidad realmente plural, una comunidad babélica, y aprender a habitar Babel babélicamente, afirmando y no negando la condición babélica de todo lo humano.

En ese contexto, la traducción aparece de un modo paradójico: su posibilidad se deriva de su imposibilidad, su productividad se deriva de su fracaso. Y no se piensa a contrapelo de la condición babélica de la lengua, como orientada a superarla o corregirla o remediarla, no para lamentarla, para luchar contra ella, para evitarla o ignorarla, sino que, como práctica afirmativa, como trabajo de una lengua sobre otra lengua y sobre sí misma, como práctica de la diferencia y de la multiplicidad, la traducción insiste y profundiza las estrategias diseminadoras y pluralizadoras de la lengua misma. La traducción no es en absoluto una práctica antibabélica sino que, por el contrario, babeliza ella misma: la traducción es la experiencia babélica de Babel.

Si hay un presupuesto no problematizado en todas las teorías de la comprensión, este presupuesto es que, si bien no hay una lengua universal, si bien la lengua humana se da en la multiplicidad de las lenguas, si la comprensión es difícil, eso no impide que los hombres, vencidas ciertas dificultades, puedan entenderse. La universalidad y la unidad esencial del espíritu humano son la respuesta a la confusión babélica. Y tanto la traducción como la lectura son prácticas orientadas a producir y hacer posible esa universalidad y esa unidad del espíritu. Lo que ocurre es que esa confianza en un espíritu común que se revelaría en la traducción, en la lectura, y en todas las prácticas comunicativas, ha dejado de ser una evidencia y, lo que es peor, aparece ya como el gesto etnocétrico y arrogante de esa parte de la humanidad que pretende identificarse con la Humanidad. Para nosotros, tanto la traducción como la lectura ya no son prácticas en las que se produce lo común, sino prácticas en las que se produce lo diferente, prácticas de singularización y de diferenciación. El traductor ya no trabaja para borrar la diferencia, sino para hacerla producir.

Cualquier comunicación es babélica porque, en el acto mismo de comunicarse, cualquier sentido se multiplica y nos multiplica, se confunde y nos confunde. Es al comunicarse, al hacerse común, es decir, al hacerse de cada uno, que el sentido se da ya como dividido, confundido, diseminado, multiplicado, transportado, trastornado o quizá, en una sola palabra, traducido. Mientras que el pensamiento antibabélico se esfuerza por comprender y explicar, por hacer los textos legibles y comprensibles, el pensamiento babélico insiste en lo que los textos tienen de ilegibles, de intraducibles, de incomprensibles, pero para leerlos y traducirlos y comprenderlos a partir de esa imposibilidad, conservando o respetando o guardando esa imposibilidad, es decir, babélicamente.

Derrida se aparta definitivamente de la nostalgia de o de la esperanza en una lengua pura, transparente, única, idéntica a sí misma, sin diferencia, sin escritura en el sentido en que él, Derrida, entiende la palabra «escritura». Y eso porque considera que esa nostalgia o esa esperanza son enormemente peligrosas porque contienen la peor de las violencias tanto para la lengua como para la condición humana misma en tanto que condición babélica. La lengua se da en estado de pluralidad. Por eso el envite de Derrida no es tanto pensar la lengua a pesar de Babel como responder al destino babélico del lenguaje: responder a y hacerse responsable de la pluralidad de las lenguas, la extrañeza de las lenguas, la confusión y la dispersión de las lenguas, y también responder a y hacerse responsable de la exigencia de comunidad que se da en la pluralidad, en la extrañeza, en la confusión y en la dispersión de las lenguas. De ahí que la traducción aparezca de un modo paradójico (su posibilidad se deriva de su imposibilidad, su productividad se deriva de su fracaso) y de ahí también que la traducción no vaya a contrapelo de la condición babélica de la lengua, no la supere o la corrija o la remedie, no la lamente, no luche contra ella, no la evite, no la ignore, sino que, como práctica afirmativa y deconstructiva, como trabajo de una lengua sobre otra lengua y sobre sí misma, como práctica de la diferencia y de la multiplicidad, insista y profundize las estrategias diseminadoras y pluralizadoras de la lengua en general. La traducción, en Derrida, no es en absoluto una práctica antibabélica sino que, por el contrario, babeliza ella misma: la traducción es la experiencia babélica de Babel.

Y eso hasta el punto de que tanto la traducción como la misma Babel se convierten a veces en la deconstrucción misma. Por ejemplo: *«La cuestión de la traducción es también, de parte a parte, la cuestión de la deconstrucción».*[21] O, en un enunciado que es él mismo babélico: *«Si tuviera que arriesgar, Dios me libre, una sola definición de la deconstrucción, breve, elíptica, económica como una orden, diría sin frase: plus d'une langue».*[22] ¿Por qué «sin frase»? Quizá porque así, sin frase, «plus d'une langue» podría traducirse, o babelizarse, por lo menos, de tres maneras.

–Primero como «más de una lengua», es decir, que lo que hay es siempre más de una lengua, que lo que hay son lenguas particulares, idiomas, el francés y el español por ejemplo, pero también que hay más de una lengua en cada lengua, que el español por ejemplo no es una sóla lengua, sino más de una lengua, una serie de variantes híbridas y excéntricas irreductibles a un sistema centrado y cerrado, y también que cualquier enunciado se da ya siempre dividido y pluralizado, en más de una lengua, y también que todo hablante, cualquier hablante, cuando habla o escribe en su lengua habla o escribe siempre más de una lengua.

21. J. Derrida, *Psyché. L'invention de l'autre.* Paris. Galilée, 1987, pág. 324.

22. J. Derrida, *Mémoires –for Paul de Man.* New York. Columbia University Press, pág. 38.

–«Plus d'une langue» puede traducirse, en segundo lugar, como «plus de una lengua», es decir, como suplemento o exceso o prótesis de una lengua, como todo lo que en una lengua excede a una lengua.

–Y, en tercer lugar, «plus d'une langue» es también «basta de una lengua». En el post-scriptum al relato «Le dernier mot», «La última palabra», Blanchot escribe, en ese último sentido, en una frase, ese enunciado: *«plus de langage contraignant ou affirmative, c'est-à-dire plus de langage –mais non: toujours une parole pour le dire et ne pas le dire».*[23] Lo que podría sonar así: basta de lenguaje represivo o afirmativo, es decir basta de lenguaje –pero no: siempre una palabra para decirlo y no decirlo. O así: basta de lenguaje porque, incluso si no hay lenguaje que no sea represivo o afirmativo, si el lenguaje no represivo o no afirmativo no está, porque todo lenguaje es represivo y afirmativo, el lenguaje, el basta de lenguaje, a la vez lo dice (represiva y afirmativamente) y no lo dice, es decir, dice en una lengua represiva y afirmativa lo que va más allá de una lengua represiva y afirmativa, lo que no se puede decir, el plus del lenguaje, el otro lenguaje, el otro del lenguaje, lo imposible del lenguaje... y con ello el basta de lenguaje anuncia, o promete, o dice al tiempo que no dice, o dice sin decir: un lenguaje más allá del lenguaje, un lenguaje otro, un lenguaje imposible, un lenguaje por-venir.

Por lo tanto, y para empezar, Babel, es decir, *«plus d'une langue»*, más de una lengua, o plus de una lengua, o basta de una lengua: una *pluralidad de lenguas*, y una *lengua plural*, y una lengua que es siempre *más* y *otra cosa* que ella misma, porque no se puede cerrar o totalizar o identificar, o una lengua que se niega o se borra o se interrumpe a sí misma en el mismo movimiento en que se abre a otra cosa impredecible e incalculable, o en una sola frase: una lengua que no es *una* lengua.

<hr>

23. Maurice Blanchot, *Après coup*. Paris. Minuit, 1983, pág. 93.

Y como Babel no sólo habla de la lengua sino también de la ciudad (o de la comunidad) y del nombre (o de la identidad propia del portador de un nombre propio y de la identidad común del los portadores de un nombre común), quizá podríamos variar el enunciado anterior, y decir por ejemplo:

Babel, es decir, «plus d'une communauté», más de una comunidad o plus de una comunidad o basta de una comunidad: una pluralidad de comunidades, y una comunidad plural, y una comunidad que es siempre más y otra cosa que ella misma, o una comunidad que no se puede cerrar o totalizar o identificar, o una comunidad que se niega o se borra o se interrumpe a sí misma en el mismo movimiento en que se abre a otra cosa impredecible e incalculable, o en una sola frase: una comunidad que no es *una* comunidad.

O Babel, es decir, «plus d'un nom», más de un nombre o plus de un nombre o basta de un nombre: una pluralidad de nombres, y un nombre plural, y un nombre que es siempre más y otra cosa que él mismo, o un nombre que no se puede cerrar o totalizar o identificar, o un nombre que se niega o se borra o se interrumpe a sí mismo en el mismo movimiento en que se abre a otra cosa impredecible e incalculable, o en una sola frase: un nombre que no es *un* nombre.

El mito babélico es visitado por Derrida en varias ocasiones y en contextos distintos. Me referiré primero, muy brevemente, a ese texto de título también confuso y babélico, «Des tours de Babel», un título que podría traducirse como «Sobre las torres de Babel», o «De las torres de Babel», pero también «De las vueltas, o los giros o los regresos de Babel» o, incluso, como «Las desviaciones o los rodeos de Babel»; ese texto en el que se comenta el relato del Génesis antes de emprender una lectura que es a la vez un comentario y una traducción del célebre artículo de Walter Benjamin titulado «La tarea del traductor»; y ese texto en el que ya desde el título la torre es muchas torres y muchas torres que vuelven, o regresan, pero desviándose, dando rodeos. Y cualquier lector de Derrida un poco sensible al vértigo de la prosa de Derrida, reconocerá en seguida en el motivo de la vuelta y del regreso toda esa imaginería del espectro, o del fantasma, del que vuelve o regresa pero como espectro, y toda esa imaginería del envío y del desvío, del envío que lleva inscrito el desviarse siempre de cualquier destinatario preestablecido, de cualquier pretensión de fijar o de controlar al destinatario.

En ese texto Derrida coloca bajo el signo de Babel una serie de imposibilidades: la imposibilidad de mediar la irremediable multiplicidad de las lenguas; la imposibilidad de cerrar un contexto, una estructura o un sistema; la imposibilidad de darse un nombre, una identidad centrada, un nombre propio tanto como un nombre común, es decir, tanto una identidad personal como una identidad colectiva; la imposibilidad de darse una filiación o una genealogía lineal continua y reconocible; y la imposibilidad de representarse el origen, el padre, la ley, la donación original de una lengua o de una identidad o de una patria o de una tierra o de un nombre o de un origen o de una tarea o de un destino.

Y para dar a leer todas esas imposibilidades, Derrida desarrolla el tema clásico del don o de la donación de las lenguas y lo hace tomando como tema, o como pre-texto, la traducción del nombre propio de Babel en un nombre común que «significa» confusión. Lo que hace Derrida es desviar, rodear, hacer volver o hacer regresar una sola expresión: «Babel significa confusión»; y una sóla expresión que sólo tiene sentido en una lengua, en la lengua en cuyo seno el nombre propio de Babel podía, por confusión, traducirse como «confusión». La primera frase del texto es la siguiente: *«Babel: en primer lugar un nombre propio, sea. Pero cuando decimos Babel hoy, ¿sabemos lo que estamos nom-*

brando? ¿sabemos a quién?».[24] El relato derridiano podría resumirse así: ante la pretensión de los hombres de construir una torre, de edificar una ciudad, de darse un nombre y de imponerse una lengua única, Dios clama su nombre, y ese nombre propio, que es a la vez el nombre del Padre y el nombre de la ciudad, desciende sobre la torre y es traducido o comunicado o comprendido confusamente como «confusión», y así, al confundirse, confunde la lengua de los hombres, interrumpe la construcción de la ciudad y dispersa a los pueblos por la faz de la tierra. *«La ciudad llevaría el nombre del Dios padre, y del padre de la ciudad que se llama confusión. Dios, el Dios habría marcado con su patronímico un espacio comunitario, esta ciudad en la que la gente no puede ya entenderse. Y uno no puede ya entenderse cuando sólo hay nombre propio, y uno no puede ya entenderse cuando ya no hay nombre propio. Al dar su nombre, al dar todos los nombres, el padre daría origen al lenguaje y este poder pertenecería de derecho al Dios padre. Y el nombre del Dios padre sería el nombre de este origen de las lenguas. Pero este Dios, bajo el impulso de su cólera (como el Dios de Boehme o de Hegel, el que sale de sí, se determina en su finitud y produce así la historia) también anula el don de las lenguas, o por lo menos lo trastorna, siembra la confusión entre sus hijos y envenena el presente.»*[25] Los familiarizados con el vertiginoso vocabulario de Derrida reconocerán también, en esta última frase, el motivo del don, el motivo de la siembra o de la diseminación, y el motivo del veneno o del fármaco, todos ellos motivos pluralizadores y babelizadores del funcionamiento mismo de la lengua, todos ellos motivos que hacen estallar la hermenéutica, incluso cuando es entendida al modo de la polisemia. Pero volvamos al texto.

24. J. Derrida, «Torres de Babel» en *Er. Revista de Filosofía*, n.º 5, 1987, pág. 35.
25. *Op. cit.*, pág. 36.

Babel, entre otras muchas cosas, es para Derrida la traducción de un nombre propio (y, como tal, intraducible, sin valor semántico, a la vez dentro y fuera de la lengua) a un nombre común. Lo que hace Dios es comunicar su nombre. Y en esa comunicación, en esa traducción a nombre comunicado y por tanto común, el nombre se confunde y nos confunde. Por tanto, es el comunicarse, el darse en común de la lengua, lo que da el nombre ya dividido, confundido, envenenado, diseminado, multiplicado, trastornado o quizá, en una sola palabra, traducido. El tratamiento del nombre propio en «Torres de Babel» podría ser, simplificándolo mucho, el siguiente: 1) el nombre propio es intraducible porque es «la referencia de un significante puro a una existencia singular»; 2) pero sin embargo se traduce y se convierte así en un nombre común que contiene una generalidad de sentido; 3) en ese movimiento que comunica o traduce el nombre propio y lo hace común el nombre propio pierde su singularidad, su carácter de propio; 4) pero pierde también su carácter de común puesto que al comunicarse se da dispersado, multiplicado y confundido, como una pluralidad infinita de sentidos. Y sin duda ese tratamiento puede generalizarse a todos los nombres propios así como a otros lugares singulares de la lengua.

Por ejemplo esa modalidad del nombre propio que es la firma. Sabrán ustedes, y si no lo saben yo, Jorge Larrosa, se lo digo ahora, que el tratamiento de la firma es enormemente sofisticado y complejo en Derrida, en ese texto prolífico y proliferante que lleva la firma «Derrida». Y se habrán dado ya cuenta, supongo, que lo que yo estoy haciendo ahora es explicar a Derrida, darlo a leer o traducirlo explicándolo, esto es, diciendo lo que su escritura quiere decir, esto es, subrayando lo que su escritura tiene (para mí y para lo que yo imagino de ustedes en mi ignorancia o en mi arrogancia, o en mi paternalismo, puesto que el paternalismo de todos los padres y de todos los maestros y de todos los curas es una mezcla de ignorancia y de arrogancia) de legible o de inteligible, y elidiendo o eludiendo lo que, también para mí y (para lo que yo en mi ignorancia y en mi arrogancia y en mi paternalismo imagino de ustedes) tiene de ilegible y de ininteligible, esto es eliminado las aristas, las torsiones, las oscuridades, las ambigüedades, las dificultades de la letra para dar la claridad, la univocidad o la facilidad de un presunto sentido, de un presunto querer decir que Derrida daría en difícil y yo en fácil, que él daría en extenso y yo en resumen, que el daría en complejo y yo en sencillo, que él daría en intraducible y yo en traducido, que él daría en francés y yo en español, de manera que ya no tengan ustedes que leer o traducir a Derrida. Se habrán dando cuenta, supongo, de que estoy comportándome como un sujeto de la comprensión, como un sujeto de la dificultad del comprender y de la dificultad del dar a comprender, como un mediador de la comprensión que se esfuerza en explicar lo que él ha comprendido para que los demás, que no lo han leído o que no lo comprenden, lo comprendan. Y se habrán dado cuenta, y si no se lo digo ahora, que ya estoy cansado de eso, que cada vez me molesta más ese tono didáctico o profesoral, que es el mío, pero del que al mismo tiempo empiezo a conocer todas las trampas, todas las limitaciones y todas las imposturas. Tan cansado que estoy tentado de inscribir aquí y ahora *plus d'explication* o más de explicación o plus de explicación o basta de explicación. Pero voy a continuar explicando ese tema de la firma con un tratamiento derridiano, a partir de Derrida, simplificado y traducido para hacerlo legible y, al mismo tiempo, digamos que un poco desviado, digamos que un poco a mi manera, un poco con mis propias palabras o con mi propia lengua o en mi propio nombre o con mi propia firma. Y la cosa podría sonar como sigue.

Sea una firma, la firma Jacques Derrida, por ejemplo, la firma de un texto que ha sido escrito en el propio nombre y en la propia lengua, sea la firma que hace que un texto, este texto, sea de Jacques Derrida, sea esa firma que, como tal firma, es intraducible. Y sea una traducción de esa firma, la traducción que se produce cada vez que yo, lector de Derrida, digo «Derrida», lo que Derrida quiere decir. En esa traducción el nombre propio Derrida, el que es intraducible porque es la referencia de un significante puro a una experiencia singular, se hace común, se comunica, y pierde por tanto su singularidad. Cada vez que alguien, sin traducir, traduce la firma «Derrida» en una nota a pié, o en un comentario, o en una traducción, o en una lectura, o en una conferencia, esa firma funciona como un nombre común como el nombre de lo que el texto de Derrida significa, como el nombre de un sentido genérico. Dar a leer significa dar como común un texto propio, dar como común un nombre propio. Pero ese sentido que ya no es propio, ya no es tampoco común, puesto que se multiplica, se divide, se dispersa, se confunde, se disemina, se traiciona y se envenena en esa traducción. Voy a pronunciar, otra vez, la frase con la que he empezado esta sección, esa frase que decía *Derrida se aparta definitivamente de la nostalgia de o de la esperanza en una lengua pura, transparente, única, idéntica a sí misma, sin diferencia, sin escritura en el sentido en que él, Derrida, entiende la palabra «escritura».* En esa frase yo he traducido el nombre propio de la firma en el nombre común de un sentido comunicable, en esa frase yo he dicho que «Derrida» quiere decir «apartarse definitivamente de la nostalgia o de la esperanza en una lengua pura», y he dicho también que en esa frase la palabra «escritura» debe leerse en el sentido de Derrida, como una palabra de Derrida, firmada «Derrida». En esa primera frase yo he traducido una firma singular a un significado genérico. Y en esa operación he dispersado, diseminado y confundido la firma. Del mismo modo que Dios, al dar su nombre, al traducir su nombre propio en un nombre común, lo multiplica y lo confunde, también al traducir una firma, al eliminar lo que la firma tiene de propio, la firma se multiplica y se confunde.

Algo parecido sucede con el motivo de la fecha en ese libro sobre la lectura, sobre la traducción, sobre la imposibilidad de cualquier totalización interpretativa, sobre lo legible y lo ilegible, lo traducible y lo intraducible, lo comprensible y lo incomprensible, lo escondido y lo mostrado, lo cerrado y lo abierto, el secreto y la revelación del secreto, que es *Schibboleth. Pour Paul Celan.* (Y diré entre paréntesis que un buen ejercicio para captar la diferencia entre hermenéutica y deconstrucción es comparar las respectivas lecturas de Celan que hacen Gadamer y Derrida, Gadamer en *¿Quién soy yo y quién eres tú?. Comentario a* Cristal de aliento *de Paul Celan,* y Derrida en el texto que acabo de citar. Mientras que Gadamer se esfuerza por comprender y explicar a Celan, por hacerlo legible,[26] Derrida insiste en lo que Celan tiene de ilegible, de intraducible, de incomprensible, pero para leerlo y traducirlo y comprenderlo a partir de esa imposibilidad, conservando o respetando o guardando esa imposibilidad, es decir, babélicamente).

El motivo ahora es cómo se lee o se traduce o se comprende una fecha, por ejemplo una fecha de un poema de Celan. Y la primera cita podría ser la siguiente: «*Pertenece a la esencia siempre accidentada de la fecha el no devenir legible y conmemorativa más que en el borrado de eso mismo que habrá designado, deviniendo cada vez la fecha de nadie*».[27] Lo que se juega en la lectura de Celan es el devenir legible de la fecha, ese deve-

26. El libro de Gadamer sobre Celan ha sido publicado en español en Barcelona. Herder, 1999.

27. J. Derrida, *Schibboleth. Pour Paul Celan.* Paris. Galilée, 1986, pág. 66.

nir legible que sólo se produce en el borrado de su singularidad absoluta, de eso que la fecha quiere conservar pero que sólo permanece borrándose. Es claro que una fecha designa un acontecimiento único que sólo ha sucedido una vez. Pero, al escribirse, una fecha sólo puede volver al modo de la conmemoración, del recuerdo, del espectro o de la ceniza. La fecha debe borrarse de su singularidad absoluta para devenir legible, para devenir compartida, pero guardando al mismo tiempo el acontecimiento que guarda, es decir, su secreto, su ilegibilidad. La fecha, como el nombre, como la firma, es a la vez legible e ilegible, traducible e intraducible, comprensible e incomprensible. En la fecha, como en el nombre y como en la firma, se cruza una singularidad ilegible, intraducible, incomunicable e incomprensible con el borrado de esa singularidad en una inscripción o una marca legible, traducible, comunicable y comprensible. De hecho la fecha, como el nombre o como la firma, es siempre un límite y un vínculo (un paso de frontera, un paso que constituye la frontera en el mismo movimiento en que la traspasa) entre legibilidad e ilegibilidad, traducibilidad e intraducibilidad, comprensibilidad e incomprensibilidad. En palabras de Derrida, *«arriesgando la anulación de lo que salva del olvido, puede siempre devenir la fecha de nada y de nadie, esencia sin esencia de la ceniza de la que no se sabe más que lo que fue un día, una sola vez, bajo un nombre propio consumido. El nombre comparte este destino de ceniza con la fecha»*.[28]

Habitar Babel babélicamente

De lo que se trata es de habitar babélicamente nuestra condición babélica. Y eso significa varias cosas.

28. *Op. cit.*, pág. 66.

En primer lugar, habitar Babel babélicamente significa habitar una lengua múltiple, hacer la experiencia de la multiplicidad de la lengua. Lo que Babel nos da no es sólo la multiplicidad y la división entre las lenguas sino, sobre todo, la multiplicidad y la división de la lengua, de cualquier lengua. Toda lengua está atravesada por muchas lenguas y está, por tanto, multiplicada y dividida en su interior.

Habitar Babel babélicamente significa también habitar una lengua que no es nunca idéntica a sí misma. Babel no nos da sólo la diferencia entre las lenguas, sino la diferencia en la lengua, en cualquier lengua.

Habitar Babel babélicamente significa además habitar una lengua inapropiable, hacer la experiencia de la inapropiabilidad de la lengua. Babel no nos da sólo la diferencia entre la lengua propia y las lenguas ajenas, sino que nos da la inapropiabilidad y, por lo tanto, la extrañeza, de nuestra propia lengua, la experiencia de que nuestra propia lengua no nos pertenece.

Comunidad plural

Casi para terminar, intentaré hacer sonar de un modo paradójico, babélico, la expresión «comunidad plural», una de las posibles traducciones del nombre de Babel. Comunidad plural, es decir, Babel, puede significar que lo que hay es una pluralidad que se comunica. Y ahí la lengua es el medio de la comunicación entre las diferencias, aunque sea de la difícil o incluso de la imposible comunicación. Pero comunidad plural, es decir, Babel, puede significar también que lo que hay es una comunicación que pluraliza. Y ahí la lengua es el ámbito de la pluralización y de la diseminación. La expresión «comunidad plural» o el nombre de Babel está ya dividido. ¿Podríamos mantener los dos sentidos de Babel al mismo tiempo? ¿Podríamos mantener la tensión entre los dos sentidos sin resolverla, sin disolverla, sin dialectizarla? ¿Podríamos mantener esa tensión como una diferencia no oposicional? Yo creo que ahí, en esa tensión, en esa contigüidad, en esa reversibilidad, en esa oscilación, en esa ambivalencia, es donde su juega lo que pueda querer decir, ahora ya inevitablemente confundido y disperso, inevitablemente babelizado, eso de «leer es como traducir».

Leer es traducir

Y ahora sí terminaré diciendo algo de lo que contienen las propias palabras de mi título, las palabras «leer» y «traducir». Aunque sólo sea para ver si podemos aprender algo de las palabras o, por lo menos, para darles a las palabras la última palabra.

La palabra «leer» tiene que ver con recolección. Podemos construir una serie con lección, lectio, lectura, se-lección, e-lección (elegante), pre-lección o predilección, colección, recolección. En esa serie, leer es recolectar y, por tanto, la acción de leer es próxima a otras palabras afines como recoger, reunir, albergar, componer o recomponer... lo que pone, lo que está ahí dispuesto para ser leído, cosechado, recolectado.

La palabra «traducir» contiene toda la imaginería clásica de la conducción de algo de un sitio a otro. La traducción tiene que ver con el transporte, con la transmisión, con la transferencia, con el translado (traducción en inglés es *translation*), con la transposición (traducción en alemán es *Übersetzung*, un calco semántico del compueto latino *transpositio*, pero también un calco semántico del compuesto griego *metaphorein*, que todavía en el griego moderno significa transporte). Y es muy interesante la relación entre traducción, tradición y traición. Si traducción viene de *traducere*, en el sentido del conducir de un sitio a otro, tradición viene de *tradere*, algo así como dar a otro lugar, dar más allá, entregar, hacer entrega. Y no deja de ser curioso que el traidor, el *traditore*, derive de ese mismo *tradere* del que deriva la palabra tradición, porque el traidor es fundamentalmente el que da, el que hace entrega, el que entrega a los suyos porque él mismo es el primero que se ha pasado o se ha traducido a los otros. Sólo en el siglo XVI tradición se asocia a inmovilidad, a seguridad, a estabilidad, a costumbre, etc., y traducción se asocia a movimiento, a intercambio, a conversión (de ahí lo de «versión» o lo del traducir como un verter) y, también, a perversión, a subversión, a diversión. Y es entonces cuando es el traductor el que está ya próximo al traidor. Al hacer pasar, el traductor entrega y, al entregar, traiciona.

Yo creo que el título de este capítulo, eso de «leer es como traducir», y todo lo que he intentado decir aquí, todas esas notas sobre la condición babélica de la lengua, podría reducirse a una sugerencia: tratar de pensar la lectura no como recolección, no como apropiación, no desde el punto de vista de la unidad y de la comprensión, sino más bien como transporte, como transmisión, como una tradición que al entregarse a la vez se libera y se traiciona, como metáfora, como traducción, más bien desde el punto de vista de la pluralidad y de la dispersión.

Capítulo Quinto
Sobre repetición y diferencia

El comentario de texto es quizá el dispositivo pedagógico esencial en todas las disciplinas filológicas y también un modelo privilegiado para el análisis de la lectura. Lo que me propongo a continuación es utilizar el comentario de texto para mostrar cómo funcionan, en la lectura, las paradojas de la repetición y la diferencia. Para ello tomaré como punto de partida y como hilo conductor tres textos muy conocidos: las apenas cuatro páginas que Foucault dedica al comentario de texto en *El orden del discurso*, unas pocas y escuetas frases de Bajtín en su *Teoría y estética de la novela* sobre los modos escolares de transmisión de la palabra en las disciplinas filológicas, y un famosísimo escrito de Borges titulado *Pierre Menard, autor del Quijote* que consideraré como una escenificación de la lectura.[1]

---

1. M. Foucault, *El orden del discurso*. Barcelona. Tusquets, 1973, págs. 20-24. M. Bajtin, *Teoría y estética de la novela*. Madrid. Taurus, 1989, págs. 154 y ss. J.L. Borges, «Pierre Menard, autor del Quijote» en *Ficciones*. Barcelona. Planeta, 1971, págs. 45-57. En las citas de estos textos no indicaré el número de página.

El sueño de la repetición

Como se sabe, Foucault considera el comentario como uno de los procedimientos internos para el control del discurso: junto con el principio de autor y la organización de las disciplinas, el comentario de texto aparece como un dispositivo discursivo para dominar el discurso, para controlar su proliferación desordenada e indefinida, para reducir lo que el discurso tiene de acontecimiento y de azar.

Para mostrar la estructura y el funcionamiento del comentario comienza Foucault estableciendo dos distinciones obvias. En primer lugar, distingue entre los discursos que se dicen en la vida cotidiana y que desaparecen en el acto mismo de su enunciación y aquellos otros discursos *«que están en el origen de un cierto número de actos nuevos de palabras que los reanudan, los transforman o hablan de ellos, en resumen, discursos que, indefinidamente, más allá de su formulación, son dichos, permanecen dichos, y están todavía por decir».* Y pone el ejemplo, en nuestro sistema de cultura, de los textos religiosos, los textos jurídicos, los textos literarios y los textos científicos. Toda sociedad, escribe Foucault, separa algunos discursos para conservarlos y para que den lugar a nuevos discursos, es decir, para que sean indefinidamente repetidos, comentados y transformados, indefinidamente leidos en suma, y eso *«porque se sospecha que esconden algo como un secreto o una riqueza».* La segunda distinción establece la diferencia entre los discursos *«fundamentales o creadores»* y aquellos otros discursos secundarios *«que sólo repiten, glosan o comentan».*

El dispositivo del comentario, por tanto, supone un principio de selección de los textos y, a la vez, un conjunto de reglas que establecen las formas legítimas de relación con esos textos, es decir, de lectura, si entendemos por lectura la producción regulada de textos (orales o escritos) a partir y alrededor de un texto principal. Y tanto el principio de selección como las reglas de lectura están sostenidos por formas de poder. Obviamente el comentario escolar, pedagógico, tiene también esa forma básica: el discurso pedagógico da a leer, establece el modo de lectura, la tutela y la evalúa o, dicho de otra forma, selecciona el texto, determina la relación legítima con el texto, controla esa relación y ordena jerárquicamente el valor relativo de cada una de las realizaciones concretas de la lectura distinguiendo entre «mejores» y «peores» lecturas. Aunque la forma general de este dispositivo está fuertemente anclada en nuestra cultura, la concreción de sus reglas varía históricamente. De hecho una historia de la educación podría consistir en analizar las variaciones en la selección de los textos (los cambios en la construcción de lo que puede llamarse el canon de cada una de las disciplinas escolares) y en analizar también las transformaciones en los principios que determinan la producción de los discursos que los repiten, los glosan, los comentan o los transforman. Lo que cambia son los textos y lo que se hace con ellos, es decir, las reglas que establecen cómo hay que leerlos. Además, puesto que tanto el principio de selección de los textos como las reglas de la lectura dependen de relaciones de poder, una historia de la educación tendría que ver también con la historia de las luchas que se producen en las distintas disciplinas respecto a cuáles son los textos fundamentales y respecto a cuáles son los procedimientos legítimos de lectura. Un ejemplo aquí podría ser la revolución que se ha producido en los últimos treinta años en el ámbito de las humanidades, la que, por comodidad, seguiremos llamando revolución post-estructuralista, que no es otra cosa que una disolución del canon de textos fundamentales y la puesta en marcha de nuevas maneras de leer. No sólo se han borrado las fronteras entre las disciplinas (la disolución de fronteras entre

Filosofía y Literatura sería el caso privilegiado), se han disuelto las jerarquías entre los textos, se ha eliminado la diferencia esencial entre el texto primario y el comentario, sino también se ha mostrado que cualquier texto puede significar cualquier cosa o, lo que es lo mismo, que el sentido de cualquier texto es indecidible. Pero volvamos a Foucault para subrayar lo que más me interesa destacar aquí.

Después de distinguir entre el texto primero o fundamental y el texto segundo o su comentario, Foucault describe la paradoja que está inscrita en el funcionamiento a la vez productivo y reproductivo del desfase entre los dos textos y de su mutua relación. Por una parte, ese desfase *«permite construir (e indefinidamente) nuevos discursos»* en tanto que el primer texto *«funda una posibilidad abierta para hablar»*. Pero por otro lado, el comentario debe *«decir por primera vez aquello que sin embargo había sido ya dicho»*. En palabras de Foucault, la paradoja consiste en que *«el cabrilleo indefinido de los comentarios es activado desde el interior por el sueño de una repetición enmascarada: en su horizonte no hay quizás nada más que lo que era su punto de partida, la simple recitación. El comentario conjura el azar del discurso al tenerlo en cuenta: permite decir otra cosa aparte del texto mismo, pero con la condición de que sea ese mismo texto el que se diga, y en cierta forma, el que se realice»*. El dispositivo del comentario construye indefinidamente nuevos discursos pero *sueña* con la repetición; su *horizonte*, y téngase en cuenta aquí que el horizonte es inalcanzable, no es otra cosa que su punto de partida; en su interior late el *deseo imposible* de la simple recitación; y todo lo que produce de novedad y de diferencia, todo lo que dice aparte del texto mismo, todo lo otro que dice, no *tiende* hacia otra cosa que hacia lo mismo que el texto ya dice, hacia su identidad por fin realizada.

Una primera lectura de esas páginas de Foucault

podría dar a entender que la proliferación desordenada e indefinida del discurso, esa tendencia a la novedad y a la diferencia que está inscrita en su dimensión de acontecimiento y de azar y que podría hacer que los discursos se construyesen libremente, sin ningún principio de control, a partir de otros discursos, estaría como contrarrestada por la regla de atender constantemente a lo que el texto primero dice: como si esa *«posibilidad abierta para hablar»* que todo texto ofrece estuviera constantemente amenazada de cierre por el imperativo de volver a decir aquello que ya ha sido dicho. Podría parecer, por tanto, que la identidad del texto funciona como un principio de orden y de control y que, por eso, aunque el comentario podría verse como un dispositivo para la multiplicación infinita de los discursos, funciona también de un modo restrictivo y coactivo. Pero ocurre que esa identidad es un sueño, un deseo imposible, un horizonte inalcanzable, una mera tendencia hacia el infinito. Y es precisamente por eso por lo que proliferan los discursos: porque el texto principal se escapa en la misma medida en la que nos acercamos a él, porque el texto leido se va deshaciendo y desmoronando al mismo tiempo que vamos articulando y construyendo su significado, porque el texto primero siempre frustra nuestros deseos de sentido. Como si el sentido de un texto, aquello que garantizaría la posibilidad de la lectura si entendemos por lectura la captación o la apropiación de ese sentido, no fuera otra cosa que una hipótesis imaginaria que se disolvería en el movimiento mismo en el que intentamos capturarlo.

El comentario revela un vacío esencial en lo que podría ser el sentido del texto, la suspensión de ese sentido, el fracaso de la comprensión, la constitución de una especie de ausencia-de-obra en el interior de la obra, la paradoja de un texto que sólo se revela en el movimiento constante de su propia ausencia, de su propia imposibilidad. Desde ese punto de vista, la estructura del comentario muestra el aplazamiento indefinido de la comprensión, es decir, su necesario fracaso. El texto es infinito no porque permita un número incalculable de interpretaciones sino porque es inalcanzable. Y es esa imposibilidad de *llegar al texto* la que constituye la ley interna de cada acto de lectura. Todo texto *«permite construir (e indefinidamente) nuevos discursos»* porque se sustrae a cualquier identificación en el mismo movimiento en que se reconstruye continuamente como material significante, es decir, como texto. Para Foucault el comentario sueña con la lectura y, al mismo tiempo, enmascara la imposibilidad de la lectura y disimula su inevitable fracaso. Y es ahí, en ese enmascaramiento y en ese disimulo, donde está la impostura.

De memoria y con las propias palabras

La frase de Bajtín que voy a repetir aquí para hacerla resonar junto a las páginas de Foucault sobre el comentario aparece en el contexto de una discusión sobre *«la transmisión y análisis de los discursos ajenos y de la palabra ajena»*. Comienza Bajtín señalando el modo como en la vida cotidiana estamos continuamente hablando de lo que dicen los otros, como nuestra habla diaria se ve repleta de palabras ajenas que, tomadas más o menos textualmente, son analizadas, valoradas, parodiadas, refutadas, deformadas, desarrolladas, transformadas o utilizadas de distintas maneras y según distintos procedimientos de *«modelación»* y de *«encuadramiento interpretativo»*. A partir de ahí, y después de observar que en la vida diaria el habla sobre la palabra ajena se queda en los rasgos más superficiales y más circunstanciales, el filólogo ruso pasa a considerar los procedimientos para el análisis y la transmisión de las palabras ajenas en las disciplinas filológicas, es decir, en aquellas disciplinas cuyo objeto son precisamente textos. Y es en ese contexto donde escribe lo siguiente: «... *el estudio de las disciplinas filológicas conoce dos modos escolares fundamentales para la transmisión asimilativa del discurso ajeno (del texto, de la regla, del modelo): 'de memoria' y 'con sus propias palabras'*». Y a continuación pasa a analizar el funcionamiento de los dos procedimientos y sus respectivas relaciones con la autoridad.

Para Bajtín lo que se transmite «de memoria» es la palabra autoritaria. Ésta se caracteriza por su lejanía temporal y espacial en tanto que es una palabra siempre preexistente que suena en un espacio elevado, separado de la esfera del discurso cotidiano. Por otra parte, la palabra autoritaria permanece siempre bien diferenciada de las otras palabras que se producen en torno a ella para comentarla, interpretarla o aplicarla, y permanece siempre la misma, literalmente, sin variaciones, como si tuviera una existencia monumental, sagrada, que prohíbe cualquier profanación textual. Hasta aquí «otra» formulación de las dos distinciones de Foucault sobre el modo de existencia de los textos canónicos: su aislamiento de la masa de los efímeros discursos de la cotidianeidad y su diferencia también de todos los discursos parasitarios o secundarios que los rodean glosándolos, repitiéndolos y transformándolos. Y desde luego, como también pensaba Foucault, Bajtín piensa que es el poder el que establece y mantiene esas fronteras, y justamente por su relación con el poder, la palabra autoritaria, la que se transmite «de memoria», es para Bajtín monológica: «*su estructura semántica es inamovible e inerte por estar acabada y ser monosemántica, su sentido queda ligado a la letra, se petrifica. La palabra autoritaria pide de nosotros un reconocimiento absoluto, y no una dominación y asimilación libres, con nuestras propias palabras. Por eso no admi-*

te ningún tipo de juego en el contexto que la encuadra o en sus fronteras, ningún tipo de transición gradual y lábil, de variaciones estilizantes libres, creadoras».

Frente a la palabra autoritaria transmitida «de memoria», Bajtín sitúa la palabra intrínsicamente convincente como aquella que se transmite en estrecho contacto «con nuestras propias palabras» y que es esencial para la formación de la conciencia individual o, lo que para Bajtín es lo mismo, para la constitución de nuestras palabras propias. A diferencia de la palabra autoritaria, la palabra intrínsecamente convincente es una palabra siempre contemporánea y además entra en relación constante con nuestras otras palabras de manera que tiene el estatuto intermedio de una palabra *«seminuestra, semiajena».* Por eso la palabra intrínsecamente convincente es bivocal o bilingüe, porque su estructura semántica *«no es acabada, sino abierta; es capaz de descubrir en cada nuevo contexto dialógico nuevas posibilidades semánticas».* Por eso también *«todavía no sabemos de la misma todo lo que nos puede decir, la introducimos en nuevos contextos, la aplicamos a un nuevo material, la ponemos en una nueva situación para obtener de ella nuevas respuestas, nuevas facetas en cuanto a su sentido y nuevas palabras propias (porque la palabra ajena productiva genera en respuesta, de manera dialógica, nuestra nueva palabra)».*

A mí siempre me ha parecido muy sugerente esa distinción tan hermosa entre aprender de memoria o con las propias palabras. Me parece que ese dispositivo de «con las propias palabras» atraviesa los aparatos pedagógicos con un imperativo común: lee el texto, y después escríbelo con tus propias palabras: dí lo mismo que el texto dice, pero no con las palabras del texto sino con otras palabras, con tus propias palabras. La similitud fundamental entre lectura y traducción está contenida en este dispositivo en tanto que presupone que el sentido del texto puede transportarse de un lenguaje a otro, de un contexto dialógico a otro, como si el mismo sentido pudiera representarse con palabras diferentes, en lenguas diferentes, para usos diferentes. Y me parece también que la estructura del dispositivo, analizada en sus variaciones, puede ser muy productiva para una historia de la educación entendida como una historia de la lectura. Pero no estoy seguro de que esa distinción siempre funcione como Bajtín dice porque la lectura «de memoria», literal, no significa necesariamente una lectura semánticamente inamovible, petrificada, del mismo modo que la traducción a «las propias palabras» tampoco implica necesariamente libertad de interpretación ni apertura semántica. Es más, puede pensarse que la traducción a las propias palabras no es a veces otra cosa que una apropiación del «sentido» del texto en la que éste pierde lo que puede tener de inquietante y de extraño, de ajeno en suma, porque reduce la materialidad del texto a mero portador (a la postre prescindible) de su función significativa. Por otra parte, puede pensarse también que el trabajo con la literalidad del texto, con esa materialidad de la lengua siempre resistente a la comprensión, disuelve los automatismos de la comprensión y aleja indefinidamente todo sentido como resultado. Como dice Julia Kristeva, «... *hacer de la lengua un trabajo (...), actuar en la materialidad de lo que, para la sociedad, es un medio de contacto y comprensión, ¿no es, de golpe, hacerse extraño a la lengua? El acto llamado literario, a fuerza de no admitir distancia ideal en relación a lo que significa, introduce la extrañeza radical en relación a lo que se piensa que es la lengua portadora de sentido».*[2]

Pero lo que me parece más interesante es el modo como Bajtín metaforiza su distinción. La oposición metafórica que estructura el texto de Bajtín es la

<hr>

2. J. Kristeva, Semeiotiké. *Recherches pour une sémanalyse.* Paris. Seuil, 1979, pág. 9.

oposición entre un texto sagrado que se muestra petrificado, acabado, inerte y muerto en su literalidad, y un texto profano que se muestra fluído, inacabado, dinámico y vivo en su traducibilidad. Como si la letra estuviera muerta (y por eso no pudiera dialogar con nosotros de forma productiva) y hubiera que vivificarla, y como si la letra mantuviera una distancia respecto a nosotros y a nuestra vida que hubiera que tratar de reducir. La traducción a nuestras propias palabras sería entonces una operación de vivificación y de acercamiento de un texto que, conservado en su literalidad, permanecería muerto y extraño. Y es esa «vivificación» y ese «acercamiento», esa constante recontextualización dialógica, esa permanente «traducción a nuestras propias palabras» la que convierte el texto en infinito, la clave de su pluralidad, de su polisemia y de su riqueza. Por otra parte, el juego del poder es el que, insistiendo en la literalidad propia del «de memoria» mantiene el texto muerto, distante e intraducible, esto es, monosemántico.

Sin embargo el texto de Foucault muestra una articulación metafórica diferente. Lo que estructura el texto de Foucault no es la oposición entre el texto muerto «aprendido de memoria» y el texto vivo «traducido a nuestras propias palabras», sino entre el texto del comentario que pretende vanamente hacer presente el sentido del texto original y el texto literal cuyo sentido es inalcanzable. La impostura del comentario, del «cabrilleo indefinido de los comentarios», está en su pretensión de realizar lo imposible, en hacer el texto mismo presente. Como si la literalidad del texto, el «sueño de la repetición» o el «horizonte de la recitación», sólo fuera posible a través de un comentario en el que el texto parezca tener una estructura, una unidad y un significado que en realidad no tiene. La repetición lectora no es una operación positiva y saludable de desacralización que consiste en hacer próximo lo lejano, o en hacer propio lo ajeno, sino que es una operación falaz que consiste en hacer presente lo ausente y en apropiarse de lo inapropiable. Y el texto es infinito no por una suerte de superabundancia que garantizaría el éxito de sus múltiples traducciones o apropiaciones sino por una especie de ausencia radical que explicaría el necesario fracaso de toda traducción, de toda apropiación y de toda lectura, por el infinito trabajo de esa materialidad literal que hace que todo texto sea inalcanzable.

Digámoslo de un modo quizá excesivamente brutal pero que revela, creo, las inevitables resonancias teológicas de cualquier posición hermenéutica. Para Bajtín, el texto nos permite hablar y escribir libremente, con nuestras propias palabras, porque lo hacemos venir hacia nosotros, porque lo mezclamos con nuestras propias palabras, porque lo encarnamos en nuestra propia vida; podemos ser nosotros mismos, es decir, formar nuestras propias palabras, porque no hay un texto único; el infinito del texto está en la multiplicidad y en la pluralidad de sus traducciones, de sus encarnaciones dialógicas. Para Bajtín nos hemos hecho libres cuando hemos humanizado el texto sagrado, cuando lo hemos convertido en uno de nosotros, cuando hemos abolido la distancia, cuando lo hemos colocado a nuestra altura para que sea capaz de dialogar con nosotros. Para Foucault sin embargo, el texto nos deja hablar y escribir indefinidamente porque se retira, porque se escapa, porque se resiste a cualquier apropiación, porque nunca llegamos a él. Para Foucault es la letra del texto la que es infinita porque alberga un sentido siempre ausente, inalcanzable.

Pierre Menard, lector del Quijote

En relación con los fragmentos anteriormente citados, voy a usar ahora uno de esos juegos que amaba Foucault y a los que se refiere también en sus páginas sobre el comentario, uno de esos juegos «*al estilo de Borges, de un comentario que no fuese otra cosa más que la reaparición palabra por palabra (pero esta vez solemne y esperada) de lo que comenta; juego también de una crítica que hablase infinitamente de una obra que no existiese*»; uno de esos juegos en los que «*se trata de anular cada vez uno de los términos de la relación y no de suprimir la relación misma*» entre el texto primero y el texto secundario. Y un juego además donde se plantea de una forma paradójica, casi invertida, la dicotomía bajtiniana entre aprender de memoria –literalmente, al pie de la letra– una palabra autoritaria, y asimilar con las propias palabras –traduciendo– una palabra intrínsecamente convincente.

El juego que voy a tomar como hilo conductor en lo que sigue es esa ficción magnífica de la nueva versión del Quijote, literalmente igual a la antigua y a la vez completamente diferente porque la voz que la enuncia y el mundo de esa voz cambian el sentido de todos los enunciados.[3] George Steiner considera que «Pierre Menard, autor del Quijote» es «*el más agudo y denso comentario que se haya dedicado al tema de la traducción*»[4] y Maurice Blanchot ve en ese texto un «*absurdo memorable que es simplemente lo que ocurre en cualquier traducción*».[5] La ficción de Borges, insisten Steiner y Blanchot, puede tomarse como una alegoría de la traducción. Pero al mismo tiempo la traducción puede

3. En esa misma línea hay un un ensayo titulado «La fruición literaria» (en *El idioma de los argentinos*. Buenos Aires. Gleizer, 1928) en el que Borges escribe la frase «el incendio, con feroces mandíbulas, devora el campo» y la atribuye sucesivamente a un poeta ultraísta argentino, a un poeta chino o siamés, al testigo ocular de un incendio real y al poeta griego Esquilo, razonando, en cada caso, los motivos de la atribución en el mismo sentido del texto.

4. G. STEINER, *Después de Babel. Aspectos del lenguaje y la traducción*. Madrid. Fondo de Cultura Económica, 1980, pág. 91.

5. M. BLANCHOT, «El infinito literario: El Aleph» en *El libro que vendrá*. Caracas. Monte Ávila, 1969, pág. 111.

tomarse como un modelo de la lectura. Recuérdese por ejemplo aquella clásica observación de Roman Jakobson en la que afirmaba que «*el significado de cualquier signo lingüístico es su traducción a cualquier signo lingüístico diferente*»[6] o, en un contexto explícitamente hermenéutico, ese fragmento en el que Gadamer escribe que «*el ejemplo del traductor que tiene que superar el abismo de las lenguas muestra con particular claridad la relación recíproca que se desarrolla entre el intérprete y el texto... Todo traductor es intérprete... La tarea de reproducción propia del traductor no se distingue cualitativa, sino sólo gradualmente de la tarea hermenéutica general que plantea cualquier texto*».[7] Así que «Pierre Menard, autor del Quijote» podría también re-escribirse o traducirse como «Pierre Menard, traductor del Quijote» o, simplemente, como «Pierre Menard, lector del Quijote». Porque el juego de Borges juega con las paradojas de la identidad y de la diferencia, de lo propio y de lo ajeno, de lo mismo y de lo otro, con las paradojas de la repetición en suma. Y son esas paradojas las que están presentes en esos dos juegos imposibles y a la vez comunes que son la traducción y la lectura, así como en el bajtiniano «*de memoria y con las propias palabras*» y en el comentario de Foucault que «*limita el azar del discurso por medio del juego de una identidad que tendría la forma de la repetición y de lo mismo*» pero que, en su propia imposibilidad, produce indefinidamente nuevos textos. Recordemos la broma genial de Borges con cierto detalle.

La forma que Borges escoge para su juego es la de una necrológica. Pierre Menard, poeta simbolista

---

6. R. Jakobson, «Aspects linguistiques de la traduction» en *Essais de linguistique générale.* Paris. Minuit, 1963, pág. 78.

7. H.G. Gadamer, *Verdad y Método.* Salamanca. Sígueme, 1984, págs. 465-466. Sobre la lectura como traducción, ver también la tercera parte de J. Larrosa, *La experiencia de la lectura.* Barcelona, Laertes, 1996. Tercera edición ampliada en México. F.C.E., 2003.

francés de una ciudad de provincia, ha muerto recientemente y una tal Madame Henri Bachelier ha publicado un catálogo de su obra que alarma y entristece a los amigos del muerto no sólo porque está llena de omisiones y de adiciones, sino sobre todo porque sólo considera lo que Borges llama «*la obra visible*» de Menard, la menos interesante. La necrológica que Borges ficciona, un catálogo y un comentario de la obra del poeta y ensayista fallecido (Borges, en la primera línea del texto, lo etiqueta como novelista, ya veremos por qué, aunque en su obra pública no figure ninguna novela), constituye ya uno de esos juegos a los que se refiere Foucault puesto que adopta el formato de una crítica que habla de un autor y de una obra que no existen. Además, Borges no sólo inventa a Menard y a su obra, sino que inventa también al crítico: la necrológica, sin firma, fue escrita en Nîmes, está fechada en 1939, y habría que atribuirla por tanto, no al escritor argentino, sino a uno de los amigos de Menard.

La intención de ese amigo anónimo es doble. En primer lugar se propone rectificar los errores del catálogo de Madame Henri de Bachelier, un catálogo obviamente inexistente, pero cuya mención complica el juego y sugiere lo que quizá podría ser una de las condiciones de toda crítica: que se refiere obviamente al texto comentado, pero que también establece una relación explícita o implícita con otros comentarios; como si toda lectura tuviera que ver con el texto leído, pero también estableciera una relación con otras lecturas, aunque sólo sea para apartarlas y abrir así un lugar para sí misma. En segundo lugar, y más importante, el amigo se propone llamar la atención del público sobre la otra obra de Menard, la obra invisible, la que no aparece ni puede aparecer consignada en ningún catálogo, «*la subterránea, la interminablemente heroica, la impar (...), la inconclusa (...) tal vez la más significativa de nuestro tiempo*».

La enumeración de la obra visible nos pone ya sobre algunas pistas. Así esa obra contiene piezas sobre los esfuerzos de los siglos XVII y XVIII por construir una lengua universal que corrija el desastre de Babel explicitando el parentesco de dichos esfuerzos con la preocupación moderna por el lenguaje de la ciencia y de la lógica como lenguas comunes. La lógica analítica de Descartes, la *Characteristica universalis* de Leibniz, la lengua filosófica universal de John Wilkins, el *Ars magna generalis* de Ramón Llull o la lógica simbólica de George Boole son algunos de los temas sobre los que Menard escribió diversas monografías en torno a una obsesión que sin duda hubiera interesado a Umberto Eco[8] y que no es otra que la de construir un lenguaje no ambiguo cuya estructura mantenga además una correspondencia con la estructura de la realidad: un lenguaje en suma que traduzca el mundo literalmente y sin resto, un lenguaje perfecto. Otras piezas son ejercicios sobre la duplicación, la repetición y la variación, por ejemplo *«un soneto simbolista que apareció dos veces (con variaciones) en una revista»*. Otras piezas son prácticas de traducción o de trasposición, por ejemplo *«una trasposición en alejandrinos de* Cimetière marin *de Paul Valéry»*. Otras piezas son ejercicios sobre el comentario, sobre esos discursos construidos a partir de otros discursos, como por ejemplo una obra *«que discute en orden cronológico las soluciones del ilustre problema de Aquiles y la tortuga»* y de la cual hay dos ediciones distintas, la segunda de las cuales es una edición renovada. Pero hay también ejercicios de comentario claramente irónicos como, por ejemplo, una invectiva contra Valéry *«que es el reverso exacto de su verdadera opinión sobre Valéry»* o *«una réplica a Luc Durtain ilustrada con ejemplos de Luc Durtain»*. Y por

8. H. ECO, *La búsqueda de la lengua perfecta.* Barcelona. Crítica, 1994.

último, en una nota a pie en la que se indica que podría tratarse de una pequeña broma, anticipando quizá la gran broma genial que estructura el texto, el compilador habla de una obra de la cual no ha encontrado rastro y que es *«una versión literal de la versión literal que hizo Quevedo de la Introduction à la vie dévote de San Francisco de Sales».*

Pero el juego borgiano alcanza su máxima intensidad cuando el comentario se dirige a la obra invisible de Menard. Y es ahí donde salta la sorpresa porque esa obra *«consta de los capítulos noveno y trigésimo octavo de la primera parte del don Quijote y de un fragmento del capítulo veintidós».* A lo que Borges añade enseguida anticipándose a la reacción del lector: *«yo sé que tal afirmación parece un dislate; justificar ese 'dislate' es el objeto primordial de esta nota».*

Antes de continuar con el texto de Borges haré una observación al margen que no creo del todo impertinente sobre los fragmentos del Quijote que constituyen la «obra» de Menard. El capítulo treinta y ocho constituye la segunda parte del discurso que pronuncia don Quijote durante una cena a propósito de la ventaja en méritos del arte de las armas sobre el de las letras. Y no deja de ser irónico que Menard reitere allí el motivo de un libro en menosprecio de los libros, o de un escrito sobre la vanidad del estudio y de la escritura. Además en ese capítulo el discurso se va convirtiendo poco a poco en *«laberinto de muy dificultosa salida»* aunque el caballero consigue proseguirlo y rematarlo con tanta soltura que *«en los que escuchado le habían sobrevino nueva lástima de ver que hombre que, al parecer, tenía buen entendimiento y buen discurso en todas las cosas que trataba, le hubiese perdido tan rematadamente en tratándose de su negra y pizmenta caballería».* El capítulo veintidós es el célebre episodio de la liberación de los galeotes. De ese capítulo Steiner señala el parlamento de uno de los guardas que incluye un juego sobre la equivalencia de las palabras «no» y «sí» en cuanto al número de letras y en el que Steiner identifica una alusión a la cábala y a sus técnicas de lectura atendiendo a la literalidad de los textos. Pero para mí que el fragmento de Menard consta también de las páginas en que don Quijote, personaje de ficción, libera a un tal Ginés de Pasamonte, personaje real, soldado como Cervantes en Lepanto y también como Cervantes cautivo en Túnez durante años, y autor de una autobiografía todavía inacabada en el momento de su afortunado encuentro con el caballero andante. Naturalmente, el juego es pensar si en la autobiografía «real» de Ginés de Pasamote aparecerá o no su encuentro «en el libro» con don Quijote. Sin embargo el capítulo nueve es sin duda el más interesante puesto que allí el narrador se pone en escena como simple copista y, después de divertirse interrumpiendo el relato enmedio de una batalla por no haber encontrado más fuentes de información sobre el caballero andante, declara que ha encontrado en Toledo un manuscrito árabe titulado «*Historia de don Quijote de la Mancha, escrita por Cide Hamete Benengelí, historiador arábigo*» y que lo está haciendo traducir por un morisco. A partir de ahí el relato se presentará como la copia, a veces comentada, de una traducción y el narrador se presentará como copista, como comentarista y, a veces, como traductor. Así que lo que Menard tan fatigosamente escribió son textos sobre la vanidad de la lectura y de la escritura, sobre el discurso como un laberinto loco y enloquecedor del que hay que saber salir de una forma sensata y realista para no perder el seso como aquél cuya locura consiste justamente en leer libros y en querer vivirlos, sobre la correspondencia y la simultánea separación entre el sentido y la letra, sobre las extrañas relaciones entre la realidad de los libros y los libros de la realidad, y sobre la escritura misma como re-escritura o traducción o imitación o simplemente copia.

Pero volvamos al hilo del texto borgiano. Lo que se propuso Menard no era componer otro Quijote ni tampoco transcribir mecánicamente el original: *«su admirable ambición era producir unas páginas que coincidieran –palabra por palabra y línea por línea– con las de Miguel de Cervantes».* Esa empresa disparatada estuvo inspirada en dos textos. El primero es un fragmento filológico de Novalis que postula *«la total identificación con un autor determinado»* y que llevaría al extremo esa hipótesis de la «empatía» o la «congenialidad» en torno a la que ciertas tendencias de la estética romántica formulan la práctica de la comprensión. Desde ese punto de vista comprender perfectamente a un autor (o a cualquier hablante) sería identificarse tan plenamente con él que en el límite uno sería capaz de entender sus palabras con el mismo sentido que tienen para él. El segundo texto que inspiró a Menard era *«uno de esos libros parasitarios que sitúan a Cristo en un bulevar, a Hamlet en la Cannebière o a don Quijote en Wall Street».* Menard no quería componer otro Quijote sino el Quijote. Y no quería componer el Quijote de Cervantes sino el de Pierre Menard.

Naturalmente la composición de un Quijote contemporáneo no es un propósito insólito y no podía interesar a Menard. A Menard no le sedujo en principio la diferencia, sino la identidad. A Menard le incitó la hipótesis de Novalis y el método que imaginó inicialmente era *«conocer bien el español, recuperar la fe católica, guerrear contra los moros o contra el turco, olvidar la historia de Europa entre los años de 1602 y de 1918, ser Miguel de Cervantes».* Pero Menard, después de trabajar un tiempo en ese procedimiento, lo descartó por una serie de razones aparentemente contradictorias (que luego comentaré) y apostó decididamente por la diferencia, una diferencia que ya no es la diferencia vulgar y paródica de otro Quijote, sino la diferencia en el interior de la repetición, la diferencia que se produce en el mismo texto del Quijote cuando éste está escrito, no por Cervantes, sino por Pierre Menard: «*ser, de alguna manera, Cervantes y llegar al Quijote le pareció menos arduo –por consiguiente, menos interesante– que seguir siendo Pierre Menard y llegar al Quijote a través de las experiencias de Pierre Menard*». La diferencia en el interior de la repetición se hace evidente cuando el amigo compara los dos quijotes después de señalar que «*el fragmentario Quijote de Menard es más sutil que el de Cervantes*».

La primera comparación se refiere al género de la obra. El Quijote de Cervantes obviamente es una novela realista porque muestra «*la pobre realidad provinciana de su país*» a través del recurso de oponerla a las ficciones caballerescas, como si la realidad real y prosaica de España que atraviesa el loco caballero manchego alcanzara su realidad justamente por el contraste con la realidad novelesca y poética que atraviesan los caballeros andantes de la ficción, como si en la oposición entre la España real construida en la novela y el mundo ficticio y encantado de los caballeros estuviera precisamente el efecto de realidad o el efecto de realismo del Quijote. El Quijote de Menard, sin embargo, es una novela histórica y, así considerada, su interés radica en el modo como elude los tópicos de «color local» con los que la novela histórica suele construir una realidad española del XVII enormemente convencional llena de gitanos, de bandoleros, de conquistadores, de místicos y de inquisidores. Como novela histórica que es, escribe Borges, el Quijote de Menard supera inapelablemente el *Salambó* de Flaubert.

La segunda comparación se refiere a un fragmento del capítulo 38 de la primera parte en que don Quijote pronuncia un discurso en el que, tras comparar sus méritos y deméritos respectivos, falla a favor de las armas y contra las letras. Ese fallo se explica en Cervantes porque era un viejo militar. Pero la misma opción en Pierre Menard, pacifista y consciente de su responsabilidad política como escritor, sólo puede explicarse por la subordinación de sus propias opiniones a la psicología de su personaje, por la influencia de Nietzsche, o por su costumbre irónica y teñida de un escéptico relativismo de propagar ideas contrarias a las suyas.

La tercera comparación es un cotejo textual que no tiene desperdicio: «*Es una revelación cotejar el don Quijote de Menard con el de Cervantes. Éste, por ejemplo, escribió (Don Quijote, primera parte, noveno capítulo):*

> *... la verdad, cuya madre es la historia, émula del tiempo, depósito de las acciones, testigo de lo pasado, ejemplo y aviso de lo presente, advertencia de lo por venir.*

> *Redactada en el siglo XVII, redactada por el 'ingenio lego' Cervantes, esa enumeración es un mero elogio retórico de la historia. Menard, en cambio, escribe:*

> *... la verdad, cuya madre es la historia, émula del tiempo, depósito de las acciones, testigo de lo pasado, ejemplo y aviso de lo presente, advertencia de lo por venir.*

> *La historia, madre de la verdad; la idea es asombrosa. Menard, contemporáneo de William James, no define la historia como una indagación de la realidad ...*»

Cervantes escribió; Menard, en cambio, escribe. El gozne sobre el que gira el juego borgiano es ese «*en cambio*». Porque lo que ambos escribieron es exactamente lo mismo: textualmente, literalmente, letra por letra, al pie de la letra, con todas las comas, palabra por palabra, con las mismas palabras. Pero si uno escribió con esas palabras «*un mero elogio retórico de la histo-*

ria», el otro, en cambio, con las mismas palabras, escribió afirmaciones historiográficas muy polémicas y nada ingenuas, claramente pragmatistas, pospositivistas incluso. Cervantes y Menard escribieron cosas distintas con las mismas palabras. Aquí está la paradoja de la diferencia en la identidad, de una identidad que no es tal, sino que ya está desde siempre diferenciada y escindida en su propio ser.

La cuarta y última comparación, no tan efectiva ya como el sorprendente cotejo de los dos idénticos y a la vez diferentes fragmentos anteriores, contrasta el estilo arcaizante y afectado del español de Menard con el desenfado del español popular y corriente de Cervantes.

El comentario de Blanchot a la ficción de Borges es tajante y escueto: «*Borges nos propone imaginar a un escritor francés contemporáneo escribiendo, a partir de sus propios pensamientos, algunas páginas que reproducirían textualmente dos capítulos del Quijote, pero ese absurdo memorable es simplemente el que ocurre en cualquier traducción. En una traducción tenemos la misma obra en un lenguaje doble; en la ficción de Borges tenemos dos obras en la identidad del mismo lenguaje y, en esa identidad, que no es tal, el fascinante espejismo de la duplicidad de los posibles. Ahora bien, allí donde hay un doble perfecto se borra el original e incluso el origen*».[9] La traducción supone la existencia de la misma obra en dos lenguas, pero la obra no es la misma; la traducción, por tanto, supone que una obra es y no es la misma obra. Borges juega con dos obras en el mismo lenguaje. Así el Quijote de Cervantes y el de Menard son textualmente idénticos pero, como hemos visto en el modo como el crítico inventado por Borges los analiza y los compara, son en realidad dos obras: pertenecen a dos géneros distintos; expresan

9. M. Blanchot. *Op. cit.*, pág. 111.

convicciones, influencias y maneras de dos autores distintos; dicen cosas distintas y muestran estilos distintos.

¿Pero no es eso lo que sucede en la lectura? Cervantes escribió: «...*la verdad, cuya madre es la historia, émula del tiempo...*»; Menard, en cambio, lee: «...*la verdad, cuya madre es la historia, émula del tiempo...*» Porque al leer leemos literalmente y, a la vez, con nuestras propias palabras. Como si el lenguaje mismo tuviera una doblez que le diera una cara externa y una cara interna, siendo ésta última el modo como a cada uno le saben o le suenan o le dicen (como propias) las palabras (ajenas) que lee. Porque al leer leemos las palabras de otro con nuestras propias palabras, en nuestra propia voz, en nuestra propia lengua. Y es en la lectura de Menard, en una cierta lectura de Menard, en el modo como las palabras de Menard leen las palabras del Quijote (que son y no son las mismas palabras), en el modo como la lengua de Menard lee la lengua del Quijote (que es y no es la misma lengua) donde el Quijote es una novela histórica, donde está la influencia de Nietzsche y de William James, donde están las opiniones y los hábitos de Menard, y donde el español de la obra suena arcaizante y un tanto afectado. Cuando Menard lee el Quijote, lee el Quijote de Cervantes y a la vez su propio Quijote, dos obras en la misma lengua, dos obras que son y no son la misma obra. Como dice Rodríguez Monegal, «*el Quijote de Cervantes es, naturalmente, el de Menard. Pero los Menard son legión*».[10]

En la repetición lectora de Menard está presente la pluralidad constitutiva del texto: como escribe Borges por boca del crítico, «*el texto de Cervantes y el de Menard son verbalmente idénticos, pero el segundo es casi infinitamente más rico. (Más ambiguo, dirán sus*

---

10. E. RODRÍGUEZ MONEGAL, *Borges por él mismo*. Barcelona. Laia, 1984, pág. 31.

detractores; pero la ambigüedad es una riqueza)». Sin embargo no deberíamos ver aquí, me parece, una simple variante de la teoría de la polisemia o de la plurivocidad del lenguaje. Obviamente, todo texto puede ser leido de nuevo, de otra manera, significando otra cosa, porque no tiene un sentido en sí sino que se presta a una interpretación infinita. Desde ese punto de vista, tomar la repetición de Menard como una repetición lectora no sería otra cosa que mostrar que *«el lenguaje simbólico al que pertenecen las obras de arte es estructuralmente un lenguaje plural, cuyo código está hecho de manera que cualquier obra engendrada por él tenga múltiples significados».*[11] Pero creo que hay algo más complejo en este *«fascinante espejismo de la duplicidad»* del que hablaba Blanchot. Quizá lo que Borges está indicando es que en la materialidad misma de cada texto se superponen infinitos textos; que cada lector reescribe el texto sin salir de su literalidad; que no hay original porque tampoco hay origen y que no hay texto definitivo porque no hay fin; que en el texto leído se confunden y a la vez se diferencian sus infinitos lectores o, lo que es lo mismo, sus infinitos autores; que el texto, como el doble y como el espejo, repite lo que es uno y, al repetirlo, introduce la diferencia en la identidad, la divide en su propio interior. Por eso la lectura sólo existe como división permanente en tanto que destruye la supuesta unidad del original y hace aparecer la infinitud del sentido sin abandonar la literalidad del texto. Por eso el lector es el productor de la diferencia en la repetición: porque repitiendo el original hace presente lo que hay de diferente, originalmente, en el original.

La hipótesis de la traducción, que como he dicho ya es la de Blanchot y la de Steiner, podría estar apoyada por el hecho de que Pierre Menard es un escritor

______

11. R. BARTHES, *Critique et verité.* Paris. Seuil, 1967, pág. 65.

francés y también por la afirmación de Borges de que Menard, consciente de la caducidad inevitable de toda obra de literatura o de doctrina, *«resolvió adelantarse a la vanidad que aguarda todas las fatigas del hombre; acometió una empresa complejísima y de antemano fútil. Dedicó sus escrúpulos y vigilias a repetir en un idioma ajeno un libro preexistente»*. Y eso es justamente lo que hace un traductor: repetir en un idioma ajeno un libro preexistente. Además, la tarea del traductor, condenada a ser invisible, más invisible cuanto más perfecta, es complejísima y de antemano fútil porque lucha vanamente contra la caducidad de las obras frente a la usura del tiempo que no es aquí otra cosa que el efecto de envejecimiento producido por la dinámica misma de la lengua: todo traductor sabe que su traducción también es caduca y que la obra que acaba de traducir, si permanece viva, tendrá que ser re-traducida cuando su lenguaje haya envejecido. Pero tengo la impresión de que la decisión borgeana de que Menard fuera francés y decidiera escribir su Quijote en español para que sea textualmente idéntico al de Cervantes no es esencial al juego: ambos quijotes están escritos en la misma lengua, que en un sentido es la propia para Cervantes y la ajena para Menard, pero que en otro sentido es también propia de ambos puesto que ambos escriben en ella (recuérdese que de los trabajos abandonados de cuando Menard ensayó el método de ser Miguel de Cervantes lo único que consiguió fue la apropiación de su lengua, *«un manejo bastante fiel del español del siglo XVII»*). Y pienso también que la cita señalada igualmente podría aplicarse a la lectura.

Los ejemplos que Menard pone para mostrar la caducidad de las obras y, de rebote, para justificar su decisión son precisamente ejemplos de no-lectura: una doctrina filosófica que se convierte en un capítulo de la historia de la filosofía o una obra literaria que se convierte en ocasión para celebraciones, para trabajos filológicos o para ediciones puramente decorativas. *«La gloria es una incomprensión y quizá la peor»*, pensaba Menard, porque la gloria consiste justamente en que ya nadie lee excepto los filólogos y los historiadores, es decir, los especialistas, los que tampoco leen. La inaudita decisión de Menard de escribir otra vez el mismo Quijote es la decisión improbable de volver a leer otra vez una obra palabra por palabra, ignorando el modo como ha sido ya situada en la historia de la literatura e ignorando también todo tipo de pedantismo celebratorio o cualquier pretensión exclusivamente filológica. Porque cuando una obra se ha convertido en un capítulo de la historia ya no es leída sino como parte de lo meramente histórico, es decir, de lo pasado como pasado; la lectura filológica, por su parte, la *«soberbia gramatical»* en palabras de Borges, tampoco es lectura porque permanece en el exterior del texto, porque sólo hace presa en su mera determinación objetiva; y los pedantes son, como se sabe, los especialistas en hacer como si han leído lo que no han leído o, en el mejor de los casos, los que sólo leen para apropiarse del prestigio cultural del texto y aumentar así su propio prestigio cultural. Todos ellos, el historiador, el filólogo y el pedante, mantienen una relación exterior con el texto y de ningún modo, como sí trató de hacer el excéntrico Menard, *«llegan al Quijote»*.

Por otra parte, el acto de leer, como el de traducir, también está condenado a ser invisible puesto que no agrega nada al libro y también es provisional puesto que cualquier intérprete sabe que su lectura será inevitablemente sustituída por otras lecturas, indefinidamente. Digamos que las traducciones, como las lecturas, sólo se hacen visibles cuando deben ser sustituidas por otras traducciones o por otras lecturas, es decir, cuando son construidas como «malas traducciones» o como «malas lecturas». Además, eso de *«repetir en un idioma ajeno un libro preexistente»* es también lo que hace el lector si pensamos que su acción consiste en repetir con sus propias palabras un texto que ya ha sido escrito. Y por último el mismo Borges empieza el último y quizá definitivo párrafo de su texto escribiendo que *«Menard (acaso sin quererlo) ha enriquecido mediante una técnica nueva el arte detenido y rudimentario de la lectura».*

En uno de los fragmentos decisivos del texto, la empresa de Menard es nombrada con la expresión «llegar al Quijote». La cita, ya transcrita, viene inmediatamente después del fragmento en el cual se comparan los dos métodos ensayados por Menard –ser Miguel de Cervantes o seguir siendo Pierre Menard– y se califican en función de su facilidad, de su interés y de su posibilidad: *«ser, de alguna manera, Cervantes y llegar al Quijote le pareció menos arduo –por consiguiente, menos interesante– que seguir siendo Pierre Menard y llegar al Quijote a través de las experiencias de Pierre Menard».* Desde luego, «llegar» al Quijote de Cervantes es imposible aunque eso sea lo que intentan vanamente los lectores que tratan de fijar el sentido de la obra remitiéndola al contexto psicológico, lingüístico, social o cultural de su producción, a lo que llamaremos, para simplificar, Miguel de Cervantes. Pero lo que importa no es que esa ambición sea imposible, sino que es más fácil y menos interesante. Lo que se propone Menard es igualmente imposible, pero más arduo y por consiguiente más interesante: «llegar» al Quijote de Menard, a su propio Quijote, al Quijote que está escrito con sus propias palabras. Y llegar a él textualmente, a partir de la materialidad pura, literal, de su lengua.

Para ello, para *«llegar al Quijote a través de las experiencias de Pierre Menard»,* Menard tiene que conseguir que las palabras del texto sean sus propias palabras. Pero para eso tiene que proceder primero por eliminación. De ahí quizá la «alegre fogata» en la que Menard quemaba cada atardecer el cuaderno cuadriculado en el que escribía sus borradores. ¿Qué es lo que quemaba Menard en su afán por «llegar al Quijote»? En primer lugar, desde luego, Menard quemaba todas aquellas lecturas literales del Quijote en las que las palabras de Cervantes eran todavía de Cervantes, sonaban aún a palabras de Cervantes. En segundo lugar, Menard destruía todas aquellas lecturas literales en las que el texto parecía compuesto al azar, como *«llevado por inercias del lenguaje y de la invención»*, de una manera espontánea; es decir, Menard tenía que eliminar todas las lecturas en las que el texto sonase como si hubiera podido escribirse de cualquier otro modo. Y Menard sacrificaba por último las *«variantes de tipo formal o psicológico»* que iba ensayando en sus lecturas sucesivas; es decir, cualquier traducción del texto a otras palabras. Todos esos borradores y todas esas fogatas vespertinas en los arrabales de Nîmes nos pueden dar una idea de lo difícil que es para Menard leer el Quijote literalmente y, a la vez, con sus propias palabras, de lo arduo que es «llegar al Quijote». Porque el texto está demasiado lleno y el problema de cualquier lectura es desplazar las otras lecturas para despejar un espacio singular y propio. Pero además, la lectura tiene que ser literal, es decir tiene que coincidir perfectamente, palabra por palabra y letra por letra, con el texto.

Otro elemento que puede sugerir que la ficción borgiana trata de la lectura (como traducción) y no de la traducción estrictamente considerada, es decir, que lo que hace Menard es simplemente leer el Quijote con todas las paradojas y las dificultades que eso implica es la cuestión de la materialidad de su obra invisible. No sabemos si los capítulos del Quijote que escribió Menard fueron o no publicados, y no sabemos siquiera dónde están escritos. Sólo sabemos que no se ha podido encontrar rastro de los borradores, pero nadie nos dice dónde está escrita la versión definitiva. Es más, el amigo crítico, despúes de referirse a esos borradores supuestamente quemados y que nadie vio jamás, escribe lo siguiente: «... *he reflexionado que es lícito ver en el Quijote "final" una especie de palimpsesto, en el que deben traslucirse los rastros –tenues pero no indescifrables– de la "previa" escritura de nuestro amigo»*. En este fragmento, tanto la palabra «previa» como la palabra «final» van entrecomilladas. Porque acaso la escritura previa y la final sean la misma escritura, es decir, el texto que Menard leyó, reescribiéndolo, innumerables veces en su afán por llegar finalmente al Quijote a través de las palabras del Quijote. Es decir, que son «previa» y «final» no en el sentido de que sean materialmente distintas, porque de hecho son literalmente el mismo texto, sino sólo en el interminable proceso de lectura y relectura que debe conducir «finalmente» a un Quijote que esté escrito con las palabras de Pierre Menard y a la vez con las de Cervantes que, si recuerdan, tampoco eran las de Cervantes sino las de Cide Hamete Benengelí traducidas por un morisco y copiadas por Cervantes. Y además hay un momento en que el propio Menard, en una carta que su amigo transcribe, se refiere a su Quijote como *«mi divulgada novela»*. Y eso sólo puede significar, me parece, que el Quijote de Menard está siendo divulgado junto con el de Cervantes, entre las páginas del Quijote de Cervantes, en las mismas palabras, las mismas letras, las mismas páginas impresas y las mismas ediciones que el Quijote de Cervantes. Quizá es por eso por lo que su obra es «invisible», porque lo que hizo Menard fue leer interminablemente el Quijote tratando de «llegar al Quijote», porque su Quijote, sea cual sea, no puede verse sino en las letras, las palabras y las páginas de una obra ajena que, sin embargo, es su propia obra, en una escritura ajena que es su propia escritura, o en unas palabras ajenas que son sus propias palabras.

El infinito literario

Una vez releído el juego de Borges desde el punto de vista de la lectura, haré para terminar algunas consideraciones sobre cuál es la imagen de la lectura que hay en ese texto. Para ello hay que tener en cuenta algo que me parece esencial en la economía del texto borgiano: que el que nos cuenta la disparatada empresa de Menard no es el propio Menard, porque Menard está muerto, porque quizá tenga que estar muerto para que su empresa se cuente tal como se cuenta, sino un amigo anónimo en funciones de crítico. Por tanto es un observador no inmerso actualmente en la lectura, un observador exterior, el que hace para nosotros la historia de la repetición de un texto, el que nos proyecta en un mismo plano las dos obras, la de Cervantes y la de Menard, en una especie de metaperspectiva comparativa. Pero con eso el crítico se coloca por detrás de Menard y quizá le traicione. ¿Y si el amigo anónimo no hubiera entendido el verdadero alcance de la empresa de Menard?

Menard excluyó de su obra el prólogo autobiográfico de la segunda parte del Quijote porque no quiso construir el personaje de Cervantes y, sobre todo, porque no quería presentar el Quijote en función de ese personaje. De hecho, lo que hace cualquier lector que lee el Quijote de Cervantes, es decir, que remite el texto a su autor, es re-escribirlo y re-presentarlo en función de ese personaje. Y eso, que justamente evitó Menard, es lo que hace el narrador del texto de Borges cuando, para comparar las obras, transcribe dos veces el mismo párrafo: una vez lo re-escribe presentándolo en función del personaje Cervantes y otra vez, «en cambio», lo re-escribe presentándolo en función del personaje Menard. Por eso el crítico no llega por sí mismo al Quijote, es decir, no lo escribe con sus propias palabras sino con las palabras de Cervantes la primera vez y con las palabras de Menard la segunda. Por eso el crítico respeta el principio de la intencionalidad del autor para darle unidad a cada una de las dos obras, y las convenciones del comentario para mostrar su distinto significado.

Desde ese punto de vista, la repetición lectora de Menard puede presentarse como un ejercicio de lo que Bajtín llamaba «reacentuación». En ese sentido, un intérprete bajtiniano de Borges afirma que ese texto *«muestra cuáles son las consecuencias de la reacentuación de un enunciado y su importancia para la historia de la literatura. Menard escribe un Quijote que es idéntico al Quijote pero no puede evitar reacentuarlo; aunque el enunciado sea el mismo, el discurso refracta intenciones autorales diversas (...). La escritura de Menard ha evitado que el discurso de Cervantes se reificara y por eso el discurso de Menard es más rico, más "sutil" que el de Cervantes (...). Al cambiar el autor, el lector puede inferir en éste una intencionalidad diferente, "enriqueciendo" la obra, reacentuándola según la nueva intención autoral».*[12] Y es eso lo que hace precisamente el amigo crítico, reacentúa o resignifica el mismo texto según intenciones autorales y contextos sociales e ideológicos distintos y no puede evitar decir que la escritura de Menard es más «rica» porque añade posibilidades de sentido a la de Cervantes. Sin embargo, la experiencia de Menard me parece que es sensiblemente distinta y mucho más inquietante de lo que en ella ve su bajtiniano lector.

En el texto de Borges, y además de los comentarios, opiniones y ejercicios de reacentuación del bienintencionado amigo, tenemos también, entrecomilladas, algunas palabras textuales de Menard, concretamente una carta que escribió desde Bayonnne y que aparece citada en tres ocasiones. Además, tenemos la obra invi-

---

12. A. J. PÉREZ, *Poética de la prosa de J.L. Borges. Hacia una crítica bakhtiniana de la literatura.* Madrid. Gredos, 1986, págs. 154-155.

sible de Menard que podemos leer en dos capítulos y medio de cualquier ejemplar del Quijote y que, como hemos visto, plantea sutiles consideraciones sobre la naturaleza de la escritura y de la lectura y sobre las complejas relaciones entre la «realidad» y la «literatura». De hecho, una de las veces que el amigo cita la carta de Menard, éste justifica su «elección» del Quijote porque para él es un libro semiolvidado cuyo recuerdo *simplificado por el olvido y la indiferencia, puede muy bien equivaler a la imprecisa imagen anterior de un libro no escrito»* y porque el Quijote es para él un libro prescindible, innecesario. Sin embargo, y puesto que todo texto contiene su propia poética (o, mejor, tantas poéticas como lectores/autores), no es quizá del todo marginal señalar que el Quijote es justamente la fábula de un loco que se toma los libros al pie de la letra y cuyo sueño de sentido fracasa constantemente al proyectarse sobre la realidad y, al mismo tiempo, el juego de un escritor que se divierte con un relato del que declara ser y no ser el autor. El Quijote, como epifanía de la modernidad literaria, mezcla elementos realistas e historias mágicas hasta hacerlos indiscernibles, consagra un modo de enunciación que tanto disimula la voz del narrador como la impone en el centro de la escena, presenta un texto que es altamente personal y, a la vez, la re-composición de otros textos, arruina toda economía estable de la enunciación ficcional. Y por eso construye como héroe a aquél que toma todos los libros como verdaderos, a aquél que rechaza toda distinción sensata entre los libros de ficción y de no ficción y entre los libros y la realidad, a aquél cuya locura está en tomarse en serio el principio de la literariedad, en pensar que la letra está ahí, plenamente disponible para cualquier uso y por cualquier locutor, sin nada que garantice su verdad o su falsedad, ni siquiera la unidad de su sentido. No parece por tanto del todo incoherente que el ensayista y poeta Menard que, si hemos de creer en su obra visible, fue fundamentalmente un ensayista obsesionado por el lenguaje y, en especial, por la repetición, la variación y la ambigüedad en el lenguaje, y de modo secundario un poeta simbolista heredero de Mallarmé y de Valéry, haya escogido el género novela y, en concreto, el Quijote, y más precisamente esos capítulos determinados del Quijote, para culminar su propia obra.

El Quijote no es sólo un libro susceptible de infinitas interpretaciones, según distintas intenciones lectoras y según distintos contextos históricos, sino que es el libro de la infinitud misma del libro, del libro como infinito. Y eso lo sabía Borges y seguramente también lo sabía Menard. Por eso la repetición lectora de Menard no es sólo una reacentuación según distintas «intenciones autorales» o un simple desplazamiento histórico (el hecho trivial, pero no desdeñable, de que en la lectura de Menard está el hombre Menard y de que, en esa lectura, el Quijote es posterior a Nietzsche), sino que postula la abolición de la continuidad irreversible del tiempo y la abolición de la individualidad del yo. Podríamos multiplicar los fragmentos poéticos, narrativos y ensayísticos de Borges que juegan con esa doble abolición, a veces feliz y a veces aterradora, que quizá sea constitutiva de la experiencia de la lectura y que acaso la historia de la lectura y de los lectores no haga sino enmascarar. Para señalar la refutación del tiempo que está presente en su tarea, Menard escribe: «... *mi empresa no es difícil, esencialmente. Me bastaría ser inmortal para llevarla a cabo»*. Y es imposible aquí no recordar ese cuento titulado «El inmortal» en el que el personaje principal vive a través de los siglos y fue Homero, y un tribuno romano, y el judío errante, y hasta uno de los subscriptores de una traducción inglesa del siglo XVIII de la *Odisea,* hasta terminar –provisionalmente– como bibliófilo y anticuario, y que quizá no es otra cosa que una reflexión sobre el tiempo de la literatura y sobre la peculiar eternidad del texto. Pero el sentido complementario del cuento es que, si el tiempo es infinito, un hombre (Homero, el anticuario) es todos los hombres. Y la última cita de Menard que su amigo transcribe para nosotros incluye esta afirmación sorprendente: «... *todo hombre debe ser capaz de todas las ideas y entiendo que en el porvenir lo será*». El hombre que lee, parece decirnos Menard, está fuera del tiempo continuo e irreversible de la historia y es capaz de todas las ideas. Por eso ese hombre es todos los hombres, es decir, nadie o, mejor, el impersonal infinito literario. Menard no se encuentra a sí mismo en su Quijote, no encuentra su tiempo, ni siquiera sus propias palabras, sino la ausencia de tiempo y el anonimato, la soledad anónima del lector atrapado en el laberinto infinito de la ausencia de obra.

Lo que ocurre es que para el amigo crítico, el proceso interminable e infinito de la lectura, el itinerario imposible para «llegar al Quijote», se ha anulado ya en un resultado finito y real (en el imaginario Quijote de Menard que contiene las palabras de Menard, las ideas de Menard y la personalidad de Menard) porque Pierre Menard está muerto. El crítico bajtiniano trabaja a favor del sentido inventándose la lectura realizada de un lector muerto y por eso finito, pero Menard vivo, como Foucault, no encontró en la lectura, en el fracaso de la lectura, sino la suspensión del sentido en el infinito del texto. En su texto sobre Borges, Blanchot escribe que *«para el hombre mesurado y de medida, el cuarto, el desierto y el mundo son lugares estrictamente determinados. Para el hombre desértico y laberíntico, expuesto al error de una tentativa necesariamente un poco más larga que su vida, el mismo espacio será verdaderamente infinito, aun cuando sepa que no lo es y tanto más cuando lo sabrá»*.[13]

13. M. BLANCHOT, *op. cit.*, pág. 109.

He dicho, a partir de Blanchot, que el absurdo memorable de dos obras en la misma lengua no es otra cosa que la repetición lectora. Ahora bien, ¿qué es la repetición? En la modernidad, los grandes pensadores de la repetición son Nietzsche, Heidegger y Deleuze. En su obra, la repetición no es el retorno de lo mismo, sino el retorno de lo posible, es decir, el retorno de lo que ha sido, pero no como idéntico, sino como posible. Por eso la repetición restituye la posibilidad de lo que ha sido, lo hace de nuevo posible. El historiador nos da lo que ha sido sin su posibilidad porque su pregunta es ¿cómo esto (este texto, estas ideas, estas palabras) ha sido real? Pero para Menard la pregunta es ¿cómo esto puede ser aún posible? El quiere volver a pensar esos pensamientos por sí mismo, volver a escribir esos textos con sus propias palabras, y por eso no se conforma con conmemorar que fueron pensados o escritos y tampoco se conforma con apropiárselos traduciéndolos a sus propios pensamientos, a sus propias palabras. Por eso Menard intenta el absurdo común de producir la repetición como acontecimiento de la diferencia o de producir la diferencia en el acontecimiento de la repetición. Para Menard, como para Foucault, «... *lo nuevo no está en lo que se dice, sino en el acontecimiento de su retorno*». Pero como Menard no es un hombre de medida, sino un hombre desértico y laberíntico, sabe que el ámbito de posibilidades que abre la repetición es infinito. E infinito no significa aquí múltiple o plural, sino indeterminado e indecidible. Por eso Menard sabe que su obra no puede consistir en añadir su propia lectura finita y determinada del Quijote a otras lecturas reales y posibles para así contribuir al infinito de la lectura, sino que experimenta la lectura misma como infinito. Por eso sabe que su empresa implica la abolición del tiempo y de su propia individualidad, sabe que no puede «llegar al Quijote» porque el Quijote, como cualquier libro, es infinito y porque llegar a él implicaría dejar de ser Pierre Menard y abandonar el tiempo.

Capítulo Sexto
El código estúpido

No se puede traducir «no-pensamiento» por «ausencia de pensamiento». La ausencia de pensamiento designa una no-realidad. No se puede decir que una ausencia es agresiva o que avanza. Por el contrario, el no-pensamiento designa una realidad, una fuerza; por eso se puede decir: el no-pensamiento que invade; el no-pensamiento de los tópicos; el no-pensamiento de los medios de comunicación; etc.

Milan KUNDERA

Gilles Deleuze, siguiendo a Nietzsche, también lo había dicho bien claro: lo que se contrapone al pensamiento es la estupidez.[1] El no pensamiento, por tanto, no sería la ausencia de pensamiento sino *«una estructura del pensamiento como tal»*: algo que tal vez podríamos llamar un pensamiento estúpido. Ese pensamiento estúpido, continúa Deleuze, es una traducción: la traducción al pensamiento *«del reino de los valores mezquinos o del poder de un orden establecido»*. E inmediatamente, tratando de evitar un progresismo demasiado evidente o un fariseísmo demasiado fácil, Deleuze se apresura a añadir que el pensamiento estúpido no es cosa del pasado, o de los otros, o de los que no saben pensar,

---

1. G. DELEUZE, *Nietzsche y la filosofía.* Barcelona. Anagrama, 1971, págs. 146-156.

o de los que no piensan como nosotros, sino que es cosa nuestra, que tiene que ver con nosotros, que se deriva casi naturalmente, como una secreción, de la mezquindad de nuestra voluntad de vivir o de nuestra sumisión al orden, a cualquier orden: «*la estupidez y la bajeza son siempre las de nuestro tiempo, las de nuestros contemporáneos, nuestra estupidez y nuestra bajeza*».

El pensamiento estúpido es nuestro propio pensamiento cuando lo que piensa en nosotros es nuestra propia estupidez. Segregamos pensamiento estúpido cuando lo que piensa en nosotros es nuestro conformismo, nuestro afán de seguridad, nuestra necesidad de orden, nuestro deseo de obedecer. Además, puesto que esa expresión de *«el reino de los valores mezquinos»* debe ser leída aquí en sentido nietzscheano, es decir, entendiendo los valores desde el punto de vista de la vida, como valores para la vida, como algo que tiene que ver con la intensidad de la vida, con la riqueza o con la indigencia de la vida, entonces segregamos pensamiento estúpido cuando lo que piensa en nosotros es nuestra vida empobrecida, nuestra vida cobarde o, simplemente, nuestra renuncia a la vida.

Por eso, no es la inteligencia disciplinada del pensamiento metódico y educado la que nos protege de la estupidez. No son los conceptos más o menos elaborados, los métodos más o menos seguros, las citas de autoridad, las más o menos abundantes bibliografías, los cursos universitarios, las tesis doctorales, los fondos de investigación o los congresos de los incansables especialistas los que nos inmunizan contra la estupidez. Creer eso es otra estupidez, el síntoma que traduce otra forma de mezquindad, otra forma de sumisión.

Comentando a Deleuze, Foucault también lo dijo bien claro: a veces nos comportamos como sabios-estúpidos cuya estupidez consiste, precisamente, en refugiarse en reglas de pensamiento que, diciéndonos en voz alta cómo debemos pensar, nos susurran en voz baja que somos inteligentes, nos seducen garantizándonos que la estupidez no tiene que ver con nosotros. En sus propias palabras: «... *todos nosotros somos sensatos; cada cual puede equivocarse, pero ninguno es tonto (desde luego, ninguno de nosotros); sin buena voluntad no hay pensamiento; todo problema verdadero debe tener una solución, pues estamos en la escuela de un maestro que no interroga más que a partir de respuestas ya escritas en su cuaderno; el mundo es nuestra clase. Ínfimas creencias... Sin embargo, ¿qué?, la tiranía de una buena voluntad, la obligación de pensar en común con los otros, la dominación del modelo pedagógico, y sobre todo la exclusión de la tontería, forman toda una ruin moral del pensamiento cuyo papel en nuestra sociedad sin duda sería fácil de descifrar. Es preciso que nos liberemos de ella».*[2]

Hay que liberarse entonces de esa moral mezquina del pensamiento que, mientras nos da la sensación de elevarnos sobre la tontería, nos hunde en una tontería más elevada, en una estupidez de segundo grado. No se trata de apartarse de la estupidez con un gesto arrogante de desdén. Tampoco se trata de protegerse de la contaminación de la estupidez por el recurso de refugiarse en alguno de esos modos de pensamiento seguros y asegurados que parecen garantizarnos un saber superior, una inteligencia sin esfuerzo, unas ideas de segunda mano, un lenguaje distinguido, unos procedimientos sin errores. De lo que se trata es de enfrentarse a la estupidez sabiendo que, en ese enfrentamiento, a lo que nos enfrentamos es a nosotros mismos. También a nuestra inteligencia-estúpida, a nuestra sabiduría-estúpida.

Y a eso, a ese enfrentarse al no-pensamiento de la estupidez, a nuestro propio pensamiento estúpido, a nuestra propia bajeza y a nuestra propia sumisión, es

2. M. FOUCAULT, *Theatrum Philosophicum.* Barcelona. Anagrama, 1972, págs. 27-28.

a lo que llamamos pensar: «... *la inteligencia no responde a la estupidez (...). El sabio es inteligente. Sin embargo es el pensamiento quien se enfrenta a la estupidez y es el filósofo quien la mira (...). En última instancia, pensar sería contemplar de cerca, con extrema atención, e incluso hasta perderse en ella, la estupidez (...). El filósofo debe estar de bastante mal humor para permanecer enfrente de la estupidez, para contemplarla sin gesticular hasta la estupefacción, para acercarse a ella y mimarla, para dejar que lentamente suba sobre uno y esperar, en el fin nunca fijado de esta cuidadosa preparación, el choque de la diferencia».*[3]

Paisajes mediáticos

Entre las distintas formas de la estupidez, tal vez sea la estupidez mediática la más evidente y, a la vez, la más oculta. La estupidez más evidente porque las distintas tradiciones de la crítica cultural, desde la Escuela de Frankfurt en adelante, han convertido en estúpido estereotipo el imperativo de mantener una «actitud crítica» respecto a unos medios masivos de comunicación que, sin embargo, permanecen tan estúpidamente incomprendidos como estúpidamente menospreciados. Y la estupidez más oculta porque, lejos de ser poderosos instrumentos al servicio de la propaganda política, de la explotación económica, de la transmisión ideológica o de la degradación cultural, pero siempre susceptibles de inversiones funcionales o, al menos, de controles democráticos, la estúpida cultura mediática está ya completamente incorporada a nuestra estúpida cotidianeidad y a nuestros estúpidos hábitos de vida. Los medios de comunicación no son «medios» con funciones sustituibles o contenidos intercambiables, sino que cons-

3. M. Foucault, *op. cit.*, pág. 39.

tituyen un auténtico «medio ambiente», un «entorno vital» estúpido y completamente naturalizado que implica, desde luego, determinados modelos de organización y gestión de las relaciones sociales.

Pero eso no es todo. Los media constituyen un modo estúpido de inteligibilidad de lo real o, dicho de otra manera, un lenguaje estúpido. Con su propio vocabulario estúpido, su propia gramática estúpida, sus propias reglas estúpidas de construcción de enunciados, su propia estúpida productividad. Los media constituyen un código estúpido que funciona como un masivo dispositivo de producción y de traducción de enunciados. Los media traducen cualquier cosa a ese código estúpido, presentan y representan cualquier realidad en ese lenguaje estúpido, piensan cualquier asunto en ese pensamiento estúpido. Un código estúpido convierte en estúpido todo lo que produce y todo lo que traduce. Por eso, los media no sólo conforman el «paisaje» en el que transcurre nuestra vida sino que producen realidad, hacen mundo, constituyen una de las ontologías más poderosas y avasalladoras de nuestro tiempo.

El código estúpido de los media, ese código que habitamos y que nos habita, esa lengua estúpida que sólo permite un pensamiento estúpido y que sólo da una realidad estúpida, sería tal vez el modo más característico de nuestra propia estupidez, aquella a la que debemos enfrentarnos sabiendo que, en ese enfrentamiento, nos enfrentamos a nosotros mismos.

Hubo un tiempo en que algunos creían en la posibilidad de distinguir entre una cultura individualizadora, formativa y elevada y una sub-cultura de masas, degradante y banal. Pero en nuestra época el universo cultural se muestra mucho más complejo y mucho más turbulento, y cualquier distinción entre niveles de cultura se hace problemática. La presencia de los media es continua, ubicua y casi nadie puede hurtarse a su poder y a su fascinación. Cada vez más, los que se están convirtiendo en guetos completamente desactivados son los espacios culturales tradicionales y los nichos académicos. Cada vez más, la posibilidad de enfrentar nuestra propia estupidez se juega en el modo como habitamos la estúpida cultura mediática y sus códigos estúpidos de homogeneización y neutralización generalizada.

El arte del reciclaje crítico

Entre los practicantes del *media art*, tal vez sea Antoni Muntadas el que con mayor rigor y eficacia ha emprendido el cuestionamiento interno del código mediático. Sus proyectos no se limitan a utilizar artísticamente los recursos tecnológicos de los medios de comunicación de masas y de la industria del entretenimiento, sino que constituyen lo que podríamos llamar un metalenguaje de los códigos mediáticos. Con métodos que combinan la paciencia de un historiador, la perspicacia de un antropólogo, la frialdad de un sociólogo, el rigor de un semiólogo y la penetración de un filósofo con la sensibilidad de un artista plástico y la contundencia de un artista conceptual, Muntadas examina minuciosamente las estructuras formales de los medios, de las instituciones artísticas, de los espectáculos de masas, de los flujos urbanos, de los escenarios en los que actúan los comerciantes de la política, de la economía, de la espiritualidad y de la diversión. Huyendo siempre de ese punto de vista personal o subjetivo, de ese estilo individual en el que parecía cifrarse el talento particular de un artista, huyendo incluso de cualquier mística de la belleza o de cualquier metafísica de la creación estética, Muntadas se limita casi siempre a reciclar materiales audiovisuales preexistentes y a reordenarlos tratando de hacer visibles sus principios de funcionamiento.

Y tratando, al mismo tiempo, de mostrar las relaciones entre la sociedad, la cultura y el poder. En la tradición que va de los *ready mades* de Duchamp a la apropiación de la iconografía de masas en el *pop art*, Muntadas trabaja como un *zapper* obsesivo o como un coleccionista perverso con el gigantesco archivo sensible de imágenes y sonidos mediáticos. Pero no sólo para volver a ponerlos en circulación o para construir con ellos nuevos enunciados, sino para hacerlos visibles o audibles o legibles de otro modo, de un modo que muestre o que demuestre, casi pedagógicamente, el código que los hace posibles.

Entre sus obras (si es que aquí aún puede hablarse de obras) hay algunas sobre la homogeneización del lenguaje mediático y sobre la consiguiente neutralización de cualquier contenido que se traduzca a ese lenguaje. *Cross Cultural Television* (1987), por ejemplo, es una reflexión *«acerca de la cosmética y el packaging de la televisión»* a través de una serie de imágenes, básicamente de informativos, procedentes de una veintena de países. Podemos ver secuencias introductorias de noticieros de todo el mundo que son completamente idénticas en la actitud de los presentadores, el ritmo, la ambientación del estudio, las cabeceras, los colores, las músicas de fondo... La conclusión, siempre perturbadora en su misma obviedad, es que, a pesar de que son diferentes los regímenes políticos, las bases culturales, los niveles de progreso educacional o económico, las formas de patronazgo institucional de los medios, etc., la estandarización formal es casi completa. Aunque sea importante el control de los contenidos, son las convenciones formales las que funcionan como gigantescos mecanismos de homogeneización. En la televisión, todo se convierte en televisión. El lenguaje-televisión es tan uniforme y estandarizado que borra cualquier diferencia.

Algo semejante aparece en *The Last Ten Minutes*

(1976-7), una colección de grabaciones de los últimos diez minutos de la programación televisiva de tres países diferentes (Estados Unidos, Brasil y Argentina en la primera versión y Estados Unidos, Alemania Occidental y la Unión Soviética en la segunda) mezclados con tomas de transeúntes registradas el mismo día y a la misma hora en alguna de las calles principales de esos mismos países. El contraste entre las diferencias sociales y culturales de la calle y la aplastante homogeneidad de las imágenes televisivas no puede ser más sorprendente, ni más obvia.

Otro ejemplo podría ser *The Press Conference Room* (1991), una instalación en la que distintas frases pronunciadas para la prensa se solapan gradualmente hasta convertirse en una cacofonía en la que es imposible distinguir nada, literalmente en ruido. En esa instalación había micrófonos iluminados y mudos mientras que fragmentos de discursos políticos salían de una pantalla de televisión colocada a un extremo de la sala. Por eso, no se trataba sólo de la banalidad de la jerga política sino, sobre todo, de la degradación del lenguaje que se produce por el sólo hecho de traducirse a la televisión. Una degradación que hace que todos los mensajes se confundan en una gigantesca cháchara vacía de cualquier sentido.

Muntadas ha realizado también intervenciones sobre los procedimientos de fabricación de mensajes. Una de las más famosas, *Credits* (1984), consiste en casi media hora de papel pintado televisivo, de secuencias ensambladas de los créditos finales de diversos programas que, habitualmente ignorados, muestran la complejidad y la sofisticación de los sistemas de producción.

Political Advertisements (1984, con postdatas de 1988 y 1992) es una reflexión sobre la venta de los candidatos políticos norteamericanos a través de una secuencia ordenada cronológicamente de *spots* electorales televisivos. El resultado es una pequeña historia de la evolución del estilo de la televisión que arranca en 1956 con la imagen de austeridad de Eisenhower hablando sólo en un estudio de televisión vacío a una audiencia invisible, atraviesa la cuidada edición de las propagandas de Kennedy en 1960, llega hasta los cínicos mensajes de Reagan en 1984, y se prolonga hasta las campañas de Clynton. El resultado, perturbador por lo obvio, es que los colores y las músicas, los paisajes, la evocación subliminal a los buenos sentimientos, las formas del triunfalismo, las sonrisas, el modo de dirigirse a la cámara, la disposición del público, etc., no se diferencia en nada de otro tipo de anuncios publicitarios además de incorporar elementos formales de los programas de entretenimiento. El tema de la instalación no es las ideas políticas de los candidatos o los resultados finales de las elecciones. Lo obviamente sorprendente es que vencedores y vencidos, conservadores y republicanos, mayoritarios y minoritarios se comportan del mismo modo ante la cámara y son traducidos a un lenguaje idéntico. La instalación de-construye el código según el cual una campaña política habla el lenguaje de la publicidad y traduce a los políticos en mercancías homologables a cualquier otra mercancía televisiva. Y habla el lenguaje del espectáculo y traduce a los políticos en *stars* homologables a cualquier otro famoso televisivo.

Más inquietante es *The Board Room* (1987), una impresionante puesta en escena de la relación entre los media y el poder que se centra en los fenómenos de las nuevas formas espectaculares de la religiosidad. La instalación consiste en una sala de juntas formada por trece sillas alrededor de una mesa oval (en una alusión a la Ultima Cena y a la mesa del despacho del presidente de los Estados Unidos) y forrada en sus paredes de retratos de predicadores televisivos y líderes de viejas y nuevas religiones. En el lugar correspondiente a la boca de cada uno de ellos hay un pequeño monitor de vídeo que emite imágenes de prédicas y discursos. Sobre esas imágenes, cada cierto tiempo, aparecen sobreimpresas palabras como poder, técnica, futuro, profecía, dinero, cruzada, salvación, etc.. La obra es una impresionante reflexión sobre la relación entre un lugar que aparece cerrado y oculto, en la semipenumbra de lo sagrado, una especie de consejo de administración o de comité central del delirio religioso, donde se configuran los mensajes y se toman las decisiones, y los lugares también privados e íntimos, hogareños, donde se reciben los mensajes después de haber sido traducidos a códigos publicitarios y espectaculares.

Otros trabajos de Muntadas son intervenciones sobre la fabricación mediática de la audiencia, del público. *Stadium* (1989-1991) es una reflexión sobre la forma-estadio, uno de los lugares emblemáticos que han funcionado y todavía funcionan como contenedores de acontecimientos de masas. Una forma con raíces en la antigüedad que ha experimentado muy pocas variaciones con el paso del tiempo. Y una forma cuyo producto principal es, precisamente, el público. El público no es solamente el destinatario, el espectador o el consumidor, sino el producto del estadio. El estadio aparece así como una arquitectura para producir, controlar y manipular audiencias masivas y para convertir al público en espectáculo para sí mismo. Una versión del panóptico en el sentido de que también hace visibles a los que se encuentran dentro. En las paredes de la instalación se proyectan imágenes de acontecimientos políticos, deportivos, religiosos y musicales de varios lugares y tiempos. Se proyectan también imágenes sobre el estadio mismo (arquitectura, mobiliario, símbolos). Y, además, hay un juego muy elaborado con fragmentos sonoros que, tomados independientemente, evocan inmediatamente el género del acontecimiento de masas en cuestión. Como si, además de un código arquitectónico y un código visual de los espectáculos productores de masas, también hubiera un código sonoro altamente estandarizado que nos permitiera reconocerlos al instante.

Otros trabajos sobre la fabricación del público se centran sobre el turismo y sobre la consiguiente transformación de las ciudades en escenarios para el espectáculo de masas. *Marseille: Mythes et Stéréotipes* (1995) es una indagación sobre la construcción imaginaria de la ciudad a través del contraste entre las representaciones «míticas» de la ciudad que tienen los marselleses y las representaciones «estereotipadas» de los turistas. Lo obviamente sorprendente es que tanto los mitos como los estereotipos tienen sus raíces en la publicidad, la literatura, la música, el cine y la televisión. Como si la ciudad estuviera fundamentalmente constituída por la «irrealidad» de las representaciones que la traducen al lenguaje de los medios. En la misma línea, el proyecto titulado *Ciudad Museo* (1991) es una reflexión sobre las formas de consumo masivo del espacio urbano que muestra cómo las ciudades están atravesadas por trayectos simplificados y altamente estandarizados en los que los espacios tradicionales, los grandes proyectos arquitectónicos modernos, los museos y los lugares de *shopping* y de muestras *folk* constituyen un código espectacular organizado para la demanda masiva.

Sobre la traducción estúpida

A través de operaciones de descomposición, de-construcción, reordenación, contraste, transformación y, en general, de reciclaje crítico, gran parte de la obra de Muntadas es una rigurosa puesta en escena de las producciones y de los productos mediáticos hecha con el propósito de mostrar sus códigos formales. Por otra parte, los trabajos de Muntadas constituyen también una indagación sobre los mecanismos de traducción de cualquier «realidad» a esos códigos, sobre sus efectos en la constitución de relaciones sociales y sobre su funcionamiento como dispositivos de poder, de control y de subjetivación. La lengua de los media es una de las lenguas de nuestra estupidez, quizá la más ubicua, la más poderosa. Una lengua capaz, además, de traducir todo a esa estupidez, de convertir en estúpido todo lo que se hace pasar por ella.

Tratar el lenguaje desde el punto de vista de la traducción en lugar de tratarlo desde el modelo técnico de la comunicación o desde el modelo hermenéutico de la comprensión suele ser una opción por la pluralidad y la diferencia. La traducción es diferencia. Por eso, pensar al lector o al oyente o al espectador como traductor (en lugar de pensarlo como receptor de mensajes o como sujeto de la comprensión) enfatiza su actividad como productor de nuevos enunciados. Y pensar al autor como traductor (y no como emisor o como sujeto expresivo) es subrayar su juego con una lengua que sólo se da en estado babélico, es decir, en estado de pluralidad y de confusión. Sin embargo, a veces, la traducción funciona como un mecanismo de cancelación de toda pluralidad y de allanamiento de cualquier diferencia. Hay modos de traducir que homogeneizan, neutralizan y erosionan la lengua y, por tanto, homogeneizan, neutralizan y erosionan también cualquier «realidad» codificada en esa lengua. Y eso es lo que ocurre cuando un código estúpido como el de los media se hace dominante por su fuerza de autoimposición y totalitario por sus pretensiones omniabarcadoras.

On Translation es un complejo proyecto en curso que, desde 1995, incorpora diversas intervenciones que problematizan los códigos mediáticos desde el punto de vista de la traducción. En una de sus últimas presentaciones completas, la que tuvo lugar en el Museo de Arte Contemporáneo de Barcelona en el 2003, el proyecto reunía ya 24 trabajos. Además, al colocar el problema de la traducción en el lenguaje de los media en primer plano, *On Translation* arroja una nueva luz sobre las obras anteriores de Muntadas.

Hay dos trabajos en los que la traducción mediática aparece como un complejo proceso de neutralización, de degradación y, en el límite, de pérdida de sentido. Uno de ellos, *On Translation: The Internet Project* (1997), se basa en el juego infantil del teléfono para que una frase, originalmente en inglés, sea traducida secuencialmente por traductores profesionales a veintitrés idiomas diferentes para volver al idioma de partida y reiniciar otra vez el circuito. La frase inicial es *«communication systems provide the possibility of developing better understanding between people: in which language?»*. La traducción española (la cuarta) dice así: *«el sistema de transmitir las intenciones hace posible el entendimiento mejorado entre los pueblos. Pero el problema es qué idioma utilizamos»*. La traducción francesa, la doceava, dice: *«tous systèmes d'analyses intensifs améliorent la qualité des dispositifs internationaux servant à communiquer. Le probleme concerne la langue qu'on utilise»*. En el segundo ciclo, la frase en inglés ya era *«a certain means of research could raise the standard of international activity through the medium of communication. The particular problem, which I have in mind, is the inaccessibility to a rapid system of mutual education»*. Y en portugués: *«os métodos determinados de pesquisa, segundo seus sistemas de transmissão de intenções, poden melhorar as bases de atividade internacional. Segundo meu ponto de vista, o problema particular consiste no fato de que ele não culmina com o estabelecimento de um sistema rápido de educação»*. La sorprendente conclusión no es sólo que el avance del proceso aumenta las diferencias con el original, sino que esas diferencias van en el sentido de la degradación y la neutralización del enunciado hasta hacerse casi ilegible. Además, el proyecto de Muntadas problematiza la omnipresencia del inglés en el mundo contemporáneo y el borrado correspondiente de cualquier diferencia idiomática que no pueda ser asimilada por el sistema.

Otro proyecto, *OT: The Bank* (1997), es una imagen que fusiona un reloj de arena, una relación de cotizaciones de divisas, una serie de banderas de distintos países, un billete de mil dólares y la pregunta: «*How long will it take for a $ 1000 to disappear through a series of foreign exchanges?*». El tema no es sólo el del dinero como el mecanismo más poderoso de homogeneización e intercambio, sino también el de la progresiva devaluación del valor de una moneda a lo largo de las operaciones de cambio. La erosión del valor del dinero es una metáfora de la erosión del valor de las palabras sometidas a los sistemas de comunicación y a las leyes del mercado. Como dice Canclini: «*hay modos de traducir que hacen desaparecer*».[4]

Pero quizá sea *OT: El Aplauso* (1999) la instalación más perturbadora del proyecto. El trabajo parece un contrapunto a *Stadium* en el sentido de que si en aquella obra se problematizaba la construcción del público de los espectáculos que requieren concentraciones de masas en un mismo lugar, aquí se problematiza la construcción del público mediático en general a través de ese gesto unánime, complaciente, monótono y vacío del aplauso. La instalación consiste en tres gigantescas pantallas contiguas. En las pantallas laterales se proyectan imágenes y sonidos de gente aplaudiendo hacia la pantalla central en la que la audiencia aplaudía frontalmente, de cara al espectador. Cada quince o veinte segundos la imagen central era sustituída por una especie de parpadeo en el que se mostraban fugaces imá-

4. N. García Canclini, «Muntadas y las negociaciones sospechosas» en *Muntadas. Con/textos. Una antología crítica*. Buenos Aires. Simurg, 2002, pág. 269.

genes de violencia en blanco y negro y sin sonido. La primera presentación tuvo lugar en Bogotá y las imágenes eran fundamentalmente imágenes de violencia de todo tipo extraídas de los media colombianos. De ese modo, la instalación indagaba en la traducción de la violencia a espectáculo mediático completamente naturalizado y en la correlativa neutralización de la audiencia en un gesto de traducción pasivo, único y reiterativo. En otras exhibiciones posteriores, las imágenes de violencia se mezclan con imágenes del mundo del deporte, la política, la música o la religión, como dando a entender la homogeneización espectacular de cualquier acontecimiento que pase por los media y la consiguiente homogeneización, también según un código espectacular, de cualquier audiencia mediática.

Una característica de la instalación especialmente inquietante es que las personas que aplauden parecen completamente desvinculadas de lo que están viendo. Como si estuvieran representando un aplauso sin ningún entusiasmo y sin ninguna relación con aquello a lo que aparentemente se aplaude. Esta escisión entre las imágenes de los aplaudidores y las de lo aplaudido parece mostrar que, en el fondo, no tienen nada que ver entre sí. Ambos, la audiencia y los acontecimientos, igualmente irreales, igualmente inmateriales, igualmente fabricados, estúpidamente codificados. Si los media traducen todo a espectáculo, la audiencia traduce todo en aplauso. Pero en un aplauso neutro y neutralizador, indiferente, mecánico, aprendido, automático como la respuesta a una orden, completamente estúpido.

Frente a la estupidización del aplauso, sólo queda insistir en que la lectura de los media no es una ciencia infusa sino un arte que hay que cultivar. Insistir también en que es preciso continuar desmontando los mecanismos de codificación estúpida de toda realidad, de todo lenguaje, de todo pensamiento. Como hace Muntadas en otro de los trabajos de *On Translation*, hay que seguir insistiendo (y traduciendo): *Warning: perception requires involvement. Attention: la perception requiert implication. Achtung: wahrnehmung erfordert einsatz. Attenzione: la percezione richiede coinvolgimento. Atención: la percepción requiere participación. Advarsel: for at kunne forstá noguet má man engagere sig. Pas Op: waarneming vereist betrokkenheid. Varning: för att uppfatta máste man engagera sig. Atenção: La perceção requer empenho. Varoitus: havainnointi edellyttää sitoutumista.*

Estúpido, triste y estremecedor

Muntadas usó la palabra estúpido en una grabación titulada *SSS* e incorporada al trabajo colectivo *Media Hostages* (1985). Concebido como una serie de comentarios estúpidos a una estúpida estrategia publicitaria televisiva consistente en un concurso en el que los concursantes tenían que vivir el mayor tiempo posible en lo alto del andamio de un cartel publicitario. El premio era la participación en un *casting* para un estudio de Hollywood. Contrariamente a lo que es usual en sus trabajos, Muntadas incorporó su propia voz a la grabación: «*miro la imagen de ese cartel y detrás de ella siento tres eses: estúpido, triste y estremecedor (silly, sad, scary)*». El concurso, quizá especialmente feroz por su carácter directamente físico, no se distingue demasiado de cualquier otra estrategia publicitaria en tanto que nos invita a habitar en el interior de un anuncio a cambio de la recompensa de convertirnos a nosotros mismos en parte del anuncio.

Para mantenerse frente a la estupidez, para enfrentarla, hace falta «*estar de bastante mal humor*». Y eso porque la estupidez suele presentarse con un rostro amable, una mímica bondadosa, una palabrería rebosante de buenas intenciones, una gestualidad cargada de buena conciencia. Sólo un mal humor sostenido y encarnizado puede impedir que nos contaminemos de su espíritu siempre positivo. Hace falta un cierto mal humor para enfrentar a los monstruos que se esconden tras las máscaras sonrientes. En un texto sobre *The Board Room*, el crítico Raymond Bellour escribe que, de lo que se trata, es «*del arte de vivir, de sobrevivir entre los monstruos. Un arte de defensa y de revelación. Aquel que practica por ejemplo Godard en France Tour Détour Deux Enfants. Él viaja allí regularmente entre los monstruos: los que han olvidado el sentido de las palabras y de las preguntas más elementales, los adultos, o los telespectadores: ahí está lo que él demuestra con los dos niños. Todo reside en el modo. Y en los temas. No se debe subestimar a los monstruos. La demostración será justa, es decir eficaz, a condición de que sea sensual y generosa, capaz de competir con aquello de lo que habla, es decir, de superar en seducción la atracción propia de la monstruosidad (...). Voluptuosidad de la pedagogía*».[5] Tal vez sea allí, en el interior de esa pedagogía voluptuosa, donde pueda aparecer, como un relámpago, el choque de la diferencia.

En un texto en homenaje a Deleuze y en un fragmento que se refiere al artista emblemático del *pop art* pero que, sin duda, podría referirse también a Muntadas, Foucault escribió lo siguiente: «*Grandeza de Warhol con sus latas de conserva, sus accidentes estúpidos y sus series de sonrisas publicitarias: equivalencia oral y nutritiva de estos labios entreabiertos, de estos dientes, de estas salsas de tomate, de esta higiene de detergente; equivalencia de una muerte en el hueco de un coche reventado, en el final de un hilo telefónico en lo alto de un poste, entre los brazos centelleantes y azulados de la caja eléctrica. 'Esto vale', dice la estupidez*

---

5. R. BELLOUR, «El arte de la demostración». *Op. cit.*, pág. 306.

zozobrando en sí misma, y prolongando hasta el infinito lo que ella es mediante lo que ella dice de sí misma; 'aquí o en cualquier otro lugar, siempre lo mismo, qué importan algunos colores variados y claridades más o menos grandes, ¡qué estúpida es la vida, la mujer, la muerte!'. Pero al contemplar de frente esta monotonía sin límite, de súbito se ilumina la propia multiplicidad –sin nada en el centro, ni en la cima, ni más allá– (...): de repente, sobre el fondo de la vieja inercia equivalente, el rayado del acontecimiento desgarra la oscuridad y el fantasma eterno se dice en esta lata, este rostro singular, sin espesor».[6]

6. M. Foucault, *op cit.*, pág. 38.

III. Ensayos eróticos

Capítulo Séptimo
Experiencia y pasión

En el combate entre tú y el mundo, secunda al mundo.

Franz KAFKA

La educación suele pensarse desde el punto de vista de la relación entre ciencia y técnica o, a veces, desde el punto de vista de la relación entre teoría y práctica. Si el par ciencia/técnica remite a una perspectiva positivista y cosificadora, el par teoría/práctica remite más bien a una perspectiva política y crítica. De hecho, sólo en esa última perspectiva tiene sentido la palabra «reflexión» y expresiones como «reflexión crítica», «reflexión sobre la práctica o en la práctica», «reflexión emancipadora», etc.. Si en la primera alternativa, las personas que trabajan en educación son construidas como sujetos técnicos que aplican con mayor o menor eficacia las diversas tecnologías pedagógicas diseñadas por los científicos, los tecnólogos y los expertos, en la segunda alternativa, esas mismas personas aparecen como sujetos críticos que, armados de distintas estrategias reflexivas, se comprometen con mayor o menor éxito en prácticas educativas concebidas la mayoría de las veces desde una perspectiva política. Todo esto es suficientemente conocido, puesto que en las últimas décadas el campo pedagógico ha estado escindido entre los así llamados tecnólogos y los así llamados críticos, entre los partidarios de la educación como ciencia aplicada y los partidarios de la educación como praxis política, y no voy a abundar en la discusión.

Lo que voy a proponer aquí es la exploración de otra posibilidad digamos que más existencial (sin ser existencialista) y más estética (sin ser esteticista), a saber, pensar la educación desde la experiencia.

Y eso desde el convencimiento de que las palabras producen sentido, crean realidad y, a veces, funcionan como potentes mecanismos de subjetivación. Yo creo en el poder de las palabras, en la fuerza de las palabras, en que nosotros hacemos cosas con palabras y, también, en que las palabras hacen cosas con nosotros. Las palabras determinan nuestro pensamiento porque no pensamos con pensamientos sino con palabras, no pensamos desde nuestra genialidad, o desde nuestra inteligencia, sino desde nuestras palabras. Y pensar no es sólo «razonar» o «calcular» o «argumentar», como nos han dicho una y otra vez, sino que es sobre todo dar sentido a lo que somos y a lo que nos pasa. Y eso, el sentido o el sinsentido, es algo que tiene que ver con las palabras. Y, por tanto, también tiene que ver con las palabras el modo como nos colocamos ante nosotros mismos, ante los otros, y ante el mundo en el que vivimos. Y el modo como actuamos en relación a todo eso. Todo el mundo sabe que Aristóteles definió al hombre como *zôon lógon échon*. Pero la traducción de esa expresión no es tanto «animal dotado de razón» o «animal racional» como «viviente dotado de palabra». Si hay una traducción que realmente traiciona en el peor sentido de la palabra, esa es justamente la traducción de *logos* por *ratio*. Y la transformación de *zôon*, viviente, en animal. El hombre es un viviente de palabra. Y eso no significa que el hombre tenga la palabra, o el lenguaje, como una cosa, o como una facultad, o como una herramienta, sino que el hombre es palabra, que el hombre es en tanto que palabra, que todo lo humano tiene que ver con la palabra, se da en la palabra, está tejido de palabras, que el modo de vivir propio de ese viviente que es el hombre se da en la palabra y como palabra. Por eso actividades como atender a las palabras, criticar las palabras, elegir las palabras, cuidar las palabras, inventar palabras, jugar con las palabras, imponer palabras, prohibir palabras, transformar palabras, etc. no son actividades hueras o vacías, no son meras palabrarerías. Cuando hacemos cosas con las palabras, de lo que se trata es de cómo damos sentido a lo que somos y a lo que nos pasa, de cómo ponemos juntas las palabras y las cosas, de cómo nombramos lo que vemos o lo que sentimos, y de cómo vemos o sentimos lo que nombramos.

Nombrar lo que hacemos, en educación o en cualquier otro lugar, como técnica aplicada, como praxis reflexiva o como experiencia no es sólo una cuestión terminológica. Las palabras con las que nombramos lo que somos, lo que hacemos, lo que pensamos, lo que percibimos o lo que sentimos son más que simplemente palabras. Y por eso las luchas por las palabras, por el significado y por el control de las palabras, por la imposición de ciertas palabras y por el silenciamiento o la desactivación de otras, son luchas en los que se juega algo más que simplemente palabras, algo más que sólo palabras.

La destrucción de la experiencia

Comenzaré con la palabra «experiencia». Podríamos decir, para empezar, que la experiencia es «lo que nos pasa». En portugués se diría que la experiencia es «aquilo que nos acontece», en francés la experiencia sería «ce que nous arrive», en italiano «quello che nos succede» o «quello che nos accade», en inglés «that what is happenig to us».

La experiencia es lo que nos pasa, o lo que nos acontece, o lo que nos llega. No lo que pasa, o lo que acontece, o lo que llega, sino lo que nos pasa, o nos acontece, o nos llega. Cada día pasan muchas cosas pero, al mismo tiempo, casi nada nos pasa. Se diría que todo lo que pasa está organizado para que nada nos pase. Ya Walter Benjamin, en un texto célebre, certificaba la pobreza de experiencias que caracteriza a nuestro mundo. Nunca han pasado tantas cosas, pero la experiencia es cada vez más rara.

En primer lugar por exceso de información. La información no es experiencia. Es más, la información no deja lugar para la experiencia, es casi lo contrario de la experiencia, casi una antiexperiencia. Por eso el énfasis contemporáneo en la información, en estar informados, y toda la retórica destinada a constituirnos como sujetos informantes e informados, no hace otra cosa que cancelar nuestras posibilidades de experiencia. El sujeto de la información sabe muchas cosas, se pasa el tiempo buscando información, lo que más le preocupa es no tener bastante información, cada vez sabe más, cada vez está mejor informado, pero en esa obsesión por la información y por el saber (pero por el saber no en el sentido de «sabiduría» sino en el sentido de «estar informado») lo que consigue es que nada le pase. Lo primero que me gustaría decir sobre la experiencia es que hay que separarla de la información. Y lo primero que me gustaría decir del saber de experiencia es que hay que separarlo del saber cosas al modo de tener información, de estar informados. Y es la lengua misma la que nos da esa posibilidad. Después de asistir a una clase, o a una conferencia, después de haber leído un libro, o un informe, después de haber hecho un viaje, o de haber visitado una escuela, uno puede decir que sabe cosas que antes no sabía, que tiene más información que antes sobre tal o cual cosa, pero, al mismo tiempo, puede decir también que no le ha pasado nada, que no le ha llegado nada, que con todo lo que ha aprendido, nada le ha sucedido o le ha acontecido.

Además, seguramente habrán oído ustedes eso de que vivimos en la «sociedad de la información». Y se habrán dado cuenta de que esa extraña expresión de «sociedad de la información» funciona a veces como sinónimo de «sociedad del conocimiento» o, incluso, de «sociedad del aprendizaje». No deja de ser curiosa la intercambiabilidad de los términos «información», «conocimiento» y «aprendizaje». Como si el conocimiento se diera bajo el modo de la información, y como si aprender no fuera otra cosa que adquirir y procesar información. Y no deja de ser interesante también que las viejas metáforas organicistas de lo social, que tanto juego dieron a los totalitarismos del siglo pasado, estén siendo sustituídas por metáforas cognitivas, seguramente igual de totalitarias, aunque revestidas ahora de un *look* liberal y democrático. Independientemente de que sea urgente problematizar ese discurso que se está instalando apenas sin crítica, cada día más profundamente, y que piensa la sociedad como un mecanismo de procesamiento de información, lo que yo quisiera dejar apuntado aquí es que una sociedad constituída bajo el signo de la información es una sociedad donde la experiencia es imposible.

En segundo lugar, la experiencia es cada vez más rara por exceso de opinión. El sujeto moderno es un sujeto informado que además opina. Es alguien que tiene una opinión presuntamente personal y presuntamente propia y a veces presuntamente crítica sobre todo lo que pasa, sobre todo aquello de lo que tiene información. Para nosotros, la opinión, como la información, se ha convertido en un imperativo. Nosotros, en nuestra arrogancia, nos pasamos la vida opinando sobre cualquier cosa sobre la que nos sentimos informados. Y si alguien no tiene opinión, si no tiene una posición propia sobre lo que pasa, si no tiene un juicio preparado sobre cualquier cosa que se le presente, se siente en falso, como si le faltara algo esencial. Y piensa que tiene que hacerse una opinión. Después de la información, viene la opinión. Pero la obsesión por la opinión también cancela nuestras posibilidades de experiencia, también hace que nada nos pase.

Benjamin decía que el periodismo es el gran dispositivo moderno para la destrucción generalizada de la experiencia. El periodismo destruye la experiencia, de eso no hay duda, y el periodismo no es otra cosa que la alianza perversa de información y opinión. El periodismo es la fabricación de información y la fabricación de opinión. Y cuando la información y la opinión se sacralizan, cuando ocupan todo el espacio del acontecer, entonces el sujeto personal no es ya otra cosa que el soporte informado de la opinión individual, y el sujeto colectivo, ese que tenía que hacer la historia según los viejos marxistas, no es otra cosa que el soporte informado de la opinión pública. Es decir, un sujeto fabricado y manipulado por los aparatos de información y de opinión, un sujeto incapaz de experiencia. Y eso, el que el periodismo destruye la experiencia, es algo más profundo y más general que lo que se derivaría del efecto de los medios de comunicación de masas sobre la conformación de nuestras conciencias.

El par información-opinión es muy general y permea también, por ejemplo, nuestra idea del aprendizaje, incluso de lo que los pedagogos y los psicopedagogos llaman «aprendizaje significativo». Desde bien pequeños hasta la Universidad, a lo largo de toda nuestra travesía por los aparatos educativos, estamos sometidos a un dispositivo que funciona de la siguiente manera: primero hay que informarse y, después, hay que opinar, hay que dar una opinión obviamente propia, crítica y personal sobre lo que sea. Eso, la opinión, sería como la dimensión «significativa» del así llamado «aprendizaje significativo». La información sería como lo objetivo y la opinión sería como lo subjetivo, sería como nuestra reacción subjetiva ante lo objetivo. Además, como tal reacción subjetiva, es una reacción que se nos ha hecho automática, casi refleja: se nos informa de cualquier cosa y nosotros opinamos. Y ese «opinar» se reduce, en la mayoría de las ocasiones, a estar a favor o en contra. Con lo cual nos hemos convertido ya en sujetos competentes para responder como Dios manda a las preguntas de los profesores que, cada vez más, se parecen a las comprobaciones de información y a las encuestas de opinión. Dígame usted lo que sabe, dígame con qué información cuenta, y añada a continuación su opinión: eso es el dispositivo periodístico del saber y del aprendizaje, el dispositivo que hace imposible la experiencia.

En tercer lugar, la experiencia es cada vez más rara por falta de tiempo. Todo lo que pasa, pasa demasiado deprisa, cada vez más deprisa. Y con ello se reduce a un estímulo fugaz e instantáneo que es sustituído inmediatamente por otro estímulo o por otra excitación igualmente fugaz y efímera. El acontecimiento se nos da en la forma del *shock*, del choque, del estímulo, de la sensación pura, en la forma de la vivencia instantánea, puntual y desconectada. La velocidad en que se nos dan los acontecimientos y la obsesión por la novedad, por lo nuevo, que caracteriza el mundo moderno, impide su conexión significativa. Impide también la memoria puesto que cada acontecimiento es inmediatamente sustituído por otro acontecimiento que igualmente nos excita por un momento, pero sin dejar ninguna huella. El sujeto moderno no sólo está informado y opina, sino que es también un consumidor voraz e insaciable de noticias, de novedades, un curioso impenitente, eternamente insatisfecho. Quiere estar permanentemente excitado y se ha hecho ya incapaz de silencio. Y la agitación que le caracteriza también consigue que nada le pase. Al sujeto del estímulo, de la vivencia puntual, todo le atraviesa, todo le excita, todo le agita, todo le choca, pero nada le pasa. Por eso la velocidad y lo que acarrea, la falta de silencio y de memoria, es también enemiga mortal de la experiencia.

En esa lógica de destrucción generalizada de la experiencia, estoy cada vez más convencido de que los aparatos educativos también funcionan cada vez más en el sentido de hacer imposible que alguna cosa nos pase. No sólo, como he dicho antes, por el funcionamiento perverso y generalizado del par información-opinión, sino también por la velocidad. Cada vez estamos más tiempo en la escuela (y la Universidad y los cursos de formación del profesorado forman parte de la escuela) pero cada vez tenemos menos tiempo. Ese sujeto de la formación permanente y acelerada, de la constante actualización, del reciclaje sin fin, es un sujeto que usa el tiempo como un valor o como una mercancía, un sujeto que no puede perder tiempo, que tiene siempre que aprovechar el tiempo, no sea que se quede rezagado de alguna cosa, no sea que no pueda seguir el paso veloz de lo que pasa, no sea que se quede atrás, pero que por eso mismo, por esa obsesión por seguir el curso acelerado del tiempo, ya no tiene tiempo. Y en la escuela el curriculum se organiza en paquetes cada vez más numerosos y más cortos. Con lo cual, también en educación estamos siempre acelerados y nada nos pasa.

En cuarto lugar, la experiencia es cada vez más rara por exceso de trabajo. Este punto me parece importante porque a veces se confunde experiencia con trabajo. Existe un cliché según el cual en los libros y en los centros de enseñanza se aprende la teoría, el saber que viene de los libros y de las palabras, y en el trabajo se adquiere la experiencia, el saber que viene del hacer, o de la práctica como se dice ahora. Cuando se redacta el curriculum, se distingue entre formación académica y experiencia laboral. Y he oído hablar de una cierta tendencia aparentemente progresista en el campo educativo que, después de criticar el modo como nuestra sociedad privilegia los aprendizajes académicos, pretende implantar y homologar formas de acreditación de la experiencia y del saber de experiencia adquirido en el trabajo. Por eso estoy especialmente interesado en distinguir entre experiencia y trabajo y, además, en criticar cualquier acreditación de la experiencia, cualquier conversión de la experiencia en crédito, en mercancía, en valor de cambio. Mi tesis no es sólo que la experiencia no tiene nada que ver con el trabajo sino, más aún, que el trabajo, esa modalidad de relación con las personas, con las palabras y con las cosas que llamamos trabajo, es también enemiga mortal de la experiencia.

El sujeto moderno, además de ser un sujeto informado que opina, además de estar permanentemente agitado y en movimiento, es un ser que trabaja, es decir, que pretende conformar el mundo, tanto el mundo «natural» como el mundo «social» y «humano», tanto la «naturaleza externa» como la «naturaleza interna», según su saber, su poder y su voluntad. El trabajo es toda la actividad que se deriva de esa pretensión. El sujeto moderno está animado por una portentosa mezcla de optimismo, de progresismo y de agresividad: cree que puede hacer todo lo que se proponga (y que si no puede, algún día lo podrá) y para ello no duda en destruir todo lo que percibe como un obstáculo a su omnipotencia. El sujeto moderno se relaciona con el acontecimiento desde el punto de vista de la acción. Todo es un pretexto para su actividad. Siempre se pregunta qué es lo que puede hacer. Siempre está deseando hacer algo, producir algo, modificar algo, arreglar algo. Independientemente de que ese deseo esté motivado por la buena voluntad o por la mala voluntad, el sujeto moderno está atravesado por un afán de cambiar las cosas. Y en eso coinciden los ingenieros, los políticos, los fabricantes, los médicos, los arquitectos, los sindicalistas, los periodistas, los científicos, los pedagogos y todos aquellos que se plantean su existencia en términos de hacer cosas. Nosotros no sólo somos sujetos ultrainformados, rebosantes de opiniones, y sobreestimulados, sino que somos también sujetos henchidos de voluntad e hiperactivos. Y por eso, porque siempre estamos queriendo lo que no es, porque estamos siempre activos, porque estamos siempre movilizados, no podemos pararnos. Y, al no poder pararnos, nada nos pasa.

La experiencia, la posibilidad de que algo nos pase, o nos acontezca, o nos llegue, requiere un gesto de interrupción, un gesto que es casi imposible en los tiempos que corren: requiere pararse a pensar, pararse a mirar, pararse a escuchar, pensar más despacio, mirar más despacio y escuchar más despacio, pararse a sentir, sentir más despacio, demorarse en los detalles, suspender la opinión, suspender el juicio, suspender la voluntad, suspender el automatismo de la acción, cultivar la atención y la delicadeza, abrir los ojos y los oídos, charlar sobre lo que nos pasa, aprender la lentitud, escuchar a los demás, cultivar el arte del encuentro, callar mucho, tener paciencia, darse tiempo y espacio.

El sujeto de la experiencia

Hasta aquí la experiencia y la destrucción de la experiencia, vamos ahora con el sujeto de la experiencia, con ese sujeto que no es el sujeto de la información, o de la opinión, o del trabajo, que no es el sujeto del saber, o del juzgar, o del hacer, o del poder, o del querer. Si escuchamos en español, en esa lengua en la que la experiencia es lo que nos pasa, el sujeto de experiencia sería algo así como un territorio de paso, de pasaje, algo así como una superficie de sensibilidad en la que lo que pasa afecta de algún modo, produce algunos afectos, inscribe algunas marcas, deja algunas huellas, algunos efectos. Si escuchamos en francés, donde la experiencia es «ce que nous arrive», el sujeto de experiencia es un punto de llegada, como un lugar al que le llegan cosas, como un lugar que recibe lo que le llega y que, al recibirlo, le da lugar. Y en portugués, en italiano y en inglés, donde la experiencia suena como «aquilo que nos acontece», «nos succede» o «happen to us», el sujeto de experiencia es más bien un espacio donde tienen lugar los acontecimientos, los sucesos.

En cualquier caso, sea como territorio de paso, como lugar de llegada o como espacio del acontecer, el sujeto de la experiencia se define no tanto por su actividad como por su pasividad, por su receptividad, por su disponibilidad, por su apertura. Pero se trata de una pasividad anterior a la oposición entre lo activo y lo pasivo, de una pasividad hecha de pasión, de padecimiento, de paciencia, de atención, como una receptividad primera, como una disponibilidad fundamental, como una apertura esencial.

El sujeto de experiencia es un sujeto ex-puesto. Desde el punto de vista de la experiencia, lo importante no es ni la posición (nuestra manera de ponernos), ni la o-posición (nuestra manera de oponernos), ni la imposición (nuestra manera de imponernos), ni la pro-posición (nuestra manera de proponernos), sino la ex-posición, nuestra manera de ex-ponernos, con todo lo que eso tiene de vulnerabilidad y de riesgo. Por eso es incapaz de experiencia el que se pone, o se opone, o se impone, o se propone, pero no se ex-pone. Es incapaz de experiencia aquél a quien nada le pasa, a quien nada le acontece, a quien nada le sucede, a quien nada le llega, a quien nada le afecta, a quien nada le amenaza, a quien nada le hiere.

Vamos ahora con lo que nos enseña la misma palabra experiencia. La palabra experiencia viene del latín *experiri*, probar. La experiencia es en primer término un encuentro o una relación con algo que se experimenta, que se prueba. El radical es *periri*, que se encuentra también en *periculum*, peligro. La raíz indo-europea es *per*, con la cual se relaciona primero la idea de travesía y, secundariamente, la idea de prueba. En griego hay numerosos derivados de esa raíz que marcan la travesía, el recorrido, el pasaje: *peirô*, atravesar; *pera*, más allá; *peraô*, pasar a través; *perainô*, ir hasta el final; *peras*, límite. Y en nuestras lenguas todavía hay una hermosa palabra que tiene ese *per* griego de la travesía: la palabra *peiratês*, pirata. El sujeto de la experiencia tiene algo de ese ser fascinante que se expone atravesando un espacio indeterminado y peligroso, poniéndose en él a prueba y buscando en él su oportunidad, su ocasión. La palabra experiencia tiene el *ex* del exterior, del extranjero, del exilio, de lo extraño, y también el *ex* de la existencia. La experiencia es el pasaje de la existencia, el pasaje de un ser que no tiene esencia o razón o fundamento, sino que simplemente *ex-iste* de una forma siempre singular, finita, inmanente, contingente. En alemán experiencia es *Erfahrung*, que tiene el *fahren* de viajar. Y del antiguo altoalemán *fara* también deriva *Gefahr*, peligro y *gefährden*, poner en peligro. Tanto en las lenguas germánicas como en las latinas, la palabra experiencia contiene inseparablemente la dimensión de travesía y de peligro.

Experiencia y pasión

Si la experiencia es lo que nos pasa, y si el sujeto de experiencia es un territorio de paso, entonces la experiencia es una pasión. La experiencia no puede captarse desde una lógica de la acción, desde una reflexión del sujeto sobre sí mismo en tanto que sujeto agente, desde una teoría de las condiciones de posibilidad de la acción, sino desde una lógica de la pasión, desde una reflexión del sujeto sobre sí mismo en tanto que sujeto pasional. Y la palabra «pasión» puede referirse a varias cosas.

Primero, a un sufrimiento o a un padecimiento. En el padecer no se es activo, pero tampoco se es simplemente pasivo. El sujeto pasional no es agente, sino paciente, pero hay en la pasión como un asumir los padecimientos, como un vivir, o experimentar, o soportar, o aceptar, o hacerse cargo del padecer que no tiene nada que ver con la mera pasividad. Como si el sujeto pasional hiciese algo con el hacerse cargo de su pasión. A veces incluso algo público, o político, o social, como un testimonio público de algo, o una prueba pública de algo, o un martirio público en nombre de algo, aunque ese «público» se dé en la más estricta soledad, en el más completo anonimato.

«Pasión» puede referirse también a una cierta heteronomía o a una cierta responsabilidad en relación con el otro que sin embargo no es incompatible con la libertad o con la autonomía. Aunque se trata, naturalmente, de otra libertad y de otra autonomía que la del sujeto independiente que se determina a sí mismo. La pasión funda más bien una libertad dependiente, determinada, vinculada, obligada incluso, fundada no en ella misma sino en una aceptación primera de algo que está fuera de mí, de algo que no soy yo y que por eso justamente es capaz de apasionarme.

Y «pasión» puede referirse, por último, a la experiencia del amor, al amor-pasión occidental, cortesano, caballeresco, cristiano, pensado como posesión y hecho de un deseo que permanece deseo y que quiere permanecer deseo, pura tensión insatisfecha, pura orientación hacia un objeto siempre inalcanzable. En la pasión, el sujeto apasionado no posee el objeto amado sino que es poseído por él. Por eso el sujeto pasional no está en sí, en lo propio, en la posesión autártica de sí mismo, en el autodominio, sino que está fuera de sí, dominado por lo otro, cautivado por lo ajeno, alienado, enajenado.

En la pasión se da una tensión entre libertad y esclavitud en el sentido de que lo que quiere el sujeto pasional es, precisamente, estar cautivado, vivir su cautiverio, su dependencia de aquello que le apasiona. Se da también una tensión entre placer y dolor, entre felicidad y sufrimiento, en el sentido de que el sujeto pasional encuentra su felicidad o, al menos el cumplimiento de su destino, en el padecimiento que su pasión le proporciona. Lo que el sujeto pasional ama es precisamente su propia pasión. Es más, el sujeto pasional no es otra cosa y no quiere ser otra cosa que pasión. De ahí, quizá, la tensión que la pasión extrema soporta entre vida y muerte. La pasión tiene una relación intrínseca con la muerte, se desarrolla en el horizonte de la muerte, pero de una muerte que es querida y deseada como verdadera vida, como lo único que vale la pena vivir y, a veces, como condición de posibilidad de todo renacimiento.

Capítulo Octavo
El cuerpo
del lenguaje

Nadie sabe lo que puede un cuerpo.
ESPINOSA. Ética. III. 2. Escolio

Hay un discurso de Zaratustra, el que se titula «De los denigradores del cuerpo», que comienza reuniendo en una sola figura los motivos del cuerpo, del lenguaje y de la educación: *«Quiero dar mi consejo a los denigradores del cuerpo: No deben cambiar de método de enseñanza, sino únicamente despedirse de su propio cuerpo..., y así hacerse mudos. El niño se expresa así: "Yo soy cuerpo y alma". ¿Y por qué no expresarse como los niños? Quien está despierto y consciente exclama: Todo yo soy cuerpo y ninguna otra cosa. El alma sólo es una palabra para una partícula del cuerpo».*[1]

Despedirse del cuerpo es despedirse de la lengua, hacerse mudos o, como diría José Luis Pardo, hablar la lengua sin lengua de los deslenguados, la lengua descorporeizada y deslenguada de la pura comunicación, esa lengua neutra y neutralizada que se piensa a sí misma como transmisión de información.[2] Si la nega-

---

1. F. NIETZSCHE, *Así habló Zaratustra.* Barcelona. Círculo de Lectores, 1973, pág. 46.
2. J.L. PARDO, *La intimidad.* Valencia. Pretextos, 1996, págs. 122 y ss.

ción del cuerpo mutila lo humano, esa mutilación lo es también del lenguaje. Porque así como el hombre, cuando es entero, es cuerpo, también el lenguaje cuando es entero es cuerpo. No hay *logos* sino encarnado y no hay existencia humana que sea independiente del cuerpo. Y del mismo modo que es la infancia del hombre la que nos da una idea del hombre entero, del que todavía no ha sido dividido por los denigradores del cuerpo, también es la infancia del lenguaje, la poesía, la que nos da una idea del lenguaje entero, del que todavía no ha sido enmudecido por esos mismos denigradores.

Sujetos sin cuerpo y sujetos sin lenguaje

Tal vez nuestra historia, tanto la colectiva como la individual, pueda ser leída, al mismo tiempo, como la de la constitución de un sujeto sin cuerpo (o, lo que es lo mismo, de un sujeto separado de su cuerpo y que, por ello, se hace capaz de objetivarlo y dominarlo, de poseerlo desde el punto de vista de su uso, de hacerlo susceptible de ser tratado también, si conviene, como un cuerpo sin sujeto, un cuerpo de nadie, pura vida desnuda) y como la constitución de un sujeto sin lenguaje (o de un sujeto separado de su lenguaje y, por ello, capaz de objetivarlo y dominarlo, de tenerlo como un instrumento, de tratarlo también, cuando conviene, como un lenguaje sin sujeto, un lenguaje de nadie, pura información).

Pero el sujeto sin cuerpo no es sólo el de la supresión o la ocultación del cuerpo. El hombre está dividido de su propio cuerpo tanto por las disciplinas de la negación y de la pasividad como por las disciplinas de la afirmación y de la actividad. Por eso el culto al cuerpo del mundo contemporáneo es tan enfermizo como el horror al cuerpo de otros tiempos. Nuestra obsesión por la fabricación y la exhibición del cuerpo también produce sujetos sin cuerpo y cuerpos sin sujeto. El tan cacareado retorno del cuerpo convive (y a veces coincide) con el allanamiento general del cuerpo producido por los discursos y por las prácticas en las que los individuos tratan de ajustarse a los modelos corporales que se les imponen desde los imperativos morales de la salud y la belleza.

Tampoco el sujeto sin lenguaje es el sujeto mudo, silenciado. El poder se muestra, sin duda, por el silencio que crea alrededor. El poder hace callar. Pero se muestra también en el ruido que produce. El poder hace hablar, incita a la lengua, produce lenguaje. Pero, como dice Pardo, «*para imponer por la violencia un lenguaje liso, sin manchas, sin sombras, sin arrugas, sin cuerpo, la lengua de los deslenguados, una lengua sin otro en la que nadie se escuche a sí mismo cuando habla, una lengua despoblada*».[3]

Por eso la inflación comunicativa de nuestros tiempos pasa, en gran parte, por el allanamiento del lenguaje envilecido por su gestión informativa. Y la así llamada sociedad de la información o de la comunicación también da la impresión de estar habitada por sujetos sin lenguaje y por lenguajes sin sujeto.[4]

En el mismo discurso de Zaratustra con el que he comenzado este texto, Nietzsche llama al cuerpo el «*sabio desconocido*», la «*gran razón*». Por otra parte, a lo que los denigradores del cuerpo llaman «espíritu», a eso que dice «yo» y que se cree «yo», Nietzsche lo llama «*pequeña razón*». Y continúa: «*...dices "yo" y te sientes orgulloso de esta palabra. Pero aunque no quieras creerlo, lo que es mucho más grande es tu cuerpo y su gran sistema de razón: él no dice "yo", pero él es yo (...). Hay más razón en tu cuerpo que en la mejor sabiduría*».[5]

3. J.L. Pardo, «Carne de palabras» en José Angel Valente. *Anatomía de la palabra*. Valencia. Pretextos, 2000, pág. 190.

4. F. González Placer, «La frigidez del lenguaje: la sociedad de la información» en *RELEA*, n.º 9, Caracas, 1999, págs. 89-90.

5. F. Nietzsche, *op. cit.*

La historia del hombre occidental y la de cada uno de nosotros sería, entonces, la historia paralela de la negación del cuerpo y del empequeñecimiento de la razón. Pero razón no traduce aquí *ratio*, sino *logos*. El hombre es un viviente de palabra, de lenguaje, de *logos*. Y eso no significa que el hombre tenga la palabra, o el lenguaje, como una cosa, o como una facultad, o como una herramienta, sino que el modo de vivir específico de ese cuerpo a la vez viviente y mortal (viviente porque mortal y mortal porque viviente) que es el hombre se da en la palabra y como palabra.

La separación y posterior dominación del cuerpo junto con la disminución del lenguaje que la acompaña son, por tanto, condiciones de posibilidad para la separación y posterior dominación de la vida, para la disminución de la vida, para la conversión de la vida en algo susceptible de administración y control: literalmente para la biopolítica.

Tal vez por eso, Nietzsche cierra así el discurso de Zaratustra: «*Yo os digo: vuestro ser quiere morir y se aparta de la vida. Ya no es capaz de hacer lo que preferiría: crear por encima de sí mismo (...). Vuestro ser quiere desaparecer; ¡por eso habéis llegado a haceros denigradores del cuerpo! Porque nada podéis ya crear por encima de vosotros. Por esa razón deseáis mal para la vida y para la tierra*».[6]

La vida como exceso y desbordamiento de la vida, como superabundancia de la vida, como creación en la vida de lo que es más y otra cosa que (esta) vida. El lenguaje como exceso y desbordamiento del lenguaje, como superabundancia del lenguaje, como creación en el lenguaje de lo que es más y otra cosa que (este) lenguaje. El hombre, esa mezcla portentosa de vida desbordante de vida y de lenguaje desbordante de lenguaje, como exceso y desbordamiento del hombre, como

6. F. Nietzsche, *op. cit.*

superabundancia del hombre, como creación en el hombre de lo que es más y otra cosa que (este) hombre.

Pero esa vida y ese lenguaje (y ese hombre definido a la vez como viviente y hablante) son cuerpo y hacen cuerpo: son modos del cuerpo. Las diferentes modalidades de humanidad son diferentes formas de ser cuerpo, de hacer cuerpo. Y nadie sabe lo que puede un cuerpo. De ahí que la humillación y la disminución del cuerpo sea, a la vez, humillación y disminución de la vida, del lenguaje (y del hombre).

Carne de palabras

En un esquema tan limpio como eficaz, María Zambrano recorre el combate entre Filosofía y Poesía como un combate que se da a la vez en torno a la palabra y en torno al cuerpo. Así, la lucha entre las dos formas de la palabra, esa lucha que se resuelve en el triunfo del *logos* filosófico, es también, indiscerniblemente, una lucha por el cuerpo, por un cierto tipo de cuerpo: «... *y es que la poesía ha sido en todo tiempo, vivir según la carne. Ha sido el pecado de la carne hecho palabra, eternizado en la expresión, objetivado. El filósofo tenía que mirarla con horror porque era la contradicción del logos en sí mismo al verterse sobre lo irracional. La irracionalidad de la poesía se concretaba así en su forma más grave: la rebeldía de la palabra, la perversión del logos funcionando para descubrir lo que debe ser callado, porque no es».*[7]

Se sabe que la filosofía, en su origen platónico, proclama que el hombre es su alma o, dicho de otro modo, que posee un cuerpo, que habita una tumba ambulante, pero que él mismo no es su cuerpo. El cuerpo como tumba, es una imagen órfica que Platón

7. M. Zambrano, *Filosofía y Poesía.* Madrid. F.C.E., 1993, pág. 47.

usa con toda energía al servicio de una consideración de las pasiones como adversas a la imagen pura del alma. La actividad intelectual, por tanto, y todo lo más propio y lo más elevado del hombre, el conocimiento, el pensamiento, la razón, la palabra, deben ser considerados en su autonomía respecto al cuerpo. Y la palabra humana, en correspondencia, debe ser usada con la misma pureza, sin mezcla poética alguna. La filosofía se inicia como un ascetismo intelectual que, en su afán por trascender el cuerpo (y con el cuerpo, todo el ámbito de lo sensible, de la apariencia, y todo el ámbito de lo finito, de lo temporal), tiene mucho de violencia, de renuncia, de desgarramiento. Por eso la violencia hecha al cuerpo y la violencia hecha al lenguaje son parte de la misma violencia, la que se muestra en el combate contra los peligros de la poesía.

En su homenaje a Valente, Pardo dice que la poesía expone el cuerpo de la palabra en su carnalidad sensible. En la poesía, *«la palabra se convierte en un cuerpo para el que no tenemos palabras. Y, en esa experiencia, precisamente porque la palabra recupera su cuerpo, nosotros también recobramos la carne: volvemos a ser densos y sensibles (...). La poesía es el modo en que la palabra acoge algo que está completamente fuera de ella, pero que ella lleva adherido como su afuera: su carne, su cuerpo, su sensibilidad, que son los nuestros, que somos carne de palabras»*.[8]

El cuerpo sería entonces algo así como el núcleo de la palabra. O, más radicalmente, como lo otro de la palabra, como lo exterior al lenguaje, como aquello de lo que el lenguaje no puede prescindir pero que, al mismo tiempo, no se deja decir. El cuerpo es lo que en el lenguaje precede o resiste al lenguaje. Y lo que, precisamente por eso, desborda al lenguaje. Y podría decirse también que el lenguaje podría ser algo así como el

---

8. J.L. Pardo, «Carne de palabras». *Op. cit.*, págs. 184-185.

corazón del cuerpo o, más radicalmente, como lo otro del cuerpo que hace cuerpo y lo desborda.

Políticas del cuerpo, políticas del lenguaje

Hay que expulsar a los poetas (hay que eliminar lo poético del lenguaje) para que el *logos* pueda constituirse como sin cuerpo. Y no está de más recordar que esa doble operación es esencial a la constitución de la educación como un dispositivo al servicio del Estado. Las políticas educativas son, desde su origen, a la vez políticas del cuerpo y políticas del lenguaje.

Desde una hermenéutica corporal, podría trazarse una historia de la educación como una historia de las operaciones de marcaje, configuración y distribución de los cuerpos. La escuela es un dispositivo cuyas reglas se reconocen por las formas y las distribuciones corporales que produce y exhibe. Podría establecerse toda una gramática histórica del cuerpo escolarizado. Del mismo modo que en la educación como negación del cuerpo es el mismo cuerpo negado el que dice los procesos que han conducido a su propia abolición, en la educación como fabricación del cuerpo es el cuerpo fabricado mismo el que dice de las técnicas y de las prácticas corporales que lo han producido. Y lo mismo podría hacerse, desde una hermenéutica lingüística, de las operaciones pedagógicas de marcaje, configuración y distribución del lenguaje.

Pero tanto el cuerpo (porque es lenguaje) como el lenguaje (porque es cuerpo) escapan a su control pedagógico, a cualquier tipo de control. Cuando la vida humilla a la vida, la vida resiste y se rebela. Y tanto el cuerpo como el lenguaje son vivos. Tal vez por eso asistimos también hoy a la rebelión de los cuerpos (negados y/o fabricados) y a la rebelión de los lenguajes (sometidos y/o incitados). La puesta en marcha de múltiples técnicas corporales al servicio de los imperativos de salud y belleza y el funcionamiento masivo de dispositivos de administración de los cuerpos peligrosos no impide la proliferación de cuerpos inasimilables. Todos los procedimientos de la comunicación y de la información al servicio del control del discurso y de su conversión en in-significancia o en mercancía no evitan la emergencia de lenguajes intolerables.

Puede dar la impresión de que la educación contemporánea contempla un retorno del cuerpo y un retorno del lenguaje. Puede parecer que se acabaron los tiempos de los cuerpos negados y de los lenguajes prohibidos. Pero si la negación del cuerpo impone un cierto cuerpo, también la restauración del cuerpo impone ciertos cuerpos. Del mismo modo que el retorno del lenguaje se produce mediante la imposición de ciertos lenguajes.

Y sin embargo, dentro o alrededor de las instituciones educativas continúan proliferando los cuerpos inasimilables y/o resistentes como continúan proliferando los lenguajes inasimilables y/o resistentes. Todos aquellos que escapan a los imperativos de la biopolítica contemporánea. Todos aquellos que dicen otra cosa que lo que deberían decir. Todos aquellos que no podemos comprender y con los que no sabemos qué hacer.

Nosotros damos la palabra al cuerpo y queremos escucharlo pero, a veces, es el cuerpo el que toma la palabra (o la palabra la que toma cuerpo) para decir, de una forma intolerable, tanto los límites de lo que se puede decir como los de lo que nosotros queremos (o podemos) oír. Nadie sabe lo que puede un cuerpo.

Capítulo Noveno
Erótica
y hermenéutica

Las palabras, pues, camaradas, cojámoslas y vayamos descuartizándolas una a una con amor, eso sí, ya que tenemos nombre de 'amigos-de-la-palabra'; pues ellas no tienen por cierto parte alguna en los males en que penamos día tras día, y luego por las noches nos revolvemos en sueños, sino que son los hombres, malamente hombres, los que, esclavizados a las cosas o dinero, también como esclavas tienen en uso a las palabras. Pero ellas, con todo, incorruptas y benignas: sí, es cierto que por ellas este orden o cosmos está tejido, engaños variopintos todo él; pero si, analizándolas y soltándolas, las deja uno obrar como libres alguna vez, en sentido inverso van destejiendo sus propios engaños ellas, tal como Penélope por el día apacentaba a los señores con esperanzas, pero a su vez de noche se tornaba hacia lo verdadero.

Agustín García Calvo

También Nietzsche sabía muy bien que el conformismo lingüístico está en la raíz de todo conformismo y que el orden del lenguaje es inseparable de todo orden. Nietzsche sabía que enseñar a hablar, a escribir y a leer es enseñar a hablar, a escribir y a leer como está mandado, es decir, a experimentar la realidad, la del mundo y la de uno mismo, como está mandado o, lo que es lo mismo, a portarse como está mandado. Y para pervertir el orden y el conformismo, para aprender a hablar, a escribir y a leer de otro modo, para interpretar el mundo y a nosotros mismos de otro modo, para ser de otro modo, Nietzsche nos invitaba a ser filólogos rigurosos. Y con el nombre de Nietzsche yo también apelo aquí, lector amigo, a tu complicidad de filólogo. Con el nombre de Nietzsche, que se hace solidario cuando dice «nosotros», que no pide nunca fidelidad si no es para eximirnos inmediatamente de su petición, que no nos exige asentimiento en lo dicho o en lo pensado sino complicidad en lo que queda por decir y en lo que da que pensar. Porque para ser con-vocado con el nombre de Nietzsche no hace falta «saber» de Nietzsche, ni siquiera «haber leído» a Nietzsche. La amistad a la que apelo, lector amigo, no es la de las adhesiones o las descalificaciones, no es la del acuerdo o la del consenso, no es la de las posiciones o las oposiciones comunes, sino la de la complicidad en el amor a las palabras. En un amor, además, que no tiene que ver con el uso de las palabras sino con su libertad y que no tiene que ver con su vida diurna, aquella en la que las palabras trabajan al servicio del orden y de la esperanza, al servicio del sentido, sino con su vida nocturna, la más inquietante y la más peligrosa, pero también la más benigna, la más hospitalaria, la más verdadera, la más carnal.

Porque «filólogo» no nombra aquí a un especialista, ni siquiera a un literato, sino a un amigo-amante-enamorado. Nietzsche sabía muy bien que los especialistas tienen joroba porque viven en espacios angostos, de techos bajos y frecuentemente mal ventilados, que tienen el culo gordo debido a su vida sedentaria, y que son seres más bien cobardes porque entienden por «rigor» la posesión de un método que garantiza caminar siempre por sendas seguras, de esas fáciles, tranquilas y cómodas que llevan sólo a una meta prevista. ¿Cómo podría un amigo-amante-enamorado ser un especialista? Y Nietzsche sabía también que a los literatos les duele la espalda de tanto hacer reverencias, de tanto inclinarse graciosamente ante los poderosos. Si el amor del especialista es ese amor seguro, regular y metódico de un cuerpo torpe y que no se expone, de un cuerpo que sólo sabe cumplir metódica, segura y regularmente con sus deberes de asignatura, con sus tareas asignadas, el amor del literato es el amor de un petimetre, de un cortesano lleno de afeites que usa las palabras para brillar en sociedad, para darse importancia. Ni el especialista ni el literato son filólogos rigurosos, amantes rigurosos. El uno por demasiado prudente, por demasiado miedoso; el otro por charlatán, por pedante. Incluso podríamos dudar de que están enamorados. Porque no está necesariamente enamorado de las palabras el que «sabe» de ellas ni el que «presume» de ellas, el que tiene con ellas una familiaridad «de conocimiento» o «de trato» más o menos confortable y un tanto arrogante.

Además, el amante puritano y el amante promiscuo tienen algo en común: la voluntad de apropiación. Su manera de amar las palabras, si es que ese modo de relación con ellas puede llamarse amor, o amistad, es un impulso de apropiación. Su amor es codicioso, quiere tener, está atravesado de cabo a rabo por maniobras de apropiación, por estrategias de apropiación. Ambos quieren apropiarse del lenguaje, ser sus dueños, sus propietarios. El especialista aspira a domesticar el lenguaje, a convertirlo en doméstico, a encerrarlo en el espacio estrecho de su habitáculo, a desactivar todos sus riesgos, a asegurarse de que no hay en él nada de extraño, nada de peligroso, nada de inquietante. El literato quiere el lenguaje para agradar y para agradarse, y por eso lo pliega a las modas y a los gustos dominantes.

Nietzsche nos invitaba a ser amigos-amantes-enamorados de las palabras con una forma de amistad y de amor que no pase por el conocimiento, ni por el uso, ni por la voluntad de apropiación. Y también, quizá esencialmente, Nietzsche nos invitaba a ser amigos-amantes-enamorados del cuerpo de las palabras. Porque pese a todos los dualismos entre el signo material y el sentido inmaterial, el cuerpo y el alma, la forma y el contenido, la letra y el espíritu, y pese a su dominante funcionamiento jerárquico y des-erotizador, en rigor sólo se puede amar un cuerpo, siendo un cuerpo, a través de un cuerpo, haciendo cuerpo con un cuerpo, cuerpo a cuerpo, entre los cuerpos. Aunque eso suponga invertir o pervertir la antigua jerarquía metafísica entre el espíritu y la letra que está en el centro de la hermenéutica tradicional.

Según esa jerarquía, el cuerpo de las palabras opera como simple portador de su sentido, como representante o vicario o lugar-teniente de su sentido, como el lugar que tiene o que con-tiene el sentido. Desde ese punto de vista, la comprensión consiste en ob-tener ese sentido arrancándolo del cuerpo y abandonando después el cadáver como letra muerta, inanimada. Una palabra sin sentido es sólo un cuerpo, una palabra que no expresa nada, que no dice nada. Porque para la hermenéutica tradicional, el cuerpo de las palabras envía inmediatamente al sentido, como si las palabras sólo tuvieran cuerpo para con-tener sentido. Por eso las operaciones de comprensión, como operaciones de captación del sentido, suponen en el límite la descorporeización de las palabras.

Si las palabras no son otra cosa que el lugar de la materialización, de la encarnación o de la transmisión de algo que es por esencia incorporal, poner el acento en la comprensión o en la interpretación es concebir la relación con las palabras como acceso al espíritu que está encarnado en la letra o como apropiación del sentido que está materializado y transportado en el signo. Comprender es acceder a la profundidad espiritual e invisible encarnada en el lenguaje sobrepasando para ello la superficie material de su corporeidad visible.

Para la hermenéutica tradicional, y especialmente para los modelos de interpretación simbólica, el objeto de la comprensión es el espíritu del texto: por eso la interpretación sólo puede hacerse a través de la marginación de su dimensión corporal. Pero ¿cómo podría amarse sin cuerpo?

Frente a esta descorporeización del lenguaje que atraviesa la hermenéutica occidental, la concepción positivista del lenguaje, la que permite la objetivación del lenguaje por las ciencias positivas, consiste en considerar el texto como una materialidad identificable y analizable objetivamente, como una pura objetividad a la vez material y formal pero siempre exterior, tomada independientemente de toda interpretación. Para el programa positivista, el cuerpo de las palabras se reduce a su determinación objetiva. Pero ¿cómo podría amarse un cuerpo percibido en su determinación objetiva? ¿cómo podría amarse una cosa? ¿cómo se puede amar con neutralidad positivista? ¿cómo se puede amar analíticamente? No hay erótica en la anatomía ni en la disección de cadáveres, y la necrofilia, que sí que es una erótica de lo muerto, no tiene nada de positivista.

Tanto la hermenéutica tradicional como las concepciones lingüísticas de tipo positivista se basan en la separación del espíritu y la letra: bien mediante la reducción de toda relación con el lenguaje a interpretación, ignorando la letra, o bien mediante la negación de la interpretación, eludiendo el sentido. En todos esos casos ¿dónde está el cuerpo de las palabras? Podríamos decir, en una analogía quizá demasiado atrevida, que el cuerpo de las palabras está en los mismos lugares que el cuerpo humano: en el trabajo o en el laboratorio. En la hermenéutica tradicional, el cuerpo de las palabras está trabajando. Al igual que el cuerpo del trabajador no es otra cosa que una fuerza de trabajo no acumulable que se agota y desaparece en la producción de la mercancía y, posteriormente, en la acumulación del capital, del valor y de la plusvalía, el cuerpo de las palabras no es otra cosa que lo que se usa para la producción controlada del sentido. Si el capitalismo es un sistema de conversión del cuerpo en mercancía, en valor y en dinero, hay modos de relación con las palabras en las que su cuerpo se disuelve en la pura función de significación. En la alternativa positivista, el cuerpo de las palabras está siendo estudiado. Al igual que en un hospital, o en un laboratorio, el cuerpo humano es una cosa que se analiza en su estructura o en su funcionamiento, el cuerpo de las palabras es también objetivado, cosificado, analizado, anatomizado, desmembrado, desanimado, reducido a su materialidad in-significante.

Aunque habría que señalar también, en este intento de determinar las modalidades habituales de considerar (o de no considerar) el cuerpo de las palabras, que la hermenéutica contemporánea, al menos en su versión canónica, gadameriana, y sobre todo en su consideración de la obra de arte (y, por lo tanto, de los usos estéticos del lenguaje), no opone de manera abstracta la letra al espíritu puesto que el significado no puede captarse independientemente de su materialización específica. El cuerpo de las palabras no se limita a con-tener un significado, sino que muestra ese significado: así la materialidad que da cuerpo al sentido es más que letra muerta e inanimada puesto que el sentido está constitutivamente enlazado a la literalidad del texto.

Desde ese punto de vista, el cuerpo de las palabras no es prescindible en la comprensión como si fuera un mero vehículo del sentido, como en los modelos de la interpretación simbólica, pero tampoco se ve reducido a su determinación objetiva, insignificante, como en el modelo positivista. La hermenéutica contemporánea propone una mediación entre el cuerpo y el sentido de las palabras puesto que la comprensión sólo se da en su referencia mutua, como si la letra sólo pudiera entenderse en tanto que significativa y, a su vez, la significación sólo pudiera entenderse en tanto que materializada. Así entre el cuerpo de las palabras y su sentido existiría una relación de armonía o de correspondencia o de integración.

Pero a lo mejor el cuerpo que amamos no es un cuerpo productivo, ni un cuerpo significante, ni un cuerpo insignificante: amar un cuerpo no es usarlo, ni comprender lo que expresa o lo que representa, ni analizarlo en su estructura y en su funcionamiento. A lo mejor el con-tacto entre nuestro cuerpo y el de las palabras, el cuerpo a cuerpo del amor a las palabras, no esté del lado del trabajo ni del lado del conocimiento ni del lado de la satisfacción. A lo mejor amar el cuerpo de las palabras no está del lado de la producción del sentido y tampoco tiene que ver con la satisfacción de necesidades ni con la realización del deseo.

Escuchemos la confesión de un amante-enamorado del cuerpo de las palabras, de un hombre (o de un nombre) que, en la estela de Nietzsche, nos está enseñando a leer y a escribir de otro modo y que, como García Calvo, nos está invitando a amar lo que en las palabras puede funcionar para destejer el funcionamiento servil del sentido, su relación constitutiva con el orden y con la esperanza:

«Es verdad que sólo me interesan las palabras... amo las palabras... Para mí la palabra incorpora el deseo y el cuerpo... sólo me gustan las palabras... Lo que hago con las palabras es hacerlas explotar para que lo no verbal aparezca en lo verbal. Es decir, hago funcionar las palabras de tal manera que en un momento dado dejan de pertenecer al discurso, a lo que regula el discurso... Y si amo las palabras es también por su capacidad de escapar de su propia forma, o bien por interesarme como cosas visibles, como letras representando a la visibilidad espacial de la palabra o como algo musical o audible. Es decir, también me interesan las pala-

bras, aunque paradójicamente, por lo que tienen de no discursivas, en lo que pueden ser utilizadas para explotar el discurso... en la mayoría de mis textos existe un punto en el que la palabra funciona de una manera no discursiva. De repente desorganiza el orden y las reglas, pero no gracias a mí. Presto atención al poder que las palabras, y a veces las posibilidades sintácticas también, tienen para trastornar el uso normal del discurso, el léxico y la sintaxis... me explico a mí mismo a través del cuerpo de las palabras –y creo que sólo se puede hablar verdaderamente de 'el cuerpo de una palabra' teniendo en cuenta las reservas de que hablamos de un cuerpo que no está presente a sí mismo– y es el cuerpo de una palabra lo que me interesa en el sentido de que no pertenece al discurso. Así que estoy realmente enamorado de las palabras, y como alguien enamorado de las palabras, las trato siempre como cuerpos que contienen su propia perversidad –su propio desorden regulado–. En cuanto esto ocurre, el lenguaje se abre a las artes no verbales... Cuando las palabras empiezan a enloquecer de esta manera y dejan de comportarse respecto al discurso es cuando tienen más relación con las demás artes».[1]

¿Por qué, dice Derrida, el cuerpo de las palabras no pertenece al discurso? En primer lugar, el cuerpo de las palabras es su cuerpo sensible, la materialidad que las haces visibles y audibles, lo que las aproxima al dibujo y a la música, su consideración como caligramas/pictogramas/ideogramas o como sonidos. En segundo lugar, el cuerpo de las palabras es también su capacidad de escapar de su propia forma, es decir, su maleabilidad, su potencialidad de deformación o de transformación, su no estabilidad en suma. Y el cuerpo de las

1. En Peter Brunette y David Wills, «Las artes espaciales. Una entrevista con Jacques Derrida» en *Acción paralela*, <http://aleph-arts.org/accpar/numero 1/derrida1/htm>, págs. 10-11. Laguna Beach, California, 28 de abril de 1990.

palabras es, por último, lo que en ellas hay de exceso o de ausencia respecto de sí mismas, de no correspondencia consigo mismas, de no presencia de sí a sí.

El discurso, por tanto, y si hemos de mantener la oposición de Derrida, es el lugar donde no vemos ni oímos a las palabras, el lugar donde usamos las palabras sin verlas ni oírlas, sin atender a lo que tienen de visible o de audible, ignorando su forma o su musicalidad, desatendiendo al modo como están desplegadas en el espacio y el modo como vibran rimando y ritmando en el tiempo. Porque en la comunicación, en el uso normal de la lengua, ni vemos ni oímos ni saboreamos ni sentimos ni tocamos las palabras sino que sólo las usamos como un medio o como un instrumento para la expresión o para la comprensión, para la comunicación en suma de ideas, sentimientos, hechos, etc.

El discurso sería además el lugar donde el funcionamiento de las palabras está regulado y ordenado, donde las palabras tienen un funcionamiento estable debido a los procedimientos de regulación y de ordenación a los que están sometidas. El discurso sería así el lugar donde la expresión y la comprensión se produce automáticamente a través de convenciones mantenidas por dispositivos de poder, donde el lenguaje funciona con normalidad porque está sometido a procedimientos de normalización.

Y el discurso sería, por último, el lugar donde las palabras coinciden consigo mismas, donde no hay en ellas diferencia ni ambigüedad, donde el sentido está plenamente presente en la letra y, por tanto, es fácilmente identificable y apropiable.

Amar el cuerpo de las palabras no es entonces ni conocerlas ni usarlas sino sentirlas: sentirlas en lo que tienen de perverso, en su poder para trastocar la normalidad propia de lo discursivo, y sentirlas también en lo que tienen de inaprensible, de incomprensible, de ilegible, de ininteligible. Así el cuerpo de las palabras, como el cuerpo del amante, se nos ofrece plenamente y sin reservas, y al mismo tiempo se nos retira escapándose a cualquier apropiación, a cualquier captación apropiadora. Lo que el cuerpo de las palabras revela es, justamente, la alteridad constitutiva del lenguaje, su distancia y su ausencia respecto de sí mismo. Por eso en el cuerpo de las palabras lo que amamos es, precisamente, aquello de lo que no nos podemos apropiar, aquello que nunca podremos hacer nuestro, aquello que inevitablemente se nos escurre y se nos extravía.

El cuerpo de las palabras es la revelación de lo que en ellas no pertenece al discurso, la irrupción del no-lenguaje en el seno del lenguaje. Pero de un no-lenguaje que subvierte el lenguaje, de un no-discurso que, sin embargo, es capaz de hacer explotar el discurso, de desestabilizarlo, de trastocar su normalidad y de trastornar sus reglas. El cuerpo de las palabras es su insignificancia, pero no una insignificancia neutra sino una insignificancia que hace enloquecer la significación. El cuerpo de las palabras no queda absorbido en la significación, no queda disuelto en la pura función de la representación, pero tampoco se mantiene exterior a ella. No hay correspondencia ni armonía ni integración entre la letra y el espíritu, pero tampoco hay ausencia de relación, pura exterioridad. Lo que hay entre el cuerpo y el sentido es diferencia y, a través de la diferencia, la posibilidad de la transgresión. Por eso no se trata de superar la antítesis entre el cuerpo y el sentido, sino de hacerla funcionar en lo que tiene de inquietante y de insuperable. El cuerpo de las palabras se conserva contra la significación porque la excede, pero no en una superación positiva, sino en una negación transgresora. La corporeidad de las palabras es su principio negativo, su negatividad inmanente, lo que las palabras mismas tienen de no verbales, de no discursivas. Por eso el amor al cuerpo de las palabras es un amor ilegítimo, sin ningún sentido. Por eso amar el cuerpo de las palabras es hacerlas explotar, hacerlas funcionar pervirtiendo o enloqueciendo cualquier intento de mediación encaminada a la fabricación de sentido. El cuerpo de las palabras es el lugar del desfallecimiento de la comprensión, el lugar del colapso del sentido, la amenaza permanente de la interrupción de la positividad ordenada de nuestros discursos productores de sentido.

Como si el cuerpo de las palabras fuera el lugar de su libertad porque revela que las palabras siempre son otra cosa que las servidoras del deseo de sentido que determina el buen funcionamiento del orden de lo discursivo. Amar el cuerpo de las palabras, por tanto, significa no eludir ni rechazar, sino asumir y preservar, el peligro de no tener sentido, porque el cuerpo de las palabras es lo que en todo discurso puede abrirse a la pérdida del sentido, al sinsentido.

Capítulo Décimo
Entre las lenguas

Se trata aquí, simplemente, de reescribir un fragmento de Derrida en el que la palabra Babel aparece en relación al lenguaje, al habla y a la escritura, a los encuentros verbales, pero también en relación al amor, a la boca y al cuerpo, a los encuentros orales y corporales. Lo que hace Derrida es mezclar las palabras y los besos: escribir el lenguaje y lo babélico del lenguaje como un boca a boca, como un lengua a lengua, como un roce de labios, como un movimiento de lenguas y de labios, como un beso.

Pero las palabras y los besos ¿no son precisamente lo que no se puede mezclar? Podríamos pensar que cuando se besa no se puede decir nada, y que cuando se habla los besos no son posibles: la lengua no puede funcionar a la vez como un órgano sexual y como un órgano lingüístico. Podríamos pensar también en la transición entre las palabras y los besos, en ese interrumpir las palabras para besarse, y en ese parar de besarse para decirse cosas. A veces el amor es una hermosa alternancia entre palabras y besos en la que el hablar funciona como excitante de los besos y el besar como excitante de las palabras. Hay cosas que nunca se dirían si no fuera después, o antes, de los besos, y hay besos que no serían lo que son si no fuera por el efecto de las palabras con las que están mezclados. Como si los besos fueran un estimulante verbal y las palabras un afrodisíaco corporal. Pero el fragmento de Derrida que voy a reescribir no se limita a la distinción y a la relación, en el amor, entre lo verbal y lo corporal, sino que funde y confunde las palabras y los besos. Como si la lengua, al hablar, fuera inseparablemente un órgano amatorio, erótico, sexual. Como si no pudiera separarse lo incorporal de las palabras y lo corporal de los besos. Como si el movimiento de las lenguas en el habla no pudiera distinguirse del movimiento de las lenguas en el beso.

El fragmento está escrito aprovechando el doble sentido de la palabra «lengua». Y está escrito también apoyándose en una larguísima tradición que liga los comercios verbales y textuales a los comercios sexuales y corporales.

Toda esa tradición en la que se da una imagen de la lengua y del funcionamiento de la lengua que no tiene nada que ver con la comunicación o con ese esquema tan simple como inofensivo de la expresión-comprensión. Hacer de la lengua un instrumento de comunicación es desexualizar la lengua, descorporeizar la lengua, convertir la lengua, como diría José Luis Pardo, en un asunto de deslenguados, de personas sin lengua. Desde ese punto de vista, hablar, escribir y publicar no es otra cosa que dar la lengua, sacar la lengua, poner la lengua en movimiento, e invitar al oyente o al lector a poner la suya, a escuchar y a leer con su propia lengua, dando también su lengua, sacando la lengua, moviendo la lengua.

El libro al que pertenece el fragmento en cuestión es un libro hecho a base de una serie de tarjetas postales enviadas a un tú anónimo y desconocido al que se invoca de distintas maneras. Y es una reflexión sobre el envío, sobre el remitente y el destinatario, sobre la distancia en el espacio y en el tiempo, sobre la telecomunicación, sobre la escritura como transporte, como transferencia, como traslado. El problema es ¿quién escribe? ¿a quién? ¿para enviar qué? (por ejemplo: un beso, o un te quiero) y sobre todo ¿en qué lengua? El problema es también ¿quién lee? ¿a quién? ¿para recibir qué? (por ejemplo: un beso, o un te quiero) y sobre todo ¿en qué lengua? Además, el hecho de que los envíos se hagan en forma de tarjeta postal, en ese soporte abierto, sin sobre, que cualquiera puede leer pero que, al mismo tiempo, está dirigido a un receptor particular, el único que conoce su secreto, el único, en definitiva, que puede recibir su contenido (ese beso, o ese te quiero), introduce todas las paradojas de la legibilidad-ilegibilidad de cualquier texto. Ese «te quiero» que yo, ahora y aquí, te escribo, no es cualquier «te quiero», porque es éste, singular y concreto, pero al mismo tiempo, es un «te quiero cualquiera», justamente por eso tú, y cualquiera, puede leerlo.

La inquietud sobre el quién escribe la tranquilizamos con una firma. Pero en el prólogo a esos envíos Derrida escribe:

«... *nada será en ninguna medida atenuado, suavizado, familiarizado por el hecho de que yo asuma sin vuelta de hoja la responsabilidad de estos envíos, de lo que de ellos queda o ya no queda, ni el de que para devolverles a ustedes la paz firme aquí estos 'Envíos' con mi nombre propio, Jacques Derrida*».

Y sigue una fecha:
«*7 de septiembre de 1979*».

Y una nota a pie de página:
«*Lamento que no confíes realmente en mi firma, so pretexto de que podríamos ser varios. Es cierto, pero no lo digo para sumarme autoridad alguna. Mucho menos para inquietarte, sé lo que eso cuesta. Tienes razón, somos muy probablemente varios y no estoy tan*

solo como a veces lo digo cuando arrancan de mí esa queja o cuando sigo empeñado en seducirte».[1]

La inquietud sobre el lector la tranquilizamos con un destinatario, con esas palabras con las que inscribimos ese alguien al que nos dirigimos, con ese apóstrofe con el que dirigimos el texto al único o a la única de la interpelación viva: a quién sino a ti, amor mio. Pero:

«... y cuando te llamo amor mío, amor mío, ¿te llamo a ti o al amor mío? Tú, amor mío, ¿acaso es a ti a quien así nombro, acaso es a ti a quién me dirijo? No sé si la pregunta está bien formulada, me da miedo. Pero estoy seguro de que la respuesta, si ha de llegarme algún día, vendrá de ti».

E inmediatamente una frase en alemán, entrecomillada, *«Ein jeder Engel ist schrecklich»*, ese *«Todo ángel es terrible»* de las *Elegías del Duino* de Rilke con el que Derrida parece indicar el carácter trágico de toda comunicación. Porque si el ángel es el mediador, tal vez su figura no esté ahí para garantizar el éxito de la mediación sino, justamente, para señalar su imposibilidad, y las consecuencias terribles de esa imposibilidad. Y continúa:

«Cuando te llamo amor mío, ¿acaso te llamo a ti, acaso te digo mi amor? y cuando te digo mi amor ¿acaso te declaro mi amor o acaso te digo, a ti, mi amor, y que eres mi amor? Quisiera decirte tanto».[2]

Y ahí, en la tercera tarjeta postal, tal vez escrita a continuación de la segunda, la que acabo de citar, y enviada el mismo día, viene el fragmento que quiero reescribir aquí, el de la confusión entre las palabras y los besos. Antes de citarlo, una nota. El fragmento se refiere a Babel, al texto de Babel, a ese enigmático capí-

---

1. J. Derrida, *La tarjeta postal. De Sócrates a Freud y más allá* México. Fondo de Cultura Económica, 1986, pág. 15.
2. *Op. cit.*, págs. 17-18.

tulo XI del *Génesis* que da cuenta de la separación y la confusión de las lenguas y al que Derrida ha dedicado uno de sus textos fundamentales sobre la traducción. Pero la palabra hebrea para «lengua» es *safa*, literalmente «labio» pero también borde, límite, frontera. Por eso Derrida mezcla también en su fragmento las lenguas y los labios.

El fragmento dice así:

«y tú, dime

amo todas mis apelaciones tuyas y entonces sólo tendríamos un labio, uno solo para decirlo todo. Del hebreo él traduce 'lengua', si a eso puede llamársele traducir, como labio. Querían elevarse de manera sublime para imponer su labio, el único, al universo. Babel, el padre, dando su nombre de confusión, multiplicó los labios, y por eso nos separamos y yo muero en este instante, me muero de ganas de besarte con nuestro labio la única que deseo oír».[3]

Una paráfrasis del texto podría ser la siguiente:

Quiero decirte tanto que te escribo sin parar, que no puedo dejar de hablarte. Y quiero escucharte tanto que continuamente te pido que me hables, que me digas, que me escribas. Y a veces nos gustaría tener un sólo labio, una sola lengua, para decirlo todo. Para decírnoslo todo. Nos gustaría hablar la misma lengua. Pero después de Babel los labios están multiplicados, las lenguas están divididas. Por eso estamos separados. Irremediablemente. Por eso la nuestra es una separación sin medida, sin mediación, sin remedio. ¡Ah, si te pudiera besar con nuestro labio! ¡Si te pudiera hablar con nuestra lengua! ¡Si te pudiera escribir, amor mío, con nuestras palabras! ¡Si te pudiera oír, o leer, o entender, en la misma lengua con la que tú me hablas o me escribes! Pero lamentablemente están mis labios y tus labios, y por eso te beso, tal vez para que seamos un solo labio, pero

---

3. *Op. cit.*, pág. 18.

no somos un solo labio. O lamentablemente está mi lengua y tu lengua, y por eso te hablo, tal vez para que seamos una sola lengua, pero no somos una sola lengua. Porque si fuésemos un solo labio no nos podríamos besar. Porque si hablásemos la misma lengua no nos podríamos hablar. Porque besar es una delicia, y un dolor, porque nuestros labios están separados, aunque a veces ya no sepa dónde acaba mi boca y donde acaba la tuya: por eso te amo. Porque hablar es una delicia, y un dolor, porque nuestras lenguas son distintas, aunque a veces ya no sepa si hablo tu lengua o la mía: por eso te amo. Nos besamos porque nuestras bocas están irremediablemente separadas. Nos hablamos porque no tenemos la misma lengua. Por eso, mi amor, porque no puedo soportar la distancia, te mando constantemente besos: por teléfono, por carta, por correo electrónico. Y nunca puedo estar seguro si esos besos que te mando, siempre «un beso», el mismo «un beso», pero cada vez distintos, cada vez uno, son los mismos que tú recibes. Por eso, mi amor, te digo todos los días que te quiero, siempre el mismo «te quiero» pero cada vez distinto, y nunca sé cómo recibes ese «te quiero» de cada día, esa oración matutina que, sin embargo, no tranquiliza la ansiedad de mi amor, la vertiginosa sensación de que nada está asegurado, de que nada, ni siquiera el «te quiero», puede nunca darse por supuesto. ¿Qué te digo cuando te digo te quiero? La respuesta sólo vendrá de ti. ¿Qué es ese beso que te mando, que te doy? La respuesta sólo vendrá de ti. Y eso me desespera. Y me hace feliz. Como si sólo pudiera ser feliz en esa desesperación. Besar y hablar: gozos desesperados. ¿No es un gozo ese mandarse besos constantemente, ese decirse constantemente te quiero, ese besarse? ¿No es un gozo que debemos precisamente a esa distancia desesperada, a esa distancia que, sea la que sea, siempre será desesperada?

El beso que yo te doy con mi lengua no es el

mismo que el que tú recibes con tu lengua. Es cierto, gozosa y desesperadamente cierto, que no nos besamos con el mismo labio. El «te quiero» que yo te digo con mis palabras no es el mismo que el que tú entiendes con las tuyas. Es gozosa y desesperadamente cierto que no nos hablamos en la misma lengua. Como si yo tuviera mi lengua y tú la tuya. Irremediablemente. A la vez gozosa y desesperadamente. Así es como tú y yo nos besamos y así es como tú y yo nos hablamos. Pero, mi lengua, ¿es mi lengua? ¿es que yo te hablo en mi lengua, con mi lengua, con mis palabras? ¿es mi lengua la que te besa?

Hemos aprendido ya a desconfiar de la eficacia de todas las operaciones destinadas a asegurar que mi lengua sea tu lengua, que las palabras que escribo sean las mismas que tú lees. Por eso el gozo y la desesperación con la que seguimos escribiéndonos. Pero tendremos que desconfiar también de la eficacia de todas las operaciones destinadas a asegurar que mi lengua es mía y que la tuya es tuya. Tal vez hablar, y besar, no sean sólo el resultado gozosamente desesperado de la separación de las lenguas, sino también de la confusión de las lenguas. Tal vez por eso cuando te hablo, o cuando te beso, yo no soy el dueño de mi lengua.

Dos días después del fragmento que he reescrito anteriormente, Derrida escribe:

«Me das mis palabras, las liberas, una por una concedidas, las mías, volviéndolas hacia ti y dirigiéndotelas —y nunca me habían gustado tanto—. Las más comunes se han tornado inéditas, nunca me había gustado tanto tampoco perderlas, destruirlas con olvido en el instante mismo en que las recibes, y ese instante casi sería anterior a todo, a mi envío, a mí mismo, a destruirlas con olvido, antes de mí, para que sólo ocurran una vez. Una sola vez ¿te das cuenta qué locura para una palabra?».[4]

4. *Op. cit.*, pág. 21.

Ese «te quiero» que te digo no es mío, sino que eres tú quien me lo das. Tú eres quien lo pone en mi boca. Tú eres quien haces que no pueda contenerlo. Por eso me gusta tanto. Por eso me suena a ti. Y no tengo la menor duda de que sólo siento mi lengua al besarte. Por eso no te beso con la lengua que tengo, sino con la que tú me das. Con la que tú sensibilizas. Con la que tú pones en movimiento. Por eso mi lengua me sabe a ti. Por eso me gusta tanto.

Ya sabes que todo el mundo dice «te quiero». Ya sabes que yo mismo he dicho «te quiero» un montón de veces. Siempre con las mismas palabras, con las palabras comunes, con las de todos. ¿Con cuáles, si no, podría decirte que te quiero? Y sé, cómo podría no saberlo, que tú has oído mil veces «te quiero». Siempre el mismo y, al mismo tiempo, con mil lenguas, de mil labios. Tanto tú como yo estamos habitados por una retórica amorosa elaborada durante siglos. Una retórica que dominamos perfectamente y que constantemente nos traiciona. Y en la que ni tú ni yo podemos hablarnos. Por eso, ahora que tú me das ese «te quiero» que me sabe a ti, deseo devolvértelo en una lengua única, secreta entre tú y yo, en la que este «te quiero» suena como nunca lo he dicho, como nunca te ha sonado. Deseo decirte que te quiero no con la lengua, ni siquiera con mi lengua, sino con esa lengua que tú me haces, con esa lengua que sólo tiene sentido contigo, que sólo me gusta contigo. La única con la que quiero hablarte. La única con la que quiero oírte. ¡Qué locura! Si no fuera porque es esa locura la que me hace hablarte, la que hace que no pueda parar de hablarte.

Porque el lenguaje no da la fusión. Porque el amor no da la fusión. Porque:

«... esa palabra inagotable, esos días y esas noches de explicación no nos harán cambiar de sitio ni intercambiar nuestros sitios, por más que sin cesar intentemos hacerlo, pasar del otro lado, tragarnos el sitio del

otro, menear nuestro cuerpo como el del otro, tragárnoslo incluso al beber sus palabras, mezclando poco a poco las salivas, desgastando las orillas».[5]

Por eso tenemos que seguir tocándonos con las palabras. No para unirnos o para separarnos, sino para estremecer nuestras lenguas. Porque ¿cómo podría amarte si no con palabras y con besos a la vez gozosos y desesperados? ¿cómo podría amarte si no fuera porque estás siempre en otro lugar, siempre fuera de mi alcance? Algo como lo siguiente:

«Nada de literatura con esto, no contigo amor mío. En ocasiones me digo que eres mi amor: entonces no es más que mi amor, me digo, llamándote así. Y entonces ya no existes, estás muerta, como la muerta de mi juego, y mi literatura se torna posible. Pero también sé que estás mucho más allá de lo que yo repito como 'mi-amor', viva, viva, viva, y así lo quiero, pero entonces me es preciso renunciar a todo, es decir, a que el amor me pertenezca, a que vuelta hacia mí me dejes incluso escuchar lo que te digo cuando digo, te digo o me digo mi amor (...). La abyecta literatura está en camino, te acecha, agazapada en la lengua, y en cuanto abres la boca te despoja de todo, sin dejarte siquiera gozar de haber retomado tu camino, completamente desnudo, hacia la que amas, vivo, viva, viva, allá, ajena al asunto. La condición para que no renuncie a nada y que mi amor me pertenezca, y sea por mí escuchado, es que estés allí, allá, perfectamente viva fuera de mí. Fuera de alcance».[6]

Dejaré este último fragmento sin comentar, sin parafrasear, ni siquiera trataré de explicitar sus paradojas, y terminaré invitando al lector a desarrollar algunas consideraciones erótico-babélicas sobre el escribir y el leer como algo que se da necesariamente

5. *Op. cit.*, pág. 50.
6. *Op. cit.*, pág. 36.

entre las lenguas. Algo así como una erótica de la lecto-escritura de la que se podría derivar alguna considera-ción erótico-babélica sobre el enseñar y el aprender como algo que se da también necesariamente entre las lenguas. Algo así como una erótica de la educación. Y para que vayan pensando si eso del leer y el escribir, o eso del enseñar y el aprender, o eso del besar, es algo que se da entre las lenguas o entre los labios, incluyo la adivinanza que alguien me entregó, al salir de clase, en un curso en el que leí y comenté el capítulo XI del *Génesis* y algunos fragmentos como los que hoy, aquí, he reescrito para ti. Para decirte, a quién si no a ti, gozosa y desesperadamente, que te quiero.

<table>
<tr><td>

I.

¿Lengua o labio?
labio
labio
no sea necio
lengua no
labio
mordida sensual
dientes perfectos
sobre el labio
ojos entornados
piel tirante
labio
ninguna duda
es labio
humedecido con saliva
estallido de luz
miel de las comisuras
labio, labio
lengua no
la lengua es subalterna
mojadora
un músculo rústico

</td><td>

II.

¿Lengua o labio?
no sea necio
labio no
    lengua, lengua, lengua
    ¿decidió?
lengua
prolongación del corazón
    extremidad del alma
    lengua
    maravilla almibarada
desmesurada canción
    cuna de la palabra
    lengua, lengua
    ¿quién lo duda?
henchida
    hinchada
lengua mordida
succionada
    madre del verso
de la guitarra
    lengua
    agitación del verbo

</td></tr>
</table>

inservible
labio
ni siquiera lo piense
beso con todo el cuerpo
ojo rojo de la cara
perversión e inocencia
labio
contra labio
frente a labio
encendidos
labios,
lengua no.

tras la barba
labio no
el labio es anillo del silbido
hermano del silencio
lengua, lengua, lengua
a la vinagreta
o a las brasas
lamedora del sexo
y de la entraña
estremecida
lengua,
labio no.

IV. Ensayos políticos

Capítulo Undécimo
Contra fariseos

Ser indulgente con los malos es algo que el corazón aprende fácilmente desde niño; es saber ser igualmente indulgente con la insoportable, y aun a menudo cruel, arrogancia y petulancia de los virtuosos lo que el corazón suele aprender sólo tarde y con esfuerzo, y en ocasiones nunca.

Rafael SÁNCHEZ FERLOSIO

No hay ética interesante que no sea al mismo tiempo positiva y negativa, edificante y corrosiva, propositiva y crítica de la moral, moralizante y desmoralizante. Por un lado, la ética trata de la construcción de las condiciones de posibilidad de una vida y de un mundo moralmente dignos; por otro lado, parte de la desconfianza y de la sospecha respecto a la manera como está definido el bando de los buenos. No hay ética sin esperanza, sin utopía, sin voluntad, sin deseo, sin alguna forma de creencia en suma. Pero no hay ética interesante que no sea al mismo tiempo incrédula, implacable contra todas las formas de «ilusión moral». La ética necesita de una cara escéptica. Y más en estos tiempos en que la ética vende bien en el mercado y en que el esquema del bien y del mal se exhibe con total desvergüenza y trabaja con eficacia máxima al servicio de los poderosos. A menudo da la impresión de que Dostoiewsky se equivocó de plano. Es cuando Dios existe que todo está permitido. Siempre que se haga en nombre de Dios, o de cualquiera de sus sustitutos.

Por eso hay que profundizar en la convicción de que no todo vale por igual, hay que seguir afinando las razones que hacen que unas conductas sean preferibles a otras, hay que seguir dando espesor y perfiles al sujeto moral, hay que seguir construyendo reflexiva y dialógicamente normas y valores... pero sigue siendo imprescindible el trabajo de zapa contra toda forma de certidumbre moral, contra toda forma de buena conciencia, sobre todo contra las formas de *nuestra* buena conciencia. La ética debe ser capaz de soportar la tensión entre fe y escepticismo. Eso es lo que hace necesarios a Nietzsche, a Kierkegaard, a Wittgenstein, a todos aquellos que pensaron con la suficiente radicalidad como para no sentirse cómodos en el papel de mejoradores de la humanidad.

En el orden del conocimiento, lo que desagrada al escéptico es la verdad o, más precisamente, el poder de la verdad y sus pretensiones totalitarias. O, mejor aún, ese tablero en el que la separación entre las blancas y las negras define un juego que sitúa a algunos en el lugar privilegiado de los defensores o de los buscadores o de los propietarios o de los misioneros de la verdad. El escéptico es el que se niega a jugar en ese tablero trucado, el que pone en evidencia tanto su arbitrariedad como la violencia que lo funda y, por lo tanto, el que desmonta esa división entre la luz y la sombra en la que los habitantes de la luz se encuentran tan cómodos y de la que extraen tan buenos rendimientos. Por eso su combate es doble: contra la verdad del poder y contra el poder de la verdad. Rafael Sánchez Ferlosio, uno de los grandes escritores españoles vivos, lo dice así: «*No fueron los que inventaron la mentira (pues la mentira nunca fue inventada sino que nació como reflejo necesario de la invención de la verdad), sino los que inventaron la verdad quienes hicieron falaz a la palabra. La palabra, que había nacido sólo para ser ficción –ilustración imaginaria con la que los hombres podían repetirse en simulacro sus acciones, sentados junto al fuego–, se hizo madre de engaños cuando se la erigió en decidora de verdades».*[1] Y, en otro lugar: «*Guardaos de las verdades; no hay mala fe en sus rostros sonrientes, pero se han olvidado de que deben su reino, su cetro y su corona a una antigua victoria de la fuerza».*[2] Pero quizá ese escepticismo epistemológico pueda resumirse en el estribillo de una canción que escuché recientemente a un jovencísimo grupo de rock latino: «*¿Con cuántas verdades me quieres engañar?».*

En el orden moral, el que ahora nos interesa, el escéptico fustiga a la virtud, al prestigio de la virtud. Por eso desagrada tanto a los moralistas de toda especie. En uno de sus contundentes aforismos Nietzsche lo dice así: «*El que coloca muy alto su moralidad y la toma demasiado en serio se encona con el escéptico en moral, pues cuando pone toda su fuerza en juego exige que se extasíen ante él y no que examinen sus actos y se dude de ellos. Hay también caracteres a los cuales todo lo que les queda de moralidad es precisamente la fe en la moral; éstos se conducen de la misma manera respecto de los escépticos y, si se quiere, con más encono aún».*[3] El escéptico es un aguafiestas porque no se deja extasiar por el espectáculo fascinante de la virtud y no puede sino examinar críticamente su puesta en escena. El escéptico levanta el tablero que define el juego de las blancas y las negras y descubre que está fabricado con materiales dudosos e, incluso, abyectos. Por eso el es-

---

1. R. Sánchez Ferlosio, *Vendrán más años malos y nos harán más ciegos.* Barcelona. Destino, 1993, pág. 180.

2. R. Sánchez Ferlosio, *La hija de la guerra y la madre de la patria.* Barcelona. Destino, 2002, pág. 114.

3. F. Nietzsche, *Humano, demasiado humano.* II. 71. Madrid. Alianza, 1985.

cético es un infiltrado. Lucha contra la verdad en su propio campo. Contra la virtud en su propio campo. Siembra la duda y la zozobra en el campo de los buenos. Incomoda la buena conciencia. Disuelve y confunde las dualidades de cualesquiera de las dos partes enfrentadas. Denuncia la profunda complicidad entre lo alto y lo bajo. Desmoraliza a los que militan plenamente y sin contradicciones en los ejércitos del bien. Por eso se le marca con el estigma del traidor.

La denuncia del escéptico no se dirige sólo contra el hipócrita, contra el que finge ser virtuoso, contra el que usa el prestigio de la moral para representar un papel falso y asegurarse así una buena posición, sino sobre todo contra el que cree de veras en la virtud, contra el que quiere ser virtuoso sin dolor, contra el que coloca muy alto su moralidad justamente para evitarse el dolor. Su blanco es el fariseo.

El retrato más limpio y preciso del fariseo está en las palabras con las que él mismo configura su propia personalidad moral en la parábola evangélica: «*Te doy gracias, Señor, porque no soy como los otros hombres..., porque no soy como ese publicano*». A diferencia de la hipocresía, que consiste en una puesta en escena de la falsa virtud en la arena pública, el fariseísmo se construye en el interior del propio corazón o, como en la parábola, a solas con Dios. El hipócrita hace que le crean bueno. El fariseo se cree bueno. Pero se cree bueno por comparación. Sánchez Ferlosio lo dice así: «... *en la esencia moral del fariseo están la relación, la comparación y la edificación por contraste. El fariseo puede definirse como el que construye su bondad con la maldad ajena. Necesita del malo y lo cuaja ontológicamente en el aire para constituirse él, por contraposición, en bueno*».[4] Por eso el fariseo necesita del mal, para definirse

---

4. R. Sánchez Ferlosio, «Restitución del fariseo» en *Ensayos y artículos*. Vol. I. Barcelona. Destino, 1992, pág. 132.

conta él, para separarse de él, para sentirse a salvo: «*... el fariseo es un bueno cuyas acciones suben cuanto más bajan las de ese eterno otro puesto enfrente por correlato necesario de su propio ser. Su bondad es un globo que se hincha y magnifica con el aire insuflado por el fuelle de la maldad ajena en el vacío interior de sus entrañas. Por eso acude ávidamente a cargarse de razón al surtidor de la iniquidad ajena*».[5] Enemigo de toda ambigüedad moral, tan autosatisfecho que llega a pensar que si todos fueran como él el mundo sería mejor, especialista en mirar desde lo alto, y enemigo sobre todo de cualquier sospecha de la íntima solidaridad entre el campo de las blancas y el de las negras, el fariseo se coloca a salvo de toda contaminación. Por eso su seguridad moral, lo que más le importa, se deriva de su propia debilidad, de su propia cobardía. Situar el mal en algún lugar es lo que se necesita para «*dar sosiego a los débiles morales, disipar la turbación de las conciencias pusilánimes, permitiéndoles sustraerse ante la mole de la entera responsabilidad social que realmente concierne pro indiviso a cada uno y debería, por tanto, afectarle*».[6]

Contra la seguridad de la buena conciencia y la arrogancia del fariseo, cultivemos pues el escepticismo. Pero no nos dejemos dominar por él. Nietzsche, el gran crítico de la moral, el gran incrédulo, el gran desenmascarador de todas las figuras del hombre virtuoso, sabía también que hay formas del escepticismo que funcionan como adormideras y que tienen como corolario la impotencia para el juicio, la parálisis de la voluntad, la inhibición moral: «*... el escéptico, esa criatura delicada, se horroriza con demasiada facilidad: su conciencia está amaestrada para sobresaltarse y sentir algo así como una mordedura cuando oye cualquier no, e incluso cuando oye un sí duro y decidido. ¡Sí! y ¡No!*

---

5. *Ibíd.*, págs. 134-135.
6. *Ibíd.*, pág. 135.

Esto repugna a su moral. Por el contrario le gusta agasajar su virtud con la noble abstención».[7] Por otra parte, como también observó Nietzsche, *«el fariseísmo no es una degeneración que aparezca en el hombre bueno: una buena parte de fariseísmo es, antes bien, la condición de todo ser-bueno».*[8] En efecto, ¿cómo podría haber sujeto moral sino es a partir de un cierto arrancarse, al menos en el ideal, del mal, a partir de una cierta negación voluntaria del mal? Además, ¿no es el escéptico una especie de meta-fariseo que se edifica a solas congratulándose de no ser como los demás, de no ser un fariseo?

Repito entonces: la ética debe ser capaz de soportar la tensión entre fe y escepticismo. Contra la fe, el escepticismo más corrosivo, el ¡no! más implacable. Contra el escepticismo, la fe más alta, el ideal más puro, el ¡sí! más voluntarioso. René Char lo dijo así: *«Hacer soñar largamente a quienes por lo general no sueñan, y sumergir en la actualidad a aquellos en cuyo espíritu prevalecen los juegos perdidos del sueño».*

7. F. Nietzsche, *Más allá del bien y del mal.* 208. Madrid. Alianza, 1986.
8. *Ibíd.,* pág. 135.

Capítulo Duodécimo
La liberación
de la libertad

La libertad protege el silencio, la palabra y el amor. Si se ensombrecen, ella los reaviva; nunca los mancilla. Y la rebelión la resucita cuando despunta la aurora, por mucho que ésta se haga esperar.

René CHAR

Voy a contarles un cuento. Un cuento que, como todos los cuentos, relata una travesía, o un pasaje, y al mismo tiempo una metamorfosis. Un cuento, además, de final abierto, tan abierto como nuestra perplejidad. Un cuento cuyo protagonista es el sujeto, pero el sujeto entendido desde uno de los modos en que se constituye en la modernidad, desde el modo de la libertad. Un cuento también que, como todos los cuentos, no pretende ser verdadero, pero no renuncia a producir efectos de sentido. Y un cuento, por fin, en el que se juega algo de lo que somos, un cierto modo de subjetividad, una cierta manera de nombrar el sentido o el sinsentido de lo que nos pasa, una cierta forma de vida, una cierta ética y una cierta estética de la existencia.

En ese hermoso librito que se titula *En el mismo barco*, Peter Sloterdijk escribe lo siguiente: «... *del mismo modo que desde Cocteau cualquier adolescente sabe que Napoleón era un loco que se creía Napoleón, los politólogos deberían saber, desde Castoriadis, Claessens y*

Luhmann, que las sociedades son sociedades mientras imaginan con éxito que son sociedades».[1] Siguiendo esa cita, podríamos decir que eso del «sujeto moderno» no es otra cosa que otra ficción, o otra fábula, o otra fantasía configuradora de identidad, según la cual ciertos hombres de occidente han constituido lo que son, lo que saben, lo que pueden y lo que esperan. Lo que yo voy a hacer, entonces, no es otra cosa que inscribirme en esa tradición fabuladora, no con el fin de criticar las fábulas de la libertad, sino con el objetivo de continuar fabulando la libertad críticamente.

Para tensar el espacio en el interior del cual situaré mi relato voy a usar dos fragmentos muy conocidos. El primero es el primer párrafo de un famosísimo texto de Kant que se publicó en el número de septiembre de 1784 de una revista berlinesa como respuesta a la pregunta *¿Qué es la Ilustración?* y cuya palabra clave es «mayoría de edad». Y el segundo texto es ese discurso de «Las tres metamorfosis» del Zaratustra de Nietzsche en el que aparecen, sucesivamente, las figuras del camello, del león y del niño. En el primero de esos textos se fabula la libertad como mayoría de edad, como emancipación, como autonomía, como la propiedad de un sujeto que se ha liberado de todo tipo de sometimiento y se ha convertido en *causa sui,* en dueño de sí mismo y de su historia.

La libertad, en esa primera fábula, está en un sujeto que no depende de nada exterior, que se apoya sobre sus propios pies, que se da a sí mismo su propia ley, su propio fundamento. Y la libertad, además, aparece como algo que se realiza en la historia, de manera que la historia de ese sujeto puede tramarse o articularse o contarse como una historia de la libertad. El segundo texto, que casi invierte al primero, fabula la libertad como

---

1. P. SLOTERDIJK, *En el mismo barco.* Madrid. Siruela, 2000, pág. 20.

infancia, como creación, como inicio, como acontecimiento. Y ahí la libertad ya no está del lado de un sujeto
que se constituye como tal en la autoconciencia y en la
autodeterminación sino, justamente, en la transformación poiética de esa forma de subjetividad. Además, se
trata de una libertad no se da ya en la historia, sino en la
interrupción de la temporalidad lineal y acumulativa de
la historia, es decir, en la discontinuidad, en la grieta.

A partir del primero de esos textos, lo que voy a
hacer durante la primera parte de este trabajo es contarles una historia que podría titularse «la liberación de
la libertad». Puesto que ahí tenemos al sujeto de la libertad en la historia, o la historia del sujeto de la libertad, voy a tomar el texto de Kant como el punto de partida de una narración que llega casi hasta el presente y
en la que esa libertad subjetiva va perdiendo su primer
impulso, entra en crisis, pierde la confianza en sí
misma, comienza a no poder soportarse y, finalmente,
salta fuera de sí misma, se libera de sí misma y se abre
hacia otra cosa. Voy a construir ese relato por medio
del artificio retórico de hilar narrativamente algunas
citas de Husserl, de Adorno y, finalmente, de Heidegger. Digamos que tomándome la libertad, y asumiendo
sus riesgos, de construir un argumento narrativo selec-
cionando algunos fragmentos, separándolos de su contexto y reescribiéndolos como si constituyeran los hitos
de una trama lineal y homogénea.

El segundo texto sin embargo, el de Nietzsche, no
servirá como punto de partida de un relato. La segunda parte de este trabajo no tendrá ya esa forma que
empieza con el «érase una vez» del planteamiento, continúa con el «pasaron muchas cosas» de la trama o de
la aventura, y termina con el «y entonces» del episodio
final o del desenlace que da sentido a toda la historia.
El niño que constituye el motivo de la segunda fábula
no tiene historia, no se despliega en una historia. Por
eso la fábula de esa libertad ya liberada cuyo emblema

es el niño, o el juego, o el acontecimiento, o la creación, no puede ser contada en una historia o como una historia. Lo que haré entonces es sugerir una serie de motivos en los que la figura del niño sirve para expresar las diversas perplejidades a que da lugar la apertura de la libertad, y por tanto la transformación del sujeto de la libertad.

Comenzaré pues con un relato, uno de los posibles relatos de la liberación de la libertad, un relato cuyo desenlace es un final abierto, y continuaré con una serie de fragmentos con los que intentaré dar a leer o dar a pensar alguno de los posibles envites de ese desenlace, de esa libertad liberada.

La mayoría de edad, o el entusiasmo de la libertad

El texto de Kant, innumerables veces citado, comentado, parafraseado y utilizado dice así:

«La Ilustración es la salida del hombre de su autoculpable minoría de edad. La minoría de edad significa la incapacidad de servirse de su propio entendimiento sin la guía de otro. Uno mismo es culpable de esta minoría de edad cuando la causa de ella no reside en la carencia de entendimiento, sino en la falta de decisión y valor para servirse por sí mismo de él sin la guía de otro. Sapere aude! ¡*Ten valor de servirte de tu propio entendimiento!, he aquí el lema de la Ilustración»*.[2]

Tenemos aquí, en pocas líneas, un relato extremamente condensado de lo que sería la emancipación desde la perspectiva de esa configuración de ideas y de ideales en cuyas ruinas aún vivimos y que podemos llamar «modernidad». La palabra clave, *Unmündigkeit*, minoría de edad, significa inmadurez, pero también

2. I. KANT. «Respuesta a la pregunta: ¿Qué es la Ilustración?» en AA.VV. *¿Qué es Ilustración?* Madrid. Tecnos, 1988, pág. 9.

dependencia. Su antónimo, *Mündigkeit*, podría traducirse tanto por mayoría de edad como por emancipación, conservando así el sentido jurídico de la palabra que la entiende como liberación de la tutela o de la potestad de otro, fundamentalmente del padre, puesto que mayoría de edad significa también emancipación de la tutela paterna, reconocimiento de la capacidad para tomar decisiones propias, plenitud de derechos, pero también emancipación de la tutela del esposo (en el caso de las mujeres) o emancipación de la tutela del amo (en el caso de los siervos) o emancipación de la tutela de un gobierno exterior (en el caso de los pueblos).

Kant pone en escena a un personaje, al Hombre, a la Humanidad, en el momento en que se está liquidando el Antiguo Régimen (con la consecuente promesa de liberación de todo tipo de despotismo), está ya triunfando la ciencia moderna positiva (con la consecuente emancipación de toda idea no examinada, de toda creencia aceptada sin crítica, de todo tipo de dogmatismo) y se están desmoronando las imágenes religiosas del mundo (con la consecuente promesa de emancipación de toda esencia y de todo destino). El Hombre por fin se hace mayor de edad, por fin se hace dueño de su propio destino, por fin se hace cargo reflexivamente de su propia historia, por fin se hace dueño de su propio pasado y de su propio futuro, por fin se pone en pie como sujeto y no acepta ya ningún fundamento exterior, ninguna garantía ajena, ningún destino dado. En el texto de Kant resuenan, junto a la palabra Emancipación, otras palabras mayúsculas como Hombre, Razón o Historia que, juntas, articuladas de distintas maneras, dan lugar a un relato, o a un metarrelato, a un relato transcendental si se quiere, cuyas variantes podríamos encontrar en Hegel, en Marx, en Husserl, en Sartre o, incluso, en la primera Teoría Crítica frankfurtiana.

Desde luego no voy a hacer un resumen de la doctrina kantiana de la libertad: no voy a exponer los meandros de la razón práctica ni voy a comentar tampoco los textos histórico-políticos. Les recuerdo que esto es sólo el principio de un cuento, quizá un cuento filosófico, pero un cuento en definitiva, y lo que pretendo es simplemente que se hagan ustedes cargo de cuál es la imagen de la libertad que sugiere ese cuento y que se hagan cargo también de sus posibles variaciones narrativas, es decir, que intenten ustedes reconocer sus variantes estructurales y sus posibilidades retóricas. Pero sí que quiero subrayar uno de sus elementos básicos, concretamente el hecho de que en ese cuento la libertad tiene dos caras.

Por un lado la libertad es liberación de cualquier tipo de tutela. Y ahí la libertad aparece como heroica porque exige valor, coraje y esfuerzo. La libertad no puede ser el atributo de un hombre cobarde o perezoso, sino sólo la conquista de un hombre valiente que es capaz de luchar por ella. Esta sería la cara en que la libertad aparece como libertad negativa, y la cara en la que el sujeto de la libertad aparece como protagonista de una lucha de liberación. Todos los motivos de la liberación y de la lucha por la liberación (de la mujer, de los pueblos, de los niños, de los sometidos...) que atraviesan los dos últimos siglos tienen algo de ese aliento negativo y, a la vez, heroico, épico, entusiasta y juvenil.

Por otro lado la libertad es algo que se tiene en la forma de la autonomía. La libertad es la autonomía de la voluntad, la autonomía de la razón práctica, es decir, la capacidad del hombre, individual o colectivamente, de darse a sí mismo su propia ley y de obedecerla. Es libre el individuo que se da su propia ley y que se somete obedientemente a ella cada vez que es capaz de escuchar la voz de la razón en su propia interioridad. Y es libre la comunidad que acuerda y que pacta racionalmente sus propias leyes de acuerdo a una voluntad general en la que cada ciudadano reconoce su propia voluntad. La libertad como autonomía funda obligaciones, pero obligaciones propias. Es por tanto una forma de autogobierno cuya no arbitariedad está garantizada por la razón, es decir, que no emana de la arbitrariedad de un sujeto singular, o de una voluntad contingente, sino de la voluntad de un sujeto racional y, por tanto, al menos en la fábula kantiana, universal. Es en eso donde se reconoce la mayoría de edad, en el uso de razón: un sujeto es libre cuando se guía por principios racionales. El hombre entra en libertad, se hace mayor de edad, cuando se libera de todo lo que se le impone (de toda heteronomía) y cuando se hace capaz de seguir su propia ley, es decir, cuando entra en razón. Esta es la cara adulta y mayor de edad de la libertad, la libertad positiva, la cara en la que el sujeto de la libertad aparece como el sujeto que ha alcanzado ya la autoconciencia y la autodeterminación, el que se ha convertido en un sujeto seguro y asegurado, dueño de sí.

La crisis, o el envejecimiento de la libertad

Entre todas las variantes de esa fábula que combina en una misma trama las figuras del Hombre, de la Libertad, de la Razón y de la Historia, hay una que me parece que puede venir a cuento porque, en ella, ese sujeto orgulloso y soberano, que se levantaba seguro de sí mismo y comenzaba a andar racionalmente y con pie firme en el relato kantiano, aparece ya envejecido, cansado, casi desfallecido, a punto de perder la fe en sí mismo, e intentando desesperadamente extraer alguna esperanza, alguna fuerza vital, algún sostén interior, de los rescoldos aún humeantes de su propia juventud.

Permítanme contarles ahora, con cierto detalle y casi como si fuera una novela, la primera de las conferencias que Husserl dictó en Praga en otoño de 1935 y que sus editores situaron como prólogo de ese libro póstumo, auténtico testamento filosófico, que se tituló *La crisis de las ciencias europeas y la fenomenología trascendental.* El título de esa primera conferencia es «*La crisis de las ciencias como expresión de la crisis vital radical de la humanidad europea*». Y lo que Husserl nos ofrece en ella es una narrativa de crisis, es decir, un relato que tiene una estructura muy convencional y que podría descomponerse en cuatro momentos: (1) «érase una vez, hace mucho tiempo, en algún momento de la historia de lo que somos, en que algo, quizá la libertad, se daba por supuesta o se anunciaba esplendorosa en el horizonte» o «hubo un tiempo en que éramos jóvenes, en que estábamos llenos de ideales y de confianza en nosotros mismos, en que sabíamos con claridad lo que éramos y lo que queríamos»; (2) «ahora, sin embargo, todos esos ideales se están desmoronando a nuestro alrededor y nos sentimos viejos y cansados»; (3) «pero no podemos perder la confianza en nosotros mismos porque, si la perdemos, no solamente habremos fracasado, sino que nuestra propia historia no tendrá sentido»; (4) «necesitamos por tanto renovar y revitalizar nuestra fe y nuestra esperanza de juventud, aunque sea de otra forma, con otras bases, otra pero sin embargo la misma, si queremos que nuestra historia tenga futuro, que lo que hemos sido y casi estamos dejando de ser se proyecte hacia el futuro».

Una narrativa de crisis construye el presente como un momento crítico en el doble sentido de la palabra, como un momento decisivo y a la vez como un momento de crítica, como un momento en que el sujeto recupera críticamente su propia historia, se apropia críticamente de su propia historia, para saber dónde se encuentra y para decidir su próximo movimiento. Quizá por eso los relatos de crisis tengan ese tono apocalíptico, ese tono como de fin de mundo, ese tono como de grandes apuestas y grandes decisiones, ese tono como de muerte y renacimiento, ese tono como de estado crítico, como de enfermedad casi mortal y remedios desesperados, ese tono heroico, ese tono, en definitiva, de perdición o salvación.

Atendamos primero al protagonista del cuento, a esa «humanidad europea» que parece ser el sujeto de la narrativa de crisis husserliana y que, como ustedes habrán adivinado, aún pretende ser lisa y llanamente el Hombre, la Humanidad. Entre los textos complementarios que los editores añadieron a la *Krisis*, hay una conferencia impartida en el Circulo Cultural de Viena en mayo de 1935 y titulada «La crisis de la humanidad europea y la filosofía» que trata justamente de desarrollar la idea de «humanidad europea». Allí Husserl intenta caracterizar Europa como una «figura espiritual» unitaria, es decir, como una configuración cuya unidad no está dada en un sentido geográfico sino en un sentido, digamos, histórico-cultural. Y en ese contexto escribe lo siguiente:

«Los "dominions" ingleses, los Estados Unidos, etc., pertenecen claramente, en un sentido espiritual, a Europa; no así los esquimales o los indios de las tiendas de campaña de las ferias anuales, ni los gitanos que vagabundean continuamente por Europa».[3]

La frase afirma la pluralidad de la humanidad, la convicción de que la palabra humanidad, en un sentido «espiritual», es decir, histórico y cultural, se declina en plural. Lo que Husserl hace, con evidente tosquedad pero con una nitidez que se agradece, es determinar a quién incluye y a quién excluye cuando dice «nosotros». Y un poco más adelante señala su intención de

«... mostrar la idea filosófica inmanente a la idea

---

3. E. HUSSERL. *La crisis de las ciencias europeas y la fenomenología trascendental.* Barcelona. Crítica, 1991, pág. 328.

de Europa (de la Europa espiritual) o, lo que es lo mismo, la teleología a ella inmanente, que se hace en general cognoscible desde el punto de vista de la humanidad universal como la irrupción y el comienzo de la evolución de una nueva época de la humanidad, de la época de la humanidad que a partir de este momento no quiere ni puede vivir sino en la libre conformación de su existencia, de su vida histórica, a partir de las ideas de la razón, en orden a tareas infinitas».[4]

Europa, dice aquí Husserl limpiamente, no es sino una idea: la idea de la alianza entre Razón y Libertad. Eso es lo único que nos permite decir «nosotros», lo que hace que nosotros seamos nosotros. Y la Historia de Europa, es decir, nuestra historia, no es sino la Historia del despliegue de la Razón y de la Libertad, la Historia de la realización de la alianza entre Razón y Libertad. Esa alianza entre Razón y Libertad permite dibujar la Historia espiritual de Europa desde su comienzo hasta su final (aunque ese comienzo sólo ahora se nos ha hecho autoconsciente, y aunque ese final sólo pueda dibujarse como una realización desplazada en el infinito) como una Historia con sentido, como un relato articulado por una trama, atravesado por una finalidad que se dibuja ya desde su origen y que es inmanente a todo su desarrollo. La historia de la humanidad europea, dice Husserl, tiene un sentido, y ese sentido es la Libertad. A pesar, naturalmente, de toda una serie de obstáculos, de fracasos, de retrocesos, de derrotas, de perversiones, de patologías, de caídas y recomienzos.

Pero esta humanidad europea no es una más entre otras, un mero tipo antropológico empírico, *«como China o India»*, escribe Husserl, sino que tiene vocación de universalidad. Husserl es ya perfectamente consciente de que épocas y sociedades enteras han vivido y viven sin el concepto de libertad. Husserl sabe

4. *Ídem.*

muy bien que esa fábula de la libertad que para él es tan importante es una fábula moderna y occidental. Pero se resiste a pensar que su tribu es una más entre las tribus que pueblan la tierra o que su época es una época más entre las que se han sucedido en el mundo. Husserl todavía se siente orgulloso de pertenecer a Europa y todavía considera la modernidad como una tarea, quizá inconclusa, quizá en crisis, pero dotada de una gran dignidad histórica. Y escribe una frase que es toda una declaración eurocentrista, todo un orgullo de pertenencia a la propia tribu:

«Hay en Europa algo singular, único, respecto de lo que todos los otros grupos humanos son también sensibles en cuanto algo que, independientemente de toda consideración de utilidad, se convierte para ellos, por grande que sea su voluntad indomeñable de autoconservación espiritual, en una incitación a europeizarse, en tanto que por nuestra parte, si tenemos una comprensión cabal de nosotros mismos, nunca optaremos, por ejemplo, por indianizarnos».[5]

Lo que está en juego aquí, naturalmente, y cito ahora la conferencia de Praga, es

«... si el espectáculo de la europeización de todas las humanidades extranjeras anuncia efectivamente en sí el imperio de un sentido absoluto, perteneciente al sentido del mundo, y no a un sinsentido histórico del mismo».[6]

Por «europeización de todas las humanidades extranjeras» Husserl entiende el proceso de unificación histórica del mundo, de la humanidad. Poco a poco el mundo se está convirtiendo en un solo Mundo, la humanidad en una sola Humanidad, y la historia en una sola Historia. Los hindúes, los chinos, pero también los esquimales, los indios de las tiendas de campaña y

5. *Op. cit.*, pág. 329.
6. *Op. cit.*, pág. 16.

los gitanos vagabundos se están integrando en nuestro mundo, en nuestra humanidad, en nuestra historia, empiezan a ser parte de nosotros. Y eso no puede ser algo arbitrario, o algo que dependa simplemente de relaciones de fuerza, o de meras condiciones materiales de existencia, sino que tiene que tener un sentido racional, necesario. Y ese sentido racional es, de nuevo, la libertad.

El hombre europeo y, al cabo de un proceso imparable de «europeización», el Hombre en general, no es otra cosa que el sujeto de la libertad, el que quiere darse a sí mismo sus propias reglas, el que quiere configurarse a sí mismo y a su entorno según su propia razón. Y su historia no es otra cosa que el proceso por el cual este destino llega a la autoconciencia y tiende a su realización. Ya tenemos pues, dibujado, al protagonista de esa narrativa de crisis que estoy contándoles, un protagonista que se construye articulando de nuevo las palabras que habíamos encontrado ya en el texto de Kant: Humanidad, Libertad, Razón e Historia. Vamos a ver ahora cómo Husserl diagnostica su estado crítico.

Puesto que se trata de una narrativa de crisis, he seleccionado un párrafo escrito en tono de pérdida, de ocaso, de vejez, de nostalgia, de elegía en suma, que contrasta con el tono juvenil, de entusiasmo, de aurora, de conquista, de proyecto, con el tono épico en definitiva que sonaba en el texto de Kant con el que he comenzado este relato. El párrafo dice así:

«... nos es dado comprender el impulso que daba vida a todas las empresas científicas, incluídas las de grado inferior, meramente fácticas; un impulso que en el siglo XVIII, que se llamaba a sí mismo el siglo filosófico, llenaba de entusiasmo por la filosofía y por las ciencias particulares, en cuanto ramificaciones de ella, a círculos cada vez más amplios. De ahí el apasionado interés por la cultura, el fervor por la reforma filosófica de la edu-

cación y de todas las formas sociales y políticas de la existencia de la humanidad que hace tan digna de veneración esa difamada época de la Ilustración. Poseemos un imperecedero testimonio de este espíritu en el espléndido himno de Schiller y Beethoven A la alegría. *Hoy este himno sólo puede suscitarnos sentimientos dolorosos y sólo dominados por ellos podemos revivirlo en nosotros. No cabe imaginar contraste mayor que el de aquella época con nuestra situación actual».*[7]

La Ilustración es la época de la reforma de la humanidad, pero sobre todo, la época del impulso, del entusiasmo, del apasionamiento: la Ilustración es la época de nuestra juventud. Y Husserl, como para expresar el tono vital épico, entusiástico y juvenil de esa época, le pone música, una música que se ha convertido desde hace pocos años en el himno oficial de la Comunidad Europea, con lo cual ha quedado ya definitivamente invalidada para la filosofía, y quizá para la música. Pero el himno *A la alegría* ya no puede ser nuestra música. Ahora vivimos en un espíritu al que le va un tono más bien elegíaco, más de pérdida que de conquista, más de senectud y de ocaso que de juventud y de aurora, y ya no podemos recordar la vitalidad de aquella música sino con dolor, dominados por sentimientos dolorosos por todo aquello que hemos perdido, por todo aquello que ya no somos. Toda la cuestión de la vitalidad y del tono vital, del estado de ánimo en definitiva, aparece claramente dibujada en el párrafo siguiente:

«Que esta humanidad nueva, animada de un espíritu tan alto, en el que encontraba, además, gratificación, no alcanzara a perseverar, es cosa tan sólo explicable por la pérdida del impulso vivificante de la fe, propia de su ideal, en una filosofía universal...».[8]

7. *Op. cit.*, pág. 10.
8. *Ídem.*

La crisis de la humanidad europea es una crisis de fe, una crisis de ánimo, de autoconfianza, de vitalidad, de esperanza, una crisis «de moral» casi en el sentido deportivo de la expresión. Europa está desmoralizada, desanimada, desilusionada, casi desfallecida. ¿Por qué? Porque le falta una idea de sí misma o una fábula de sí misma en la que reconocerse y en la que sostenerse. Porque le ha abandonado el ánimo, el espíritu, la idea interior que le daba vida. El hombre europeo está desanimado porque ha perdido el sentido de sí mismo, porque ya no encuentra ninguna idea de libertad en relación a la cual dar sentido a su propia vida y a su propia historia, porque ya no se tiene a sí mismo como sujeto, porque no tiene ya ninguna idea de sí mismo que realizar, porque está abandonado a la pura contingencia, arbitrariedad y facticidad de su existencia. Con la reducción de las ciencias a ciencias de hechos y con el escepticismo frente a la posibilidad de una filosofía universal, y vuelvo a citar a Husserl,

«... cae también la fe en una razón en la que el hombre pueda encontrar su sentido, la fe en el sentido de la historia, en el sentido de la humanidad, en su libertad, o lo que es igual, en la capacidad y posibilidad del hombre de conferir a su existencia humana, individual y general, un sentido racional. La pérdida, por parte del hombre, de esta fe significa nada más y nada menos que la pérdida de la fe en sí mismo, en el ser verdadero que le es propio, un ser que no posee ya desde siempre, que no posee ya desde la mera evidencia del 'yo soy', sino que sólo tiene y sólo puede tener como propio luchando siempre por su verdad, luchando por hacerse a sí mismo verdadero, y en el marco de esta lucha».[9]

Podemos reconocer aquí el viejo motivo idealista de la humanidad en marcha hacia su propia realización, hacia la final y siempre diferida conquista de su

9. *Op. cit.*, pág. 13.

Verdadera Humanidad. Y también todos esos motivos que aún nos configuran de la permanente tensión entre la libertad y la aspiración a la libertad, de manera que no hay libertad lograda o conclusa sino una especie de libertad provisional siempre incompletamente realizada, y esa constante vigilancia crítica de la libertad sobre sí misma para corregir sus propias ingenuidades, sus propios excesos y sus propios desfallecimientos.

Es posible que el tono de esta narrativa de crisis nos suene anacrónico. Pero habría que decir, en honor a Husserl, que en el momento en que escribió estas palabras había visto ya el ascenso de Hitler al poder aupado democráticamente por la mayoría de sus civilizados compatriotas, podía intuir cómo el interés privado de los individuos por el bienestar material paralizaba todo su interés por una libertad más honda, y él mismo estaba viejo, enfermo de muerte y muchos de sus colegas y discípulos de la Universidad le negaban el saludo. Su mensaje póstumo parece poderse reducir a esta alternativa dramática: o mantenemos la fe en la libertad, o somos capaces de encontrar en nuestro interior una fe que nos sostenga en estos momentos difíciles y dé ánimo para resistir, o estamos perdidos. Además, en la distancia que establezcamos entre las palabras de Husserl y nosotros mismos, es decir, en el modo como nos distanciemos de esas palabras por considerarlas ya impronunciables, podemos medir la distancia que nos separa de esa fábula de la libertad.

El callejón sin salida, o la aporía de la libertad

Continuaré este mi primer cuento con un texto que muchos de ustedes seguramente ya han adivinado, con la *Dialéctica de la Ilustración* que Adorno y Horkheimer escribieron en su exilio norteamericano a principios de los años cuarenta. La historia del libro es muy curiosa. Se publicó en 1944 con el título de *Fragmentos Filosóficos* en una edición fotocopiada de 500 ejemplares y en 1947 en una editorial de Amsterdam que no lo distribuyó masivamente porque el mismo Horkheimer lo consideraba un texto demasiado radical y peligroso para los propios ideales de la Escuela de Frankfurt que, como se sabe, se había propuesto introducir la razón en el mundo a través de un pensamiento entendido como teoría crítica y como praxis, es decir, dispuesto a hacerse historia, a encarnar en la historia, y a realizar en la historia su sentido emancipador. Pero el libro se reeditó en Alemania en 1969 y en Estados Unidos en 1972 y, por tanto, fue leído en el marco de las luchas estudiantiles y de los movimientos alternativos que pasaban por el rechazo total y categórico del orden burgués y por la búsqueda de inspiraciones ajenas a la tradición europea. Era la época de las comunas hippies, de los viajes a la India, del redescubrimiento cultural de los indígenas americanos, del antimilitarismo, de la psicodelia, etc., es decir, una época en que muchos jóvenes europeos, con una comprensión bastante cabal de su mundo y de sí mismos, sentían ya la «tentación de indianizarse», de abandonar ese «nosotros» que Husserl daba por exclusivamente centrípeto, y de inventar nuevas formas de libertad.

La frase, también de esas que han sido citadas tantas veces que ya casi la sabemos de memoria, dice así:

«La Ilustración, en el más amplio sentido de pensamiento en continuo progreso, ha perseguido desde siempre el objetivo de liberar a los hombres del miedo y constituirlos en señores. Pero la tierra enteramente ilustrada resplandece bajo el signo de una triunfal desventura».[10]

No es que la ilustración haya fracasado o, en términos de Husserl, que esté pasando un momento críti-

10. M. HORKHEIMER y T.W. ADORNO. *Dialéctica de la Ilustración.* Madrid. Trotta, 1994, pág. 59.

co, sino que ha triunfado. Y este es precisamente nuestro problema, porque en su triunfo lo que ha mostrado es su cara negativa, esa cara en la que se ha desplegado no tanto la afirmación como la negación de la libertad. La Ilustración ha triunfado y, en su triunfo, ha destruído aquello que pretendía realizar. Aquí está la aporía (de *a-poros*, no hay camino, no hay salida) en la que nos encontramos:

«No albergamos la menor duda –y ésta es nuestra petitio principii– de que la libertad en la sociedad es inseparable del pensamiento ilustrado. Pero creemos haber descubierto con igual claridad que el concepto de este mismo pensamiento, no menos que las formas históricas concretas y las instituciones sociales en que se haya inmerso, contiene ya el germen de aquella regresión que hoy se verifica por doquier. Si la Ilustración no asume en sí misma la reflexión sobre ese momento regresivo, firma su propia condena.»[11]

El texto en cuestión muestra con particular crudeza uno de los puntos en los que se bifurca el pensamiento contemporáneo. Conserva acentos kantianos como la necesidad de la autocrítica, la necesidad de salvar la Ilustración mostrando también su momento positivo, o la necesidad de hacer que la Ilustración asuma en sí misma la reflexión sobre su propio momento destructivo. Pero por otra parte sugiere una crítica total de la civilización occidental misma como una civilización fallida. La *Dialéctica de la Ilustración* no se limita a renovar el motivo de la autocrítica, de la autorreflexión crítica, no se limita a mostrar las insuficiencias o las perversiones históricas de la razón, no es ya un relato de crisis-renovación, sino que la estructura misma de la alianza entre Razón y Libertad es puesta en cuestión. Digamos que en ese texto se abandona toda esperanza en el carácter emancipador de la razón,

11. *Op. cit.*, pág. 53.

se extiende una sospecha global sobre las posibilidades emancipadoras de las ciencias positivas, se va poco a poco hacia una teoría de la historia como relato de las esperanzas humanas incumplidas, es decir, como catástrofe, y empieza a tomar forma la idea de que no hay posibilidad histórica de salida de la barbarie, al menos dentro de nuestra historia, de esa historia concebida como la realización de la alianza entre Razón y Libertad, y que sólo puede apuntarse a una salida de la historia. A partir de ahí, la deriva minimalista, estética y en ocasiones trágica de pensadores como Adorno o Benjamin es más instructiva y acaso más fecunda que el revisionismo socialdemócrata a lo Habermas que parece ser la referencia final obligada de una crítica que aún reclama bases racionales, liberales, historicistas y, desde luego, humanistas.

El protagonista de nuestro cuento, ese sujeto que hemos visto arrogante y orgulloso de sí mismo en el texto de Kant, y cansado y desmoralizado pero manteniendo aún una cierta dignidad en la derrota en el texto de Husserl, aparece aquí como horrorizado de sí mismo. La autorreflexión tiene ya más tintes de tragedia que de elegía y ese sujeto apenas puede soportar su propia imagen en el espejo. No en vano algunos de los acontecimientos más terribles de este siglo como el totalitarismo político, la destrucción de la naturaleza, la aniquilación de toda diversidad cultural o la explotación del hombre por el hombre, no sólo desmienten las esperanzas ilustradas en la libertad, confirman su fracaso, sino que sus raíces culturales mismas pueden remitirse sin demasiada violencia al despliegue del proyecto racional ilustrado mismo, a la alianza perversa entre la Libertad y esas otras figuras ya claramente ideológicas y totalitarias que se llaman Hombre, Razón e Historia. La Razón se ha convertido en el principio de la dominación, en el gran dispositivo de objetivación, manipulación y control. El Hombre aparece como una figura totalitaria que universaliza y sacraliza el tipo humano del burgués, o como la figura de una identidad a la vez segura y reprimida. Y la Historia, con todos esos motivos de la Gran Aventura de la Humanidad hacia Adelante no es sino la figura sanguinaria de un dios que continúa reclamando víctimas y sacrificios.

El envite empieza a ser ya inventar formas de existencia fuera de la construcción moderna de la figura Hombre, construir formas de trato con la naturaleza, con los demás y con nosotros mismos fuera de la construcción moderna de la palabra Razón, configurar formas de habitar el tiempo, la memoria y el porvenir fuera de la construcción moderna de la figura de la Historia y, desde luego, experimentar formas de expresar nuestra voluntad de vivir, de hablar y de pensar fuera de la construcción moderna de la figura de la Libertad.

De momento, nos parecen ya más próximas a nosotros unas palabras que escribió Adorno en la *Dialéctica negativa*, en una sección en la que reelabora la cuestión de la libertad volviendo a poner sobre el telar, pero esta vez de una forma malhumorada, casi violenta, el envite kantiano:

«Desde el siglo diecisiete la gran filosofía determinó la libertad como su interés más privativo y se dedicó a fundamentarla con evidencia bajo las órdenes tácitas de la clase burguesa. Sólo que ese interés es antagónico en sí mismo. Se dirige contra la antigua opresión y fomenta la nueva, contenida en el principio mismo de la racionalidad. Lo que se trata es de encontrar una fórmula común para libertad y opresión. La libertad es cedida a la racionalidad, que la limita y la aleja de la empiría, en la que de ningún modo se la quiere ver realizada (...). Se ensalza la libertad inteligible de los individuos para poder pedir cuentas tanto más fácilmente al particular empírico y hacerle tascar mejor el freno bajo la perspectiva de un castigo justificado metafísicamente

(...). Pero no hay por qué aceptar como una fatalidad el que la libertad envejezca sin realizarse. Esa fatalidad tiene que ser replicada con la resistencia.»[12]

La libertad ha envejecido sin realizarse. Quizá por eso la palabra libertad nos suena tan vacía, tan retórica, tan vieja. Pero el envejecimiento de la libertad, dice Adorno, no tiene por qué ser aceptado como una fatalidad. No se trata de rejuvenecerla. Ni siquiera se trata de volver a poner en juego la pretensión de realizarla. Ahora se trata ya de resistir. La cara positiva de la libertad es definitivamente declarada culpable o, cuanto menos, tramposa, y cómplice de la barbarie, y sólo queda su cara negativa, esta vez en forma de resistencia. La frase, que suena ya a Foucault, es la siguiente:

«Sólo hay una forma de comprender la libertad: en negaciones concretas, a partir de la figura concreta de lo que se le opone».[13]

El salto, o la liberación de la libertad

El final del primer cuento será un final abierto, y lo formularé reescribiendo tres citas de Heidegger en las que esa libertad que hemos visto desfallecer, envejecer e incluso horrorizarse de ella misma al reconocerse culpable, es simplemente abandonada. La primera cita pertenece a la «Disputación de Davos entre Ernst Cassirer y Martin Heidegger» incluída como apéndice al libro de 1930 *Kant y el problema de la Metafísica*. La cita es la siguiente:

«La pregunta: ¿cómo es posible la libertad? carece de sentido. Pero de esto no se sigue que en cierto modo obre aquí el problema de lo irracional, sino que, porque

12. T.W. Adorno. *Dialéctica negativa*. Madrid. Taurus, 1975, págs. 213-215.
13. *Op. cit.*, pág. 230.

*la libertad no es objeto de la comprensión teórica lo an-
terior no es otra cosa sino que la libertad sólo es y puede
ser en la liberación. La única relación adecuada con la
libertad, en el hombre, sólo puede darse en el liberarse-
a-sí-mismo de la libertad (que hay) en el hombre».*[14]

«La libertad que hay en el hombre», esa libertad
que sí que es el objeto de la comprensión teórica, significa para Heidegger la libertad entendida metafísicamente como posibilidad de comenzar a partir de sí
mismo. La libertad es así el atributo o la propiedad de
un sujeto que puede ser causa de sí. De este modo el
pensamiento de la libertad queda ligado al pensamiento de la causa y al pensamiento del sujeto: ser libre es
ser capaz de sobre-ponerse o de sobre-im-ponerse al
mundo y a los otros sujetos en tanto que estos pueden
constituir un tejido de causalidades. Ser libre es no estar
afectado, no estar determinado, tener el poder de deter-
minarse a sí mismo, tener el poder de autodeterminarse
independientemente de cualquier fatalidad y de cualquier voluntad que no sea la propia, imponerse a sí
mismo como causa (deseada) frente a la causalidad
exterior (sufrida), imponer la propia voluntad (libre)
frente a las otras voluntades, en definitiva ser dueño de
uno mismo, ser el propio dueño, ser propiamente dueño o, simplemente, ser propiamente.

Por otra parte, ese «librarse a sí mismo de la
libertad que hay en el hombre» parece apuntar hacia
un liberarse de la libertad del sujeto para abrir la libertad del ser. Lo que ocurre es que esa libertad ya no es
la libertad de un ente, ya no pertenece a lo óntico como
pertenecen la causalidad y la subjetividad. Por eso esa
libertad no puede ser objeto de la comprensión teórica
o, si se quiere, no podemos tener una idea de esa libertad. Lo que ocurre entonces es que, si sacamos a la

14. M. Heidegger, *Kant y el problema de la metafísica.*
México. Fondo de Cultura Económica, 1981, pág. 218.

libertad de la jurisdicción de la teoría, entonces la libertad es algo de lo que no puede haber idea y, por lo tanto, algo que no puede realizarse, ni producirse, ni fabricarse, ni garantizarse, ni defenderse, porque ¿cómo podríamos realizar algo de lo que no tenemos ni idea, algo, en suma, que ya no depende de nuestro saber o de nuestro poder o de nuestra voluntad?

Aquí está me parece lo interesante del planteamiento heideggeriano: ese gesto con el que se abandona cualquier intento de comprender teóricamente la libertad, cualquier intento de hacerse una idea de ella, cualquier intento de hacerla depender de nosotros como sujetos dotados de saber, de poder y de voluntad, pero reteniendo sin embargo la palabra libertad (que no el concepto o la idea) para hacerla sonar de otro modo. Como si la libertad fuera algo de lo que no tenemos idea, algo que no puede ser objeto de la comprensión y que permanece por tanto como incomprensible, pero también como si la palabra libertad continuara señalando hacia algo a lo que tenemos que atender. A lo que ese gesto nos invita es a atender a lo incomprensible de la libertad. Y esa libertad incomprensible sólo puede ser en la liberación, dice Heidegger. Pero ahí, en la liberación, no es el hombre en tanto que sujeto el que posee la libertad, sino que es en tanto que se libera de su ser-sujeto, de su saber, de su poder y de su voluntad, que el hombre entra en relación con la libertad. La libertad sería entonces algo con lo que podemos entrar en relación, pero no algo que podamos tener o poseer, no algo de lo que pudiéramos apropiarnos.

La tarea sería entonces mantener la libertad como lo que no podemos saber, como lo que no puede quedar determinado por nuestro saber, como lo que sólo puede aparecer en el momento en que suspendemos nuestra voluntad de saber y en el momento en que se disuelve lo que sabemos. La tarea sería también mantener la libertad como lo que no depende de nuestro poder, como lo que sólo puede aparecer cuando suspendemos nuestra voluntad de poder. Y, por último, la tarea sería mantener la libertad como lo que no podemos querer, como lo que no depende de nuestra voluntad, de nuestros proyectos o de nuestras intenciones, como lo que sólo puede aparecer cuando suspendemos nuestra voluntad.

La segunda cita de Heidegger está tomada de un texto de 1956 que se llama *La proposición del fundamento*. En ese libro, que recoge un curso y una conferencia, Heidegger intenta llevar al pensamiento hacia un «salto» en el que se abandona la pregunta sobre la razón o el fundamento del ser para llegar a un pensamiento del ser como lo que carece de razón o de fundamento. Y ahí dice lo siguiente:

«El salto sigue siendo una posibilidad libre del pensar, y esto de manera tan decisiva que incluso la comarca esencial de la libertad se abre por primera vez en la región del salto.»[15]

Heidegger habla aquí de que hace falta ponerse en el lugar de un salto para percibir la región de la libertad. Ya no se trata de la libertad como propiedad de un sujeto, o como poder de un sujeto, o como cualidad de un sujeto, o como estatuto de un sujeto, o como voluntad libre o libre arbitrio de un sujeto, sino que la libertad es ahora algo cuya esencia reside, o se guarda, o permanece, o se mantiene en reserva en una región o en un espacio que sólo se puede vislumbrar desde el lugar de un salto. Ese salto es, en el texto de Heidegger, un salto fuera de la razón teórica, de la razón fundamentante, como si la razón teórica y fundamentante tuviera que transcender o transgredir sus límites, saltar más allá de sí misma, para acceder a una visión del espacio de la libertad, a una visión que, sin embargo, no es ya una visión teórica. Por eso, desde el lugar del

15. M. Heidegger, *La proposición del fundamento*. Barcelona. Ediciones del Serbal, 1991, pág. 151.

salto, la libertad aparece como lo que reside en el espacio de lo no-fundado. Y, además, ese espacio se nombra pero no se determina o, más bien, se nombra in-de-terminándolo, en el gesto mismo de dejarlo sin terminar y sin de-terminar, en el gesto de dejarlo in-de-terminado, es decir, abierto y libre.

Si ponemos este párrafo en relación con el anterior, con eso de que la relación con la libertad sólo se da en la liberación, en el librarse a sí mismo de la libertad que ya hay o que ya se tiene, quizá podamos decir que la libertad sólo aparece cuando el sujeto mismo se percibe como no-fundado, como carente de cualquier fondo o de cualquier fundamento, como desprovisto de cualquier razón o de cualquier principio que pudiera dar cuenta de él. Y a lo mejor la libertad no es otra cosa que lo que se da en esa experiencia, en la experiencia de esa falta de fundamento, de principio o de razón, en la experiencia de un ser que no puede dar nada por fundado, ni su saber, ni su poder, ni su voluntad, ni siquiera a sí mismo, y que justamente por eso salta afuera de todo lo que lo mantenía seguro y asegurado, dueño de sí, idéntico a sí mismo.

Para abrir aún más este final abierto y para sugerir un hilo que conecte este primer relato de la liberación de la libertad con el siguiente motivo de la libertad liberada, sólo decir que, al final de ese curso al que pertenece la cita del «salto» en el que se abre la «comarca esencial de la libertad», esa comarca, o esa región, queda señalada con el niño que juega de la sentencia de Heráclito. Primero se nombra el juego:

«Gracias a este salto, el pensar accede a la amplitud de aquel juego en el que está puesta nuestra esencia de hombres. Sólo en la medida en que el hombre es llevado a este juego, y puesto allí en juego, es capaz de jugar él de verdad, y de seguir estando en juego.»[16]

16. *Op. cit.*, pág. 176.

Y, un poco más adelante, *aión*, el niño que juega:

«¿Qué dice Heráclito del aión? El fragmento 52 reza: Sino del ser, tal es un niño, que juega, que juega a juego de tablas; de un niño es el reino (...). El sino del ser: un niño que juega.

»Así que también hay niños grandes. El niño más grande, real en gracia a la suave justeza de su juego, es aquel misterio del juego al que el hombre y su tiempo de vida vienen llevados, en el que su esencia viene puesta en juego (queda a riesgo y ventura).

»¿Por qué juega el niño grande del juego del mundo, ese niño avistado por Heráclito en el aión? Juega porque (en tanto que) juega.

»El 'porque' se sume en el juego. El juego es sin 'porqué'. Juega en tanto que (al tiempo que) juega. Sigue siendo sólo juego: lo más alto y lo más hondo.»[17]

La primera fábula de la libertad nos ha llevado de la libertad a la liberación; de la salida al salto (pasando por una aporía); de la mayoría de edad a la niñez; del tiempo crónico de la historia al tiempo aiónico del instante-eterno; de la razón al juego. Para hacer sonar este final como un principio, o una apertura, como el principio o la apertura de otra cosa, de otra libertad o, quizá, de otra cosa que la libertad, de otra cosa que quizá podemos seguir nombrando con la palabra libertad, pero ya no con la idea o el concepto de libertad que atraviesa la filosofía moderna, vamos ahora a comenzar, o a abrir, la segunda parte de esta lección con ese texto de Nietzsche, ya anunciado, en el que aparecen las figuras del camello, del león y del niño. Pero debo decir, antes de seguir, que la historia de la libertad, o la

---

17. *Op. cit.*, pág. 178. Cito a continuación la traducción que da A. García Calvo del fragmento de Heráclito en su *Razón común. Edición crítica, ordenación, traducción y comentario de los restos del libro de Heráclito.* Madrid. Lucina, 1985, pág. 255: *«El tiempo-todo es un niño jugando-niñeando, que juega al tres-en-raya: ¡de un niño la corona!».*

travesía del sujeto moderno desde el modo de la libertad, ya ha terminado. La libertad que se despliega y se realiza en la historia, o también la libertad que envejece sin realizarse en la historia, o también la libertad que finalmente se libera en la historia, esa libertad ya se ha liberado de sí misma, ya ha saltado hacia otra cosa. Ahora se trata de otra libertad, y de otra historia. Por eso, a partir de aquí, ya no un relato sino más bien la exposición de un serie de motivos o de figuras o de fragmentos en las cuales el niño que juega aparece como el emblema de esa otra libertad, y como la condición de posibilidad de esa otra historia.

La libertad liberada

El comienzo de la segunda fábula de la libertad, también innumerables veces comentada, está en el Zaratustra de Nietzsche, concretamente en el primer discurso después del prólogo, en ese que lleva por título «Las tres metamorfosis».

En ese texto el héroe de la libertad es el león. Digamos que el camello es una mezcla de moral cristiana, mala conciencia y espíritu ascético: un animal gregario, domesticado, esclavizado, servil y de carga, un animal que dice sí a todo lo que se le impone y que encuentra su felicidad en cumplir con su deber. El león, por su parte, es el espíritu crítico, rebelde y negativo. El espíritu se transforma en león porque «pretende conquistar la libertad» oponiendo su «Yo quiero» al «Tú debes» inscrito en cada una de las escamas del dragón-amo contra el que lucha. El león representa el movimiento heroico del «hacerse libre» luchando contra el amo y venciéndolo. Por eso se define a la contra y sólo puede vivir de la confrontación, de esa lucha, de esa destrucción, como si su destino estuviera ligado al del dragón-amo que ha convertido en su mayor enemigo. El león es un héroe negativo, su fuerza es aún reactiva. Por eso es una figura del espíritu resentido y nihilista, de hecho encarna la consumación del nihilismo, la voluntad de la nada llevada a su máxima potencia, y por eso es estéril. El niño, por último, es olvido, inocencia, juego, afirmación, creación, apertura, posibilidad, inicio. Las palabras de Nietzsche-Zaratustra son las siguientes:

«... *decidme, hermanos míos, ¿qué puede hacer el niño que no pueda hacer el león? ¿Por qué es preciso que el león raptor se transforme en un niño? El niño es inocente y olvida; es una primavera y un juego, una rueda que gira sobre sí misma, un primer movimiento, una santa afirmación. ¡Oh hermanos míos! Una afirmación santa es necesaria para el juego divino de la creación*».[18]

Si las palabras clave del texto de Kant eran palabras como Emancipación, Historia, Razón y Hombre, esas palabras con las que se trama uno de los grandes relatos, o metarrelatos, de la modernidad, las palabras clave del texto de Nietzsche son inocencia, afirmación, juego y creación. Si la libertad en Kant, esa libertad que hemos visto desfallecer, estaba ligada a la mayoría de edad, la libertad aquí está ligada al nacimiento y al niño.

No voy a entrar aquí en los «temas» nietzscheanos que podrían desarrollarse como contexto doctrinario de ese fragmento: la doctrina del paso entre el hombre y el superhombre o la cuestión del eterno retorno. Podemos valorar positiva o negativamente la excepcionalidad estilística de *Así habló Zaratustra*, puede molestarnos o no su tono exaltado y profético, podemos pensar que ese libro no es estrictamente un libro de filosofía o podemos considerar más bien que representa una forma revolucionaria en la exposición filosófica, podemos tomarlo como una anomalía incómoda del corpus nietzscheano

18. F. NIETZSCHE. *Así habló Zaratustra*. Madrid. Alianza, 1972, pág. 32.

o podemos también buscar una continuidad temática y de desarrollo entre ese texto impar y las obras anteriores y posteriores de su autor, pero de lo que no cabe duda es de que Zaratustra funciona como un personaje conceptual en el sentido que Deleuze le da a esa expresión. Y ese personaje conceptual, que a veces puede vestirse con la máscara metafísica de la doctrina del eterno retorno o con el mito ambiguo del anuncio del superhombre, podría tener también el nombre de inicio. Si en otros escritos de Nietzsche prevalece un *pathos* destructor, corrosivo, polémico, crítico y, en suma, negativo, Zaratustra es una afirmación pura, un canto a la vida, una llamada a la transfiguración, una figura de la ligereza, de la alegría y de la inocencia del porvenir. Y el niño de las tres metamorfosis es uno de sus múltiples emblemas. Nietzsche quiere ser un comienzo. No sólo un destructor, sino un comienzo. Y su encarnizamiento destructivo y crítico no es más que la condición para el comienzo, el trabajo preliminar de limpieza.

La crítica y el porvenir

Voy a desarrollar ahora, brevemente, la relación entre el león y el niño o, si se quiere, la relación entre la negación y la afirmación o, también, la relación entre la crítica del presente y la apertura del porvenir. Y lo voy a hacer tomando como punto de partida un opúsculo de Martin Hopenhayn sobre «Las tres metamorfosis» de Zaratustra, un texto muy hermoso y muy perspicaz que se titula «Las tres metamorfosis: un relato de liberación». Al inicio de ese texto, Hopenhayn escribe lo siguiente:

«... *bajo este movimiento del espíritu (camello, león, niño), se resume un complejo itinerario de lucha por la autonomía y la emancipación. Metáfora de la conciencia secularizada (libre de predeterminaciones),*

*este relato prefigura un momento utópico de salto eman-
cipatorio, cuyo logro depende de un trabajo previo, de
crítica profunda a aquello que la historia ha puesto en
nuestras espaldas como carga moral.»*[19]

Al leer juntas las palabras «liberación», «autonomía» y «emancipación» (junto con «crítica») es casi
imposible no pensar en el relato kantiano de la difícil y
valerosa marcha del hombre hacia la libertad con el
que he comenzado mi primer cuento. Y al leer la palabra «salto» junto a la expresión «momento utópico»,
una expresión en la que me gustaría poner el acento en
la palabra «momento» más que en la palabra «utopía»
para señalar lo que el «salto» tiene de instante y de interrupción del curso lineal del tiempo, es difícil no pensar
en el texto de Heidegger con el que se ha terminado el
primer relato. Lo que voy a hacer ahora, acompañando
en algunos momentos a Hopenhayn y separándome a
veces de él, es pensar cuál es la imagen de la crítica
que sugiere la figura del león, una crítica que ya no es
la del criticismo, y cuál es la imagen de la utopía que
sugiere la figura del niño, una utopía que ya no es la
del utopismo. Digamos que Kant y el criticismo de inspiración kantiana no tiene nada del espíritu del león. Y
digamos que ese utopismo «consolador» del que Foucault dice, al principio de *Las palabras y las cosas*, que
*«se desarrolla en un espacio maravilloso y liso; desplie-
ga ciudades de amplias avenidas, jardines bien dispuestos, comarcas fáciles, aún si su acceso es quimérico»*[20] no
tiene nada del espíritu del niño.

Desde el punto de vista del león, el criticismo
kantiano no sólo aparece como demasiado conciliador,
demasiado respetuoso, sino, sobre todo, como un criti-

19. M. Hopenhayn, «Opúsculo I. Las tres metamorfosis: un relato de liberación» en *Después del nihilismo. De Nietzsche a Foucault.*
Barcelona. Editorial Andrés Bello, 1977, pág. 73.
20. M. Foucault, *Las palabras y las cosas.* México. Siglo XXI,
1979, pág. 3.

cismo que reproduce de otro modo la ley del amo y el espíritu del camello. Como se sabe, Kant configura una crítica inmanente de carácter jurídico: la crítica de la razón por la propia razón, todo ese motivo del «tribunal de la razón», y la crítica de la moral por la propia moral, todo ese motivo del imperativo categórico universal sirviendo de criterio para el juicio sobre el comportamiento empírico particular. Y con eso no hace añicos los antiguos valores sino que, de algún modo, los confirma y los fortalece por interiorización. Hay que obedecer a la razón y hacer un buen uso de la razón. Y hay que obedecer a la conciencia (una conciencia racional, sí, que funciona por abstracción, por elaboración de principios y por juicio) y saber escuchar su voz y sus mandatos. Cuando el hombre se hace mayor de edad, es decir, cuando deja de obedecer a dios o al rey o al padre o al amo, cuando se emancipa de cualquier autoridad exterior, aparecen en escena la razón y la conciencia que le obligan a seguir obedeciendo.

El sujeto, tanto el sujeto de la razón como el sujeto moral, es el gran invento en el que uno mismo asume la doble tarea de vigilar y de ser vigilado, de dominar y de ser dominado, de juzgar y de ser juzgado, de castigar y de ser castigado, de mandar y de obedecer. La crítica inmanente y jurídica lo que hace es instalar en nosotros al amo, convertirlo en parte de nosotros mismos. Por el simple expediente de convertirnos en dueños de nosotros mismos, la crítica nos hace libres y esclavos al mismo tiempo: somos libres por interiorización de la ley. Así, el sujeto kantiano no opone, como el león, el «yo quiero» al «tú debes» sino que configura el «yo quiero» desde el punto de vista del deber, como «yo debo». Y aquí el buen uso de la subjetividad desdoblada coincide extrañamente con la confirmación de los valores establecidos: el sujeto maduro, mayor de edad, es el que se rige por la verdadera razón, la auténtica moral, y la verdadera libertad. Otra figura del camello en suma.

Por eso el hombre que ha llegado a ser adulto, el sujeto libre kantiano, el producto de la Ilustración, es en definitiva un niño. Nietzsche podría decir que el mundo adulto kantiano está atravesado de infantilismo, pero de infantilismo en el mal sentido de la palabra. Un infantilismo que no tiene nada que ver con el «espíritu de niño» precisamente porque no ha estado precedido por el león. El mundo infantil kantiano es un mundo que mantiene el mito de un mundo providencia en el que nuestros esfuerzos hallarán su recompensa, nuestras intenciones serán comprendidas, nuestra obediencia aprobada, nuestro deseo de felicidad acogido con benevolencia y nuestra existencia justificada. En ese mundo es donde Nietzsche ve falta de valor y de coraje, autoculpable minoría de edad, dependencia, una debilidad que se resuelve en la necesidad de un apoyo, de un sostén. El adulto kantiano es un adulto infantilizado, un adulto al que se le impide crecer. Pero no porque sea un falso adulto, sino porque su propia adultez realizada es de naturaleza infantil. Y si resulta infantil no es porque no haya alcanzado la edad adulta, sino porque su devenir-adulto se ha realizado desde el punto de vista de la debilidad y de la sumisión, desde el punto de vista de la infantilización y del infantilismo.

Entonces, ¿quién es el león? El león encarna un tipo de crítica infinitamente más destructiva, más despiadada, más disolvente, más escéptica y más trágica que la del criticismo. Su cara negativa es mucho más radical, más negativa, porque el tipo de afirmación que prepara es también más radical, más afirmativa. El león no cambia los valores sino que los despedaza, y no cambia tampoco el lugar del que derivan los valores, sino que suprime todo lugar. Por eso su territorio es ese lugar que es un no-lugar: el desierto. Y no sólo niega al amo sino que, para negarlo completamente, se niega también a sí mismo. Por eso Hopenhayn centra su comentario no tanto en la lucha del león contra cualquier figura externa de la sumisión como en la dimensión autodestructiva de esa lucha: «*El niño presupone un último gesto autodisolutivo en el león. Para que el niño nazca, el león debe perecer, y para ello debe estar dispuesto a perecer*».[21]

Podríamos decir que el león representa una forma de la negación que no está normada por la autoconservación. No lucha para conservarse, para ser más él, más fuerte, más libre o más rico, sino para dar lugar a un advenimiento que presupone su propia desaparición, su propia muerte. El león anuncia así a alguno de esos aventureros del espíritu, pienso por ejemplo en Bataille, o en Artaud, o en Michaux, que se toman a sí mismos como la materia prima de una experiencia límite en la que coinciden la destrucción y la creación, en la que la aparición epifánica de algo nuevo, de algo imprevisto, de algo otro, sólo se da al precio del sacrificio de lo que ya se es. Por eso el niño no supera al león si pensamos la superación al modo dialéctico, como una figura en la que algo se conserva superándose, en la que algo se transforma pero apropiándose o reapropiándose de otra manera, sino que aparece en el instante de su muerte.

Pero del niño nada se puede decir. El niño no se puede anticipar, ni proyectar, ni idealizar, ni determinar, ni anticipar. El niño no cumple nada, no realiza nada, no culmina nada. Es un límite, una frontera, un salto, un intervalo, un misterio. El último párrafo del opúsculo de Hopenhayn lo expresa con claridad: «*El salto del león no tiene garantía. Nietzsche rompió con la concepción hegeliano-dialéctica del progreso y la libertad, poniendo esta última como posibilidad que descansa más en la voluntad singular que en la determinación de la historia. Si ha de entenderse la liberación como un proceso crítico que hace posible la autopoiesis, esta auto-*

---

21. M. HOPENHAYN, *Op. cit.*, pág. 76.

producción no se desprende necesariamente del exhaustivo trabajo crítico del león. Precisamente estamos hablando de liberación, no de necesidad. La autocreación no es consecuencia necesaria de nada que la anteceda. Este argumento parece especulativo, pero no es refutable dentro de una lógica de la libertad. Para que nazca el niño el león debe morir primero y dejar, entre los dos, un espacio de incertidumbre. En ese espacio apuesta el camello para perpetuarse, el vacío para disolverlo todo, y el niño para darse a luz».[22]

El león tiene que ver con la crítica de lo que somos, de lo que nos constituye, de lo que nos aparece como necesario, de lo que hemos fijado en identidad. Y con la crítica también de lo que queremos ser, de todo aquello que aún está en la lógica del proyecto, del ideal, de la autoconservación, del sentido. Y todo ello para abrir el de-venir, el por-venir, la posibilidad de un salto que no está normado por el futuro, ni por el futuro proyecto, ni por el futuro guía, ni por el futuro promesa, ni por el futuro ideal, ni por el futuro consumación, ni por el futuro realización. El niño abre un devenir que no es sino el espacio de una libertad sin garantías, de una libertad que no se sostiene ya sobre nada, de una libertad trágica, de una libertad que no pertenece a la historia sino que inagura un nuevo comienzo, de una libertad liberada. Bajo el signo del niño, la libertad no es otra cosa que la apertura de un porvenir que no está determinado ni por nuestro saber, ni por nuestro poder, ni por nuestra voluntad, que no depende de nosotros mismos, que no está determinado por lo que somos sino que se in-de-termina en lo que devenimos. La libertad es la experiencia de la novedad, de la transgresión, del ir más allá de lo que somos, de la invención de nuevas posibilidades de vida.

La libertad está así en la brecha entre el león y el

22. *Op. cit.*, pág. 79.

niño. Pero es una brecha, como muy bien dice Hopenhayn, en la que amenaza de nuevo el camello, la falsedad de todo lo que se nos da como libertad, como vida, como intensidad, pero que no es sino una serie de mercancías que consumimos y que nos consumen, y en la que amenaza la disolución. Pero sólo en esa brecha puede aparecer algo que no es sólo el prolongamiento de nosotros mismos en el tiempo sino el acontecimiento de algo que siempre va más lejos, algo que trae al ser lo que no era, un resultado libre, abierto y desconocido.

La difícil conquista de la infancia

Puesto que el otro nombre del niño de «Las tres metamorfosis» es creación, quisiera ahora reflexionar sobre esa fascinación por la infancia que recorre las vanguardias artísticas del siglo que termina. Tomemos, por ejemplo, la declaración de Paul Klee: «... *quiero ser como un recién nacido, no saber nada, absolutamente nada de Europa... ser casi un primitivo*». O la de Pablo Picasso: «... *a los doce años pintaba como un adulto... y he necesitado de toda una vida para pintar como un niño*». Pensemos en la purísima mirada de Joan Miró, en esos ojos brillantes, intensos e infantiles de sus fotografías de anciano. Tomemos los *«Exercicios de ser criança»* del poeta Manoel de Barros, o esa *«Didática da invenção»* que empieza por el imperativo de *«desaprender oito horas por dia»*. O ese *«hay que mirar con ojos de niño y pedir la luna»* en que Federico García Lorca cifraba la clave de la inspiración en una conferencia dictada en 1928. O esa declaración programática de Peter Handke que podría utilizarse como emblema de toda su obra: «*¿Quién dice pues que ya no hay aventuras? El camino que va de lo amorfo, sencillamente salvaje, a lo formalmente salvaje, a lo salvaje repetible, es una aventura (del espíritu de niño al niño de espíritu)*». O releamos, por ejemplo, los «*Tanteos de niños; dibujos de niños*» en los que Henry Michaux expone alguna de las claves de su pintura. O las «*Reflexiones sobre los niños, los juguetes y la educación*» de Walter Benjamin en las que late ese ansia mesiánica de comienzo que atraviesa su teoría de la historia. O la reivindicación de la inmadurez y de lo informe, del «*ferdydurkismo*», en la que Witold Gombrowicz veía la exigencia y la posibilidad de la creación. O ese imperativo de desaprendizaje que Dubuffet considera como premisa de todo descubrimiento. Y podríamos multiplicar los ejemplos.

Se trata de una fascinación que tiene correspondencias, sin duda, con otras curiosas figuras como la huida de Europa y la búsqueda de una cierta renovación espiritual en otras tradiciones (el viaje a oriente sería aquí clásico), el descubriento del primitivismo, o el uso experimental de sustancias alucinógenas o psicotrópicas. Figuras todas ellas de la evasión. Es como si el artista moderno estuviera cansado de sí mismo, preso de su propia historia, harto de su propia cultura. Demasiado peso, demasiado lastre, demasiados condicionamientos, demasiada madurez, demasiado trabajo, demasiada conciencia. Y en ese contexto, el regreso a la infancia, la difícil conquista de la infancia, aparece como una figura de la inocencia recuperada, como una imagen de lo nuevo. La búsqueda que el artista hace de su propia infancia está ligada, me parece, a una voluntad de desprendimiento de sí, de desubjetivación, de alcanzar un estado más allá o más acá de sí mismo. Como si sólo a partir de ahí, a partir de su propia destrucción como sujeto, pudiera surgir lo nuevo.

Lo nuevo, sin embargo, la pasión de lo nuevo, no se da sin ambigüedades. A veces aparece revistiendo un progresismo tan ingenuo como exaltado: esa idea de que el futuro será siempre mejor que el presente, de que el tiempo no es otra cosa que la continua superación de lo viejo por lo nuevo. La lectura, siquiera superficial, de muchos de los manifiestos vanguardistas, nos da idea de un ansia de novedad que no se refiere sólo al anuncio profético de un arte nuevo sino también, y sobre todo, de una manera nueva de estar en el mundo. Y nuestra época permanece, en parte, obnubilada por el progreso, inmersa en una acelerada huida hacia adelante, en una carrera desenfrenada hacia el futuro. Y lo nuevo se degrada en novedad, en una permanente fabricación de lo novedoso con vistas a su venta en un mercado ávido de novedades.

Otras veces, la pasión por lo nuevo tiene un sentido eminentemente negativo. Ya Adorno vio con claridad de qué forma la vanguardia estaba traspasada de negatividad, de ese espíritu que avanza declarando sospechoso y caduco todo lo recibido. También Lyotard señaló como «*la idea de modernidad está atada al principio de que es posible romper con la tradición e instaurar una manera de vivir y de pensar absolutamente nueva*».[23] Y seguramente la apología del olvido que Nietzsche hizo en la segunda intempestiva contra el peso de la historia tenga aún mucho de negativo. Como si el olvido activo formara parte de ese espíritu vanguardista básicamente negativo y destructor.

A veces también, la pasión por lo nuevo está implicada con esas estéticas de la fugacidad, de la caducidad, de lo efímero, del acontecimiento instantáneo y único en suma, que rompen con toda voluntad de permanencia y, por tanto, de historia. Pero no deja de ser irónico que los productos de las vanguardias hayan venido finalmente a ordenarse cronológicamente, que sea tan importante el momento exacto en que aparece tal corriente, tal moda o tal estilo, o que nuestra comprensión del arte moderno esté basada en ordenaciones llenas de «evoluciones» y «desarrollos», de «neos» y

---

23. J.F. LYOTARD, *La postmodernidad explicada a los niños*, Barcelona. Gedisa, 1987, pág. 90

de «posts», de listas de «ismos» que se suceden los unos
a los otros, de historia en definitiva, aunque sea una
historia cada vez más acelerada y más prolífica.

Da la sensación, a veces, de que la voluntad de
ruptura con la tradición, además de haberse hecho ya
tradicional, estuviera más ligada a la tradición de lo
que parece a primera vista. Parece también, a veces, que
las constantes declaraciones de primitivismo no son
otra cosa que síntomas de decadencia y senectud crea-
tiva, de captura de lo cada vez más arcaico y cada vez
más primitivo para su transformación en mercancía de
urgencia para el insaciable mercado de la novedad.
También da la impresión, a veces, de que el elogio de la
infancia como actitud estética y vital no deja de ser sospechoso en una época en la que funcionan a toda
máquina los aparatos de infantilización masiva de los
individuos y de producción sistemática del olvido. Y,
en medio de todas esas perplejidades, el así llamado
«arte postmoderno», sometiendo a crítica ese entusiasmo por lo nuevo propio de las vanguardias o, tal vez,
agotado y aburrido, incapaz ya de innovar, o, quizá,
inmerso en la debilitación de la idea de progreso de la
que las vanguardias eran aún deudoras, o, acaso, sos-
pechando de un inconformismo que se había hecho ya
demasiado conformista y de una libertad que se había
hecho ya obligatoria, nos invita a transitar por un paisaje de citas, de imitaciones irónicas, de plagios evidentes, de continuaciones espúreas y de recuperacio-
nes paródicas.

Pero, más allá de todas esas paradojas, más allá
del peligro de degradación en cliché que siempre acecha a cualquier forma de expresión artística o de pensamiento, lo que la reiteración de la figura de la infancia, tanto para afirmarla como para negarla, revela, es
la relación inquieta que el arte mantiene con la historia (la tensión no dialectizable entre continuidad y discontinuidad) y, quizá más importante, la relación tor-

mentosa que el artista mantiene consigo mismo como sujeto creador. El niño de las tres metamorfosis es, otra vez, más un catalizador de nuestras perplejidades que una figura teóricamente unívoca y doctrinalmente asimilable.

El niño es, en Nietzsche, origen, comienzo absoluto. Y el origen está fuera del tiempo y de la historia. El artista busca su propia infancia porque se quiere pura posibilidad. Y busca también devolver la infancia a la materia con que trabaja, a la palabra en el caso del poeta: el poeta quiere que las palabras recuperen su primitiva inocencia, su primitiva libertad, al margen o más acá de las contaminaciones a las que las ha sometido el uso de los hombres. Por eso el origen no tiene que ver con lo nuevo como futuro, puesto que ahí estaría preso de un tiempo lineal y progresivo, aliado de la historia, ni con lo nuevo como renacimiento o como «revival», puesto que ahí estaría próximo de la nostalgia superficial, despreocupada y acrítica, que en el fondo no encuentra sino lo mismo de siempre, sino con lo nuevo como intemporal, como éxtasis del tiempo, como instante o como eternidad o, si se quiere, como instante eterno o como eternidad instantánea. Y por eso es capaz de borrar tanto el carácter de pasado del pasado como el carácter de futuro del futuro. El niño no tiene nada que ver con el progreso. Tampoco tiene nada que ver con la repetición. La figura del niño no remite a una puntuación del tiempo hacia el pasado, como aún hacía la vieja cultura humanística para la cual la edad de oro ya pasó y es irrecuperable, aunque susceptible, eso sí, de una emulación siempre insuficiente. Y tampoco remite a una puntuación del tiempo hacia el futuro para la cual el paraíso se proyecta siempre en un horizonte inalcanzable, aunque susceptible, desde luego, de una aproximación siempre incompleta. El niño no es ni antiguo ni moderno, no está ni antes ni después, sino ahora, absolutamente actual pero fuera de la actualidad, como sacando a la actualidad de sus casillas y separándola de sí misma, absolutamente presente pero fuera de la presencia, como separando al presente de sí mismo. El niño suprime lo histórico por la alianza del presente con lo eterno. Su tiempo no es lineal, ni evolutivo, ni genético, ni dialéctico, sino que está hecho de destellos, de intermitencias. El niño es un presente fuera del presente, es decir, un presente inactual, intempestivo.

Cronos y *aión*, o el acontecimiento

La figura del niño está dirigida contra el tiempo, es una figura del contratiempo, al menos desde el punto de vista del tiempo puntual, homogéneo, infinito, cuantificable y sucesivo que es el tiempo dominante desde hace siglos en Occidente. Por eso quisiera volver, como última exposición de las perplejidades de la libertad liberada, a los motivos que aparecieron en la cita de Heidegger con la que terminé el primer relato de la liberación de la libertad: ese motivo heracliteano de la lucha entre *cronos* y *aión* como dos figuras opuestas y complementarias del tiempo, y ese motivo también heracliteano del juego al que se refieren también en algún momento casi todos los comentaristas del niño nietzscheano. Como si para liberar la libertad, para que la libertad tuviera la forma de *aión* y del acontecimiento, hubiera que liberarla del tiempo continuo y crónico en el que está atrapada.

El tiempo crónico es el tiempo según el antes y el después, el tiempo dotado de una dirección y de un sentido, el tiempo irreversible representado por una línea que va de atrás hacia adelante. Esa experiencia del tiempo tiene su origen matemático en la Física aristotélica; se modifica sustancialmente al cristianizarse, sobre todo al incluir una dimensión apocalíptica, una dimensión de fin de los tiempos, que es la que le dota de sentido; y llega hasta nosotros configurado por la experiencia del trabajo en las manufacturas, convertido ya en proceso, en un proceso-sucesión abstracto, en una sucesión de ahoras que pasan siempre en fila, ordenadamente; el tiempo se nos ha convertido ya en una mera cronología que, para conservar un cierto sentido, una cierta orientación, debe preservar la idea de un progreso o, al menos, de un desarrollo continuo e infinito.

A ese tiempo crónico se le opone, como contra-tiempo, la figura de *aión*. *Aión* es un nombre derivado de *aieí*, que podría traducirse por «siempre», y que viene de la misma raiz que da el latín *aeternus*. En el fragmento de Heráclito, *aión* podría referirse al tiempo considerado de una vez, al tiempo-todo, al tiempo sempi-terno. Pero lo sorprendente es que ese tiempo-todo es un niño que juega y que acaba coronado como el rey del juego. Al relacionar el tiempo-todo con un niño que juega y no, como parecería más evidente, con un viejo al final de su vida, o con algo que diera sensación de eternidad y completud, de permanecer fuera del tiempo, el tiempo fuera del tiempo de la eternidad o del final se confunde con el tiempo fuera del tiempo del instante o del principio, pero con un instante que ya no es un momento matemático, un mero pasar, sino un instante original, un origen. El juego tiene por modelo la jugada, la ocasión, la decisión, el *kairós*, el estado de excepción, el acontecimiento imprevisto e imprevisible que hace saltar el continuo del tiempo en una jugada instantánea que, sin embargo, como momento decisivo, concentra en sí misma el todo del tiempo y a la vez cierra el tiempo y abre el tiempo. *Aión* o el niño o el juego es, entonces, una figura de la interrupción, de la discontinuidad, pero también de la decisión, y también del final, y también del origen. Por ejemplo la figura an-árquica y a-teleológica de la revolución en política, o de la creación en arte, o del nacimiento y el renacimiento en la vida discontinua y metamórfica de los hombres. Por ejemplo, la figura de aquello en que lo que somos y lo que devenimos está cada vez, y cada vez de nuevo, puesto en juego.

Para no concluir

Hasta aquí un cuento, el cuento o la historia de la liberación de la libertad, y una serie de motivos que nos pueden dar una idea de lo que se nos da a pensar en el ámbito de la libertad liberada. Y todo ello, repito, con la intención de abrir un espacio de interrogación en cuyo interior inscribir nuestras inquietudes y nuestras perplejidades.

A partir de aquí, se trata de continuar con otros ejercicios de liberación a propósito de las otras palabras, o ideas, que en mi cuento aparecían ligadas a esa libertad moderna desfalleciente y desfallecida, esas palabras mayúsculas que son Razón, Hombre o Sujeto, e Historia, igualmente arruinadas por mucho que sigan atronando en nuestros oídos con intenciones fundamentalmente represivas. Si estamos liberándonos de la Libertad, o si estamos empezando a vislumbrar algo así como una libertad liberada, una libertad a la que quizá no le convenga ya la palabra o el concepto «libertad», también estamos empezando a liberarnos de la Razón y estamos empezando a vislumbrar algo así como una razón liberada, una razón a la que quizá no le convenga ya la palabra o el concepto de «razón», y estamos también liberándonos del Sujeto y empezando a vislumbrar algo así como una subjetividad liberada, una subjetividad a la que quizá no le convenga ya la palabra o el concepto de «hombre», y estamos también empezando a liberarnos de la Historia y a vislumbrar algo así como una temporalidad liberada, una temporalidad a la que quizá no le convenga ya la palabra o el concepto de «historia». O, si se quiere, estamos empezando a pensar algo así como una relación con el tiempo que no pasa ya por la idea totalizante y totalitaria de la Historia, una relación con el sentido que no pasa ya por las ideas totalitarias y totalizantes de la Razón o de la Verdad, una relación con nosotros mismos y con los otros que no pasa ya por las ideas totalitarias y totalizantes del Hombre o del Sujeto, y una relación con nuestra propia existencia, y con el carácter contingente y finito de nuestra propia existencia, que no pasa ya por la idea totalitaria y totalizante de la Libertad. ¿Invención de nuevas posibilidades de vida? ¿creación? ¿autocreación? Quizá.

Capítulo Décimotercero
Inventar un pueblo que falta

... quería escribir de manera política y las palabras me faltaban. Había palabras, claro, pero no tenían que ver conmigo.

... en mi país de origen nunca fue posible tener siquiera la idea de formar parte del país o de las gentes. Ni siquiera había una idea de de lo que es un país y de lo que son sus gentes. ¿Y es precisamente este desierto de aquí el que me da la idea de lo que es un pueblo?

Peter Handke

La inanidad de nuestra política no está sin relación con la inanidad de nuestro lenguaje político. Palabras que han encarnado potentes figuras de la comunidad humana y que han desencadenado gigantescos modos de subjetivación colectivos, palabras como «libertad», «igualdad», «pueblo», «ciudadanía» o «democracia», están en un estado tan deplorable que ya apenas dicen nada a nadie. Nos suenan tan falsas y tan ajenas que nada tienen que ver con nosotros. Nos esforzamos continuamente en resignificarlas, en darles una cierta fuerza crítica, en insertar en ellas y en expresar con ellas nuestra voluntad de vivir. Pero a lo mejor están ya tan manipuladas que habría que abandonarlas, así, completamente, «dejárselas al enemigo», como decía García Calvo que habría que hacer con todas las palabras mayúsculas y traidoras, entre ellas, y quizá en primer lugar, con la palabra «realidad».[1] Y aunque los «*realidó-filos*»[2] sigan gritando que la política tiene que ver con hechos, con realidades y no con palabras, y que hay cosas mucho más importantes y más urgentes que hacer que diagnosticar la degradación de nuestro vocabulario político, tal vez habría que recordar una vez más que la existencia misma de la *polis* como comunidad política depende de la definición del hombre como el «*viviente que posee el lenguaje*» y que puede por tanto comunicar no sólo «*la sensación del dolor y del placer*» sino «*el sentido del bien y del mal, de lo justo y de lo injusto*».[3] No hay política porque haya explotación, violencia o dolor, sino porque seres parlantes inscriben polémicamente esas «realidades» en el espacio común de la *polis* según el sentido del bien y del mal, de lo justo y de lo injusto.

Hay política porque seres parlantes comunican su desacuerdo, un desacuerdo que no se refiere sólo a lo que es bueno o malo, justo o injusto, sino al sentido mismo del bien común y de la justicia; y un desacuerdo que no sólo tiene lugar en el lenguaje sino que se refiere también a quién habla, a quién puede hablar y a qué significa hablar. El espacio político es un espacio común, esto es, de todos y de nadie, y además disputado, que permite la inscripción lingüística de la justicia o la injusticia de las relaciones entre los hombres. Por eso no es sólo que la política tenga que ver con el lenguaje, sino que la política está hecha (también) de lenguaje. Por eso la miseria de nuestra política está hecha también de la miseria de las palabras con las

1. A. García Calvo, «Sobre la realidad o las dificultades de ser ateo», en *Lalia. Ensayos de estudio lingüístico de la sociedad*. Madrid. Siglo XXI, 1973.
2. La expresión es de P. Handke, *Historia de niños*. Madrid. Alianza, 1986, pág. 73.
3. Aristóteles, *Política* 1253a

que ponemos en común nuestro desacuerdo sobre lo justo o lo injusto.

Así que habrá que empezar desfamiliarizando las palabras como primer paso para su renovación (o su abandono) posible. Con Julio Cortázar, por ejemplo: *«Digo: libertad, digo: democracia, y de pronto siento que he dicho esas palabras sin haberme planteado una vez más su sentido más hondo, su mensaje más agudo, y siento también que muchos de los que las escuchan las están recibiendo a su vez como algo que amenaza convertirse en un estereotipo, en un cliché sobre el cual todo el mundo está de acuerdo porque esa es la naturaleza misma del cliché y del estereotipo: anteponer un lugar común a una vivencia, una convención a una reflexión, una piedra opaca a un pájaro vivo».*[4] Las palabras-cliché, dice Cortázar, son palabras gastadas por el uso, romas, sin filo; palabras que se pronuncian y se escuchan casi automáticamente, superficialmente, sin encarnación singular en el cuerpo ni en el alma; palabras muertas, solidificadas y opacas que ya no son capaces de captar ni de expresar vida; palabras comunes y homogéneas que ya no pueden incorporar un sentido plural.

No hay crítica de la política existente ni posibilidad de invención de una política otra que no pase (también) por la crítica del lenguaje político existente y por la invención de un lenguaje político otro. No hay revuelta política que no pase por la revuelta lingüística. Quizá por eso algunos pensadores especialmente inquietos se han vuelto hacia la escritura literaria. No sólo porque la literatura sea uno de los lugares mayores de la renovación de la lengua, de la destrucción de las palabras-cliché, de la lucha contra la convención y el estereotipo, sino también, y sobre todo, porque la

4. Citado sin referencia en J. Ibáñez, «Nada para el pueblo, pero sin el pueblo» en *Archipiélago*, 9, 1992, pág. 59.

escritura literaria misma, como forma mayor de creación junto a la filosofía y al arte, puede dar a pensar de otro modo qué significa hoy, para nosotros, ese poner en común nuestro desacuerdo sobre el sentido del bien y del mal, de lo justo y de lo injusto por el que acaso aún hay algo que podamos llamar política. En las páginas que siguen intentaré dar a pensar ese gesto deleuziano que consiste en tomar la escritura literaria para apuntar hacia una cierta idea de la política, y quizá de la democracia, como *«invención de un pueblo que falta»*.

Este pueblo que falta

La expresión aparece repetida y transformada[5] en uno de los últimos libros de Deleuze, en esa compilación de escritos sobre la escritura que se titula *Crítica y clínica*. En el primer capítulo de ese libro, en ese bellísimo texto programático titulado «La literatura y la vida», Deleuze escribe lo siguiente: «... *la salud como literatura, como escritura, consiste en inventar un pueblo que falta. Pertenece a la función fabuladora inventar un pueblo»*. Como para dislocar ese «pueblo que falta» de todas las substantivaciones identitarias, Deleuze lo califica enseguida de un pueblo menor, bastardo, inferior, dominado... un pueblo siempre inacabado, siempre en devenir... un pueblo nómada, excéntrico.... un pueblo tomado en su devenir revolucionario. Deleuze piensa en un pueblo sin grandeza, sin pureza de lengua, de sangre, de rango o de territorio, sin dignidad jerárquica, sin soberanía, sin voluntad de poder, sin identidad, sin definición totalizante, sin historia, sin centro, sin origen y sin destino, sin ningún principio ni ningún telos unifica-

5. Digo «repetida y transformada» porque esa expresión aparece también en otros lugares del *corpus* deleuziano significando lo mismo y, a la vez, otra cosa. Por ejemplo en *Mil Mesetas,* en relación al arte o en *¿Qué es la filosofía?* en relación a la escritura filosófica.

dor, literalmente anárquico y ateleológico. Y concluye: *«... meta última de la literatura, desprender en el delirio (dégager dans le délire) esta creación de una salud, o esta invención de un pueblo, es decir una posibilidad de vida. Escribir por este pueblo que falta...».*[6]

Las preguntas aparecen en cascada: ¿qué es este pueblo que falta en cuya invención se juega nada más y nada menos que una salud o una posibilidad de vida? ¿qué es este pueblo que falta cuya existencia depende de la fabulación, de la invención, del delirio de la palabra literaria, del trabajo de la escritura? ¿qué es ese pueblo que falta que se da a leer en el delirio (lire/délire) saludable y creador de la literatura, del arte, de la filosofía? ¿qué es ese pueblo que falta cuya invención exige un compromiso que viene del desprendimiento (engager/dégager)? ¿qué es ese pueblo que falta que atraviesa en diagonal la escritura y la política y constituye un espacio intermediario y fronterizo entre ambas, un espacio en el que la política deviene escritura y la escritura deviene política? Pero ¿cómo podría identificarse un pueblo que se caracteriza por su no identidad? ¿dónde podría encontrarse un pueblo que falta?

La política y la policía

Quizá convenga aclarar desde el principio que no se trata aquí, en ese pasaje entre escritura y política o entre política y escritura, de las opiniones o los compromisos políticos de los escritores, ni de la intención política de la literatura, ni de la interpretación explícitamente política de las obras, ni mucho menos del valor político de una literatura que pueda ser considerada como «popular», bien porque se suponga que haya

6. G. DELEUZE, «La littérature et la vie» en *Critique et Clinique.* Paris. Minuit, 1993, págs. 14 y 15.

sido producida por un sujeto llamado «pueblo», bien porque se suponga que representa la realidad objetiva de algo llamado «pueblo», o bien porque contribuya a realizar una determinada idea, más o menos utópica, más o menos «idealizada», de lo que sea un «pueblo». Se habrá comprendido ya que el «pueblo» del que habla Deleuze no es ni sujeto ni objeto, no es una «realidad» de ningún tipo, ni subjetiva ni objetiva, y tampoco es una «ficción» o una «idea». El pueblo que falta está del lado de la fábula. Y la fábula es justamente ese modo de invención que interrumpe la lógica de la representación, la lógica de la *mímesis*, es decir, la lógica que permite distinguir y jerarquizar cosas como la esencia y la apariencia, la realidad y la idealidad, el modelo y la copia, la idea y el simulacro, el concepto y la metáfora. Se habrá comprendido también que la política de la que aquí se trata no tiene nada que ver con el arte del gobierno (ese conjunto de técnicas de producción y gestión de los individuos y de las poblaciones que podríamos llamar, con Foucault, «policía») ni con la legitimación, la distribución o la lucha por el poder del Estado. La política acontece justamente cuando algo, quizá ese «pueblo que falta», interrumpe la lógica policial o trastorna la lógica de la dominación. La política está del lado del acontecimiento. Y el acontecimiento es algo excepcional o, lo que es lo mismo, se da siempre en la forma del «estado de excepción». Hay política cuando hay alguna excepción que interrumpe el funcionamiento de los aparatos policiales y de la máquina del Estado.

Rigoberto Lanz, con quien comparto la idea de que no hay debate político intelectualmente interesante que no parta del «*hacerse cargo del patetismo de la democracia realmente existente y la fatal esterilidad teórica del mundo académico*», concluía su vigorosa presentación de uno de los dossieres de *RELEA* con una moraleja: «*si quieres 'vivir en democracia', échate a dor-*

mir».[7] Podríamos decir, entonces, que hay política cuando algo interrumpe el pesado sopor de la normalidad policial y estatal. Es decir, *casi nunca* si sólo prestamos atención al espectáculo político montado precisamente para que nada acontezca o, lo que es lo mismo, *quizás todos los días* con la única condición de que sepamos percibir el murmullo de todas esas interrupciones que acontecen al margen o en los intersticios del ruido que producen las formas establecidas, mediáticas o académicas, de representación de lo político.

Si hay un «entre» entre política y escritura y si ese «entre» pasa a veces por la invención de un pueblo que falta, es justamente porque ese «pueblo que falta» irrumpe en el espacio público para hacer valer su desacuerdo respecto al «sentido del bien y del mal, de lo justo y de lo injusto» y, en ese desacuerdo, pone en cuestión tanto la normalidad de funcionamiento de lo político como la estabilidad de su propia representación como pueblo.

La supresión del pueblo

Como «democracia» y «libertad» en la cita de Cortázar, la palabra «pueblo» también es un lugar común, una convención, una piedra opaca. Y además, hoy, con poco prestigio. La palabra «pueblo» es prácticamente inexistente en el vocabulario teórico. Y es posible que la derrota del fascismo y del comunismo explique el final de su uso masivo en la retórica política. El pueblo como sujeto ha sido arrojado a la basura junto con las «ilusiones» de la historia y de la revolución, junto con las «promesas» escatológicas de emancipación, junto con la concepción teleológica de la política. Expresiones como «poder popular», «frente popular» o «revo-

7. R. LANZ, «La democracia como simulacro» en *RELEA*, 8, 1999, pág. 13.

lución popular» se nos han hecho impronunciables. Por otra parte, todavía está demasiado cerca de nosotros el populismo fascista que convirtió una imagen delirante de *das Volk, il popolo*, en una gigantesca máquina excluyente, totalitaria y mortífera. Y demasiado próximo también el populismo paternalista y redencionista que hace de la masa de los miserables objeto de compasión y de tutela. Pueblo suena hoy a antigualla nostálgica, a totalitarismo o a paternalismo y, en cualquier caso, a demagogia, a publicidad o a propaganda.

Nos encontramos hoy con la desaparición del pueblo de todo fundamento y de todo horizonte político. Y esa desaparición coincide con el fin de la política, con la final pacificación de la política, con la final despolitización de la política, con la final insignificancia de la política que resulta de la final emancipación de la democracia contemporánea respecto de sus infantiles orígenes revolucionarios. Una democracia finalmente «razonable», «madura», «adulta» es una democracia que se ha liberado de los estorbos del «mito del pueblo». La actual democracia liberal-capitalista es así una democracia sin *demos*, el resultado de la reducción de lo político a la lucha de los partidos por el poder, a la fabricación de consensos, a la gestión y a la negociación de los intereses, a la legitimación de las élites y al cálculo de lo económicamente rentable, de lo electoralmente provechoso y de lo socialmente tolerable. Y eso cuando no es el cascarón vacío en el que proliferan a sus anchas la doble verdad, la doble moral y la doble contabilidad.

En ese contexto, con la política vaciada de todo sentido emancipador, el pueblo permanece como un obstáculo anacrónico, como un resto intolerable que hay que suprimir. De lo que se trata es de suprimir al pueblo para así poder manipular sus imágenes. A veces el pueblo da miedo y se aproxima metafóricamente a la masa, al *óchlos* griego o a la *turba* latina, al vulgo, a la plebe, a la multitud anónima e indiferenciada, al populacho en definitiva, y entonces aparece representado como violento, vociferante, perturbador, irracional e imprevisible. Otras veces el pueblo provoca lástima o mala conciencia y entonces da nombre a los desheredados de la tierra, a los pobres, a los desgraciados, a las víctimas. Pero en ambos casos se trata de su desactivación política. Como si el objetivo principal de lo que hoy llamamos política fuese justamente la supresión del pueblo y, con el pueblo, la supresión de la política misma.

En el primer caso, lo que debe ser suprimido es la división esencial entre el Pueblo como conjunto de ciudadanos identificados y representables y el pueblo como turba popular, como turbulencia de masas, como presencia amenazadora de ese «animal» dominado por la pasión y por el deseo que tanto escandalizaba a Platón en el libro VI de *La República* o de esa «masa carente de pensamiento» que tanto incomodaba a Kant en *¿Qué es la Ilustración?* Para desactivar el desorden de la «masa», el arte político debe constituir, ordenar y gestionar partes, lugares, rangos, grupos, funciones, identidades políticas, económicas, culturales o sociales que coexisten y divergen de forma más o menos equilibrada, más o menos calculable. Uno de los dispositivos encaminados a esa ordenación de las diferencias es la participación: nadie está excluido si se identifica, si se constituye en interlocutor, en parte interesada, participante. Y da igual que las partes sean mayoritarias o minoritarias, homogéneas o heterogéneas. Lo que importa es que sean partes y que participen. Pero seguramente el gran dispositivo de despolitización de la política por supresión del pueblo sea la invención del individuo personal. El individuo personal como sujeto definido, identificado y sujetado, y la colectividad humana como conjunto calculable y gobernable de individuos personales aparentemente soberanos (soberanos para perseguir su propio interés) es el gran dispositivo que cancela los peligros y los desórdenes del pueblo.

En el segundo caso, lo que debe ser suprimido es la división esencial entre el Pueblo como sujeto político constitutivo, el Pueblo como el conjunto de ciudadanos portadores de la soberanía, y el pueblo como la clase excluida de la existencia política, como el conjunto de los cuerpos menesterosos cuya existencia misma cae exclusivamente del lado de la necesidad. Mientras el Pueblo de la soberanía tiene una vida política, el pueblo de los miserables es una pura vida desnuda que se define únicamente por sus carencias. Tanto el derrotado proyecto revolucionario de la sociedad sin clases como el triunfante proyecto liberal-capitalista del desarrollo coinciden en la pretensión de cerrar esa escisión tan embarazosa para producir un pueblo sin fractura. No sé si deberíamos lamentarnos de que la gran utopía planetaria sea hoy la constitución de una pequeña burguesía universal. La paradoja es que la miseria es a la vez necesariamente producida y políticamente embarazosa. El sistema liberal-capitalista a cuyo servicio se constituye la democracia consensual moderna, produce masivamente un pueblo miserable pero, al mismo tiempo, debe expulsarlo a la periferia y/o suprimirlo políticamente, eliminarlo como pueblo en suma. La proliferación, sobre todo retórica y espectacular, de las acciones «humanitarias», realiza con cierta eficacia esa supresión en tanto que lo «humanitario» se define precisamente por su separación de lo político, por hacer presa exclusivamente en la vida desnuda de las poblaciones, en su cuerpo doliente y necesitado.

En el proyecto ¿político? de la democracia moderna el pueblo no tiene ya inscripción política, no tiene existencia reconocida en la *polis*. Lo único que hay es un conjunto de individuos personales entregados a la persecución de sus propios intereses (a participar en la lucha por su propia parte), turbas vociferantes que interrumpen de cuando en cuando la «normalidad» y el «orden» político, y una masa silenciosa de excluidos, definidos sólo por su vida desnuda necesitada, o por sus puras necesidades vitales, objeto de ayuda humanitaria. Si pensamos, con Débord, que la nuestra es la sociedad del espectáculo, la política es la producción y la representación espectacular del *silencio* doliente de la inhumanidad miserable, del *rugido* enfurecido de la infrahumanidad multitudinaria y de las *opiniones* triviales de los individuos y de los grupos de esa pequeña clase media planetaria que reclama para sí la exclusiva de la figura de la humanidad democráticamente realizada.

En esta distribución de inscripciones políticas, podría parecer que los individuos personales constituidos en partes son los únicos que tienen nombre y son alguien, los únicos que hablan, los únicos que tienen reconocido el derecho a hablar en nombre propio, los únicos que participan, los únicos que pueden constituirse en interlocutores legítimos, los únicos que tienen existencia política porque pueden inscribir en la *polis* su sentido del bien y del mal, de lo justo y de lo injusto. Pero los individuos personales y los grupos sólo hablan y se identifican en la forma espectacular de la opinión, es decir, en el modo como son producidos y representados por los votos, las encuestas y los sondeos de opinión. El pueblo de la soberanía es ahora el pueblo de la «opinión pública», es decir, nada más que el modo como el conjunto de los individuos y las partes es producido, determinado, presentado y exhibido sin cesar por la conjunción de los aparatos científicos y los aparatos mediáticos.

El populacho grita o vocifera. La humanidad miserable no habla puesto que su modo de existencia es puramente biológico. La supresión del pueblo funciona así, en primer lugar, expulsando del ámbito político la voz de la mayoría de los hombres bajo las figuras del ruido animal de la masa o del silencio doliente de la humanidad miserable. Aquellos que están privados de palabra solamente pueden ser tomados en cuenta mediante la representación política de su propia inexistencia política o, en otras palabras, mediante la representación humanitaria de la infrahumanidad o la inhumanidad pura de su existencia. Por eso los excluidos son siempre ellos, los otros, los que no hablan, aquellos de los que se habla o, suprema arrogancia, aquellos en cuyo nombre se habla. Pero la supresión del pueblo funciona también, en segundo lugar, convirtiendo al conjunto de los individuos y de las partes en muestra estadística, en la contabilidad de sus intereses y de sus opiniones, en el cálculo y la previsión de sus comportamientos.

El pueblo por venir

Hay política porque la comunicación del desacuerdo pone en cuestión la normalidad del funcionamiento de los aparatos policiales y estatales. Y hay democracia cuando es el pueblo, el *demos*, el que inscribe polémicamente la cuestión de su propia existencia-inexistencia en ese desacuerdo. Jacques Rancière, a cuya obra debe mucho el epígrafe anterior, ha mostrado cómo la democracia tiene como condición de posibilidad el hecho de que los hombres sin cualidades y sin propiedades, el revoltijo de la gente sin nada, se instituye como pueblo apelando como único título para su existencia política a una única propiedad vacía: la libertad. Escribe Rancière: «... *es a través de la existencia de esta parte de los sin parte –los pobres antiguos, el tercer estado, el proletariado moderno– que la comunidad existe como comunidad política, es decir dividida por un litigio fundamental, por un litigio que se refiere a la cuenta de las partes antes incluso de referirse a sus 'derechos'. El pueblo no es una clase entre otras. Es la clase de la distorsión que perjudica a la comunidad y la instituye como 'comunidad' de lo justo y de lo injusto*». Y un poco más adelante, «... *la política existe cuando el orden natural de la dominación es interrumpido por la institución de una parte de los que no tienen parte (...). Al margen de esta institución no hay política. No hay más que el orden de la dominación o el desorden de la revuelta».*[8] Podríamos decir que el conflicto político fundamental, el litigio o el desacuerdo político fundamental, el litigio por el que lisa y llanamente *hay* política y no sólo equilibrio consensual, melodrama humanitario o gestión policial de los individuos y de las poblaciones, no es otra cosa que el litigio por la cuenta de los que no cuentan, por la existencia de los que no existen, por la voz de los que no hablan. El acontecimiento por el que hay política, el acontecimiento que interrumpe la normalidad del funcionamiento de los aparatos policiales y estatales, no es otro que el escándalo de la aparición pública del pueblo.

El gran problema (y el gran escándalo) político de los modos de inscripción del pueblo en la *polis* ha sido aparentemente disuelto en la democracia capitalista-liberal finalmente despolitizada por el simple expediente de suprimir al pueblo. Y nos decía Deleuze que la función fabuladora, consiste justamente en inventar un pueblo que falta. Ese «pueblo que falta» en la *polis* finalmente despolitizada y que la literatura delira no es el Pueblo mayúsculo de la Nación por fin idéntica a sí misma («un solo Pueblo, una sola Bandera, una sola Historia, un solo Destino» es un lema inequívocamente fascista independientemente de lo que funcione como principio unificador: la raza, la religión, la cultura, el territorio, la lengua...) ni el Pueblo mayúsculo en marcha de la revolución triunfante. Esos Pueblos mayúsculos, tomados en su Identidad o en su Historia, son el resultado del delirio malo, enfermo, del delirio de la esencia o del destino, del delirio de grandeza, del deli-

8. J. Rancière, *El desacuerdo.* Buenos Aires. Nueva Visión, 1996, págs. 19-26.

rio de la voluntad de dominio. Como también es resultado del delirio malo ese pueblo quizá minúsculo pero ya inofensivo, bien contado y determinado por la ciencia y los medios y producido como población calculada y calculable. Ese pueblo producido, identificado y representado con criterios sociales, económicos o culturales, ese pueblo dividido en profesiones, clases de edad, niveles de ingresos, creencias religiosas, identidades culturales, hábitos de consumo, opiniones políticas, valores culturales, necesidades de salud o de educación, intenciones de voto, etc., no es otra cosa que el correlato del funcionamiento delirante de las figuras paralelas de la policía y del estado. Y, desde luego, también son un producto del delirio malo, de la producción policial, esas imágenes tan fácilmente manipuladas y manipulables que nos presentan el pueblo como masa vociferante o como multitud necesitada.

Deleuze, y en eso sigue la estela de Nietzsche, no opone el delirio al no-delirio sino el delirio enfermo al delirio sano. El hombre no es tanto un animal racional, un animal parlante o un animal político, como un animal de invención, un animal delirante. Tanto la filosofía como la literatura o la política son productos de ese delirio, de esa función fabuladora, de esa capacidad de invención. Y el criterio para establecer la enfermedad o la salud de las distintas formas de delirio está en cuál es su relación con la vida. Habría entonces un delirio enfermo, negativo, negador de la vida, y un delirio sano, afirmativo, productor de novedad, inventor de posibilidades de vida. La salud nietzscheana está del lado de la intensificación de la vida, en la apertura de posibilidades de vida. Pero ¿qué tiene esto que ver con el pueblo y con su inscripción política?

El delirio enfermo es el delirio inducido por el miedo a la vida y por su correlato, la voluntad de dominio. El delirio enfermo como delirio político pasa por la subjetivación en un pueblo sin vida. Y un pueblo sin vida es, por ejemplo, ese pueblo idéntico a sí mismo delirado por las distintas formas de fascismo. Dice Deleuze en un párrafo donde la palabra «literatura» podría ser sustituida por la palabra «política»: «*El delirio es una enfermedad, la enfermedad por excelencia, cada vez que erige una raza supuestamente pura o dominante. Pero es la medida de la salud cuando invoca a esa raza bastarda y oprimida que no cesa de agitarse bajo las dominaciones, de resistir a todo lo que la aplasta y la aprisiona, de dibujarse en diagonal en la literatura como proceso. Todavía allí siempre hay un riesgo de que un estado enfermizo interrumpa el proceso o el devenir; y vuelve a encontrarse la misma enfermedad que para la salud, el riesgo constante de que un delirio de dominio se mezcle al delirio bastardo y lleve a la literatura hacia un fascismo larvado, la enfermedad contra la que lucha, si no la diagnostica en sí misma y lucha contra sí misma*».[9] El delirio enfermo está del lado del fascismo y de la muerte y por eso tenía razón Foucault cuando decía que la obra de Deleuze puede considerarse como una introducción a la vida no fascista,[10] a la escritura vitalmente no fascista, a la política vitalmente no fascista. Como también es un pueblo sin vida, sin devenir, idéntico a sí mismo, el que se representa como puro objeto de necesidad o el que se erige como mera contabilidad de los individuos y de las partes. La vida del pueblo no está ni en la «realidad» que lo hace idéntico a sí mismo, ni en la anticipación de su futuro que lo hace un pueblo «a realizar». El pueblo que falta consiste justamente en la elaboración de su propia falta, en algo que no es ni real ni ficticio, ni presente ni utópico, ni verdadero ni falso, porque es la capacidad de resistencia y de invención de un pueblo

9. G. Deleuze, *Op. cit.,* pág. 15
10. M. Foucault, «El antiedipo: una introducción a la vida no fascista» en *Archipiélago,* 17, 1994, págs. 88-91.

sin esencia, sin identidad, sin propiedad, sin autenticidad, la posibilidad de devenir de un pueblo fabulador/fabulado, delirante/delirado.

Para establecer en la «invención de un pueblo que falta» un pasaje «de salud» entre escritura y política Deleuze hace jugar fuerte su antiplatonismo. Contra las normas de la *mímesis*, Deleuze hace jugar la capacidad fabuladora de la escritura; contra la lógica identitaria de la representación, la fuerza desidentificadora de la lengua; contra el delirio enfermo de la estabilidad, de la determinación y de la voluntad de dominio, el desorden vivo de la escritura. La fábula deleuziana interrumpe la figura transcendental de la representación y, con ella, toda distinción posible entre realidad y ficción, entre modelo y copia, entre verdad y apariencia. Una vez fuera del esquema de la *mímesis*, no hay manera de distinguir o jerarquizar buenas o malas imágenes. Así, frente al mundo dualista y vertical de la representación, Deleuze opone el mundo horizontal de las multiplicidades; frente a la trama o la acción, frente a la historia en suma, la fuerza antinarrativa del devenir; frente al sentido, la fuerza asignificante del acontecimiento; frente al personaje o el héroe, la fuerza metamórfica de las modalidades no personales de individualización; frente a las formas de la trascendencia, los procesos de la inmanencia. Y con eso Deleuze subraya el trabajo de la escritura literaria como un trabajo de indeterminación, de indiferenciación y de desidentificación. De lo que se trata es de atender a la potencia misma de la escritura literaria como potencia de vida y, a la vez, como potencia política.

La política democrática como experiencia política y la escritura literaria como experiencia de lenguaje comparten una misma ontología. Igual que la potencia de la escritura literaria consiste en la creación, en la lengua materna, de una lengua extranjera, la potencia política democrática consiste en la inscripción, en la *polis*, de un pueblo que falta. La literatura y la democracia introducen lo otro, son respectivamente la heterología de la lengua y la heterología de la política. Por eso la inscripción en la *polis* de un pueblo que falta está del lado de la fábula. El pueblo sin cualidades, sin identidad real ni ideal, es el gran «fabulador» y el gran «fabulado», es el devenir-sujeto de la fábula compartida de la libertad y de la igualdad. El pueblo que falta es ese ser capaz de fabular la irrealidad de su propia representación, es decir, de hacer productiva su propia ausencia, su propia falta. La invención de un pueblo que falta es la potencia de la fábula que deshace la identidad de las partes, de los grupos y de las representaciones, que deshace incluso ese individuo personal sujetado a una identidad calculable.

Deleuze supone que la existencia desterritorializada y molecular del pueblo en el capitalismo avanzado (el capitalismo es una gigantesca máquina de desterritorialización, de desenraizamiento y de movilización de los individuos y de las poblaciones) es correlativa a la puesta en funcionamiento de una serie de dispositivos de captura orientados a organizar, controlar o suprimir su fuerza haciéndolo idéntico a sí mismo como, por ejemplo, los *mass media*, los aparatos científico-estadísticos, las organizaciones del pueblo tipo sindicatos o partidos, o las organizaciones para el pueblo tipo aparatos policiales de asistencia e integración. En ese contexto se pregunta por la posibilidad de esperar, de suscitar o de engendrar un pueblo por venir. Y ahí, de pronto, como un fogonazo, la gran alternativa prestada de Virilio: «*habitar en poeta o en asesino*». El artista, escribe Deleuze, «*ha dejado de dirigirse al pueblo, de invocar al pueblo como una fuerza constituída. Nunca ha tenido tanta necesidad de un pueblo, pero constata en el punto más alto que el pueblo falta –el pueblo, lo que más falta (...). El pueblo es lo esencial, y por tanto falta. El problema del artista es entonces que la despoblación moderna del pueblo desemboque sobre una tie-*

rra abierta».[11] Inventar un pueblo que falta consiste, entonces, en llevar al límite la desterritorialización capitalista y volverla contra sí misma para apelar a una tierra nueva y a un pueblo nuevo. Algo en lo que se unen el arte y la filosofía como formas revolucionarias de la fábula y de la invención: «... *la creación de conceptos apela en sí misma a una forma futura, pide una tierra nueva y un pueblo que no existe todavía (...). El arte y la filosofía se unen en este punto, la constitución de una tierra y de un pueblo que faltan, en tanto que correlato de la creación».*[12]

No me puedo detener aquí en recorrer los autores que, en el análisis de Deleuze, funcionan como ejemplares en ese pasaje de salud entre política y escritura que consiste en fabular un pueblo que falta. Baste decir que esos autores no son precisamente los más populares o los más populistas, que sus nombres son Klee o Bacon en el arte, Spinoza o Nietzsche en la filosofía, Kafka o Melville en la literatura: «*Kafka para Europa central, Melville para América presentan la literatura como la enunciación colectiva de un pueblo menor, o de todos los pueblos menores que no encuentran su expresión sino por y en el escritor».*[13] No puedo tampoco comentar aquí otras interesantísimas operaciones de pasaje entre política y escritura literaria que podrían relacionarse, sin duda polémicamente pero a partir de una complicidad de base, con la propuesta deleuziana.[14] Y, desde luego, no voy a intentar cons-

---

11. G. Deleuze y F. Guattari, *Mille Plateaux.* Paris. Minuit, 1980, pág. 427.

12. G. Deleuze y F. Guattari, *¿Qué es la filosofía?* Barcelona. Anagrama, 1993, pág. 110.

13. G. Deleuze, *Critique et Clinique. Op. cit.,* pág. 15.

14. Por ejemplo, J. Rancière, *Courts voyages au pays du peuple.* Paris. Seuil, 1990 y *La chair des mots. Politiques de l'écriture.* Paris. Galilée, 1998. También G. Agamben, *La comunidad que viene.* Valencia. Pre-textos, 1990. Los dos últimos libros tienden sendos capítulos sobre el *Bartleby* de Melville, el libro en el que Deleuze ve la fórmula

truir y justificar mi propio listado que sin duda estaría encabezado por Peter Handke.[15] Baste indicar que son autores que no tratan de expresar otra imagen u otra realidad del pueblo opuesta a la representación policial-estatal de nuestra política, sino que señalan hacia una fuerza que destruye toda imagen, todo modelo, toda representación y toda realidad.

El devenir pueblo del pueblo

Un pueblo menor, bastardo, inferior, dominado, inacabado, nómada y excéntrico sólo puede habitar en una palabra menor, bastarda, inferior, dominada, inacabada y excéntrica.... un pueblo tomado en su devenir revolucionario sólo puede darse un nombre igualmente en devenir, igualmente revolucionario... un pueblo contingente e inesencial sólo puede cobijarse en una palabra igualmente contingente e inesencial... un pueblo que falta sólo puede ofrecerse en una palabra que falta, pero no porque no la tengamos sino porque lo que nos ofrece es precisamente su propia falta constitutiva. Sabemos que para Deleuze la falta no está del lado de la privación sino de la creación. Justamente porque el pueblo falta, su falta (de identidad, de esencia, de propiedad, de cualidades) puede producir nuevas posibilidades de vida... justamente porque la palabra «pueblo» no es una palabra sino siempre más que una palabra o menos que una palabra, produce siempre nuevos modos de subjetivación que, cuando se inscriben políticamente, tienen la forma del acontecimiento.

---

política por excelencia. Sobre ese breve y enigmático texto a cuyo alrededor se ha organizado una auténtica constelación filosófica, ver también G. Agamben, *Bartleby ou la création.* Paris. Circé, 1999.

15. Una interesantísima lectura política de Handke puede encontrarse en A. Poca, «El silencio civil. Notas sobre la escritura política en Peter Handke» en *Archipiélago*, 9, 1992.

«Pueblo» es más que una palabra porque siempre busca decir más y otra cosa que lo que dice y porque no sólo busca describir sino encarnar, nombrar, interpelar, intrigar, seducir, hacer y deshacer comunidades, romper la estabilidad de las existencias, poner a los seres humanos en marcha. Y «pueblo» es menos que una palabra porque siempre dice menos de lo que dice, porque vacía cualquier significado preestablecido trastornando los modos habituales de ser sujeto y llevándolos hacia otra libertad. Jaques Rancière lo dice así: «... *más allá de todo litigio particular, la 'política del pueblo' trastorna la distribución policial de las plazas y de las funciones, porque el pueblo es siempre más y menos que sí mismo*».[16]

Por eso la invención de un pueblo que falta no es nunca la afirmación de una identidad real o ideal, sino la contestación de cualquier identidad. Es la lógica policial-estatal la que quiere nombres propios, exactos, que determinen la asignación de las personas a su lugar y a su función: la policía siempre pide identificaciones. La invención de un pueblo que falta tampoco es la reivindicación de una parte o de una participación. De nuevo es la lógica policial-estatal la que exige que las personas se constituyan en partidos. La invención de un pueblo que falta es la posibilidad de una subjetivación política que no pase por la identidad ni por la participación. El pueblo que falta es una palabra vacía que se llena de una forma cada vez singular y contingente con una voluntad de vivir en común resistiendo al presente, es decir, con ese movimiento imprevisible que no nace de nada sino de la fabulación colectiva e imposible de la libertad. Algo en definitiva para lo que no nos sirve de mucho ni la pequeñez democrática ni la buena conciencia humanitaria.

---

16. J. Rancière, «Politique, identification, subjectivation», en *Aux bords du politique*. Paris. La fabrique éditions, 1998, pág. 84.

Capítulo Decimocuarto
Educación y empequeñecimiento

¿Conocéis esa sensación de empequeñecer dentro de alguien?

Witold GOMBROWICZ. *Ferdydurke*

Se trata del empequeñecimiento. Y de los aparatos culturales y educativos como lugares del empequeñecimiento. Se trata de las políticas del empequeñecimiento. Se podría partir de una experiencia, quizá de una sensación compartida: «*¿conocéis esa sensación de empequeñecer dentro de alguien?*»[1] Se trata de la experiencia de empequeñecer dentro de los otros, de que «*el hombre, en lo más profundo de su ser, depende de la imagen de sí mismo que se forma en el alma ajena, aunque ese alma sea cretina*»,[2] de que cada uno de nosotros somos definidos y creados en el alma de los demás, de que nosotros mismos definimos y creamos a los otros con las imágenes que nos formamos de ellos. Se trata de lo que ocurre cuando esas almas que nos crean y nos definen, esas almas con las que definimos y creamos, son ellas mismas pequeñas, carentes de amplitud y de grandeza: entonces «*¿es como si nacieras en un*

1. W. GOMBROWICZ, *Ferdydurke*. Barcelona. Seix Barral, 2001, pág. 25.
2. *Ibíd.*, pág. 18.

millar de almas estrechas!».[3] Se trata del empequeñeci-miento, del estrechamiento, de la disminución, de todos aquellos que sólo pueden sentirse grandes cuando empequeñecen a otros, de los que sólo pueden sentirse crecer disminuyendo. Y se trata también del rebajamiento, de la autoelevación por rebajamiento, de todos los que se colocan en posiciones altas, de los que miran y actúan desde las alturas, pero porque rebajan a los demás, porque alimentan su estatura de todo lo bajo y lo rebajado que producen y reproducen a su alrededor. Se trata del juego entre lo grande y lo pequeño, entre lo superior y lo inferior, entre lo alto y lo bajo. Se trata de la verticalidad, de la desigualdad, de la creación de diferencias de valor entre los hombres: de tamaño, de nivel, de estatura. Se trata de la arrogancia, del menosprecio, del poder, de la sumisión, de la dignidad, de la humillación. Se trata de esa sensación de empequeñecer dentro de alguien.

Se trata también de la educación, de la igualdad y la desigualdad en educación, del juego pedagógico de lo alto y lo bajo, lo grande y lo pequeño, lo avanzado y lo retrasado. Se trata *«de una cuestión de filosofía: se trata de saber si el acto mismo de recibir la palabra del maestro –la palabra del otro– es un testimonio de igualdad o de desigualdad».*[4] Y de una cuestión de política: «*se trata de saber si un sistema de enseñanza tiene como presupuesto una desigualdad a reducir o una igualdad a verificar*».[5] Se trata del orden pedagógico como un orden edificado en la construcción social de la desigualdad. Se trata del fariseísmo que atraviesa a la pedagogía.

3. *Ibid.* pág. 19.

4. J. RANCIÈRE, «Prefacio a la edición española» de *El maestro ignorante. Cinco lecciones sobre la emancipación intelectual.* Barcelona. Laertes, 2003, pág. IV.

5. *Ídem.*

Perfiles de una conversación

Todo empezó con una conversación, una de esas conversaciones recurrentes entre profesores, y la mayoría de las veces muy poco interesantes, sobre qué significa ser profesor, sobre las distintas maneras de ser profesor; sobre cómo habitar esa posición tan común y a la vez tan extraña, tan antigua y tan intempestiva, tan segura y al mismo tiempo tan contestada, tan solidificada y tan llena de paradojas; sobre cómo ocuparla lúcidamente, honestamente, sin engañarse y sin desengañarse, sin hacer trampas, asumiendo sus luces y sus sombras, sus límites y sus posibilidades, sus misterios y sus imprevistos, todas sus contradicciones. Todo empezó porque, en Madrid, en una noche de otoño, se dio uno de esos raros momentos de intimidad en los que se habla con los otros y no a los otros y en los que el efecto colectivo de la conversación lleva a cada uno de los interlocutores más allá de sí mismo, más allá de lo que ya sabe, de lo que ya piensa. Todo empezó porque allí, en esa conversación, alguien habló de grandeza y de achicamiento.

Ese mismo día habíamos sido invitados a una clase de Filosofía de la Educación en la Universidad. Pasear por una Universidad que no es la propia produce una cierta sensación de extrañeza. Por una parte todo es familiar y, al mismo tiempo, todo es distinto. Uno se siente en casa, pero se siente también extraño, fuera de lugar. Y es como si cambiase la mirada, como si se constituyese una mirada diferente sobre aquellos que son como tú pero, al mismo tiempo, son otros. A todos nos llamó la atención el ambiente de confianza y cordialidad que se respiraba en la clase: una combinación rara de afecto y de distancia, de calidez y de respeto. Y nos impresionó, sobre todo, el modo como el profesor se movía por los pasillos, por el bar, por esos lugares intermedios propicios a los encuentros. La simple presencia del profesor transmitía una amistad sin falsas camaraderías, una extraña honestidad, una sensación de común humanidad que atravesaba, sin disolverlos, los rangos y las posiciones. Y aquella noche, hablando sobre las distintas formas de habitar un espacio educativo, todavía conmovidos por las sensaciones de la mañana, tocados por esa mezcla de extrañeza de sí y de intimidad con los otros que requiere la conversación, alguien habló de grandeza y achicamiento.

Alguien habló después de cómo la posición del profesor se constituye achicando, definiendo a los otros por lo que no son, por lo que les falta, por lo que deberían ser, lo que deberían saber, lo que deberían pensar, lo que deberían hacer. Y alguien habló también de lo difícil que es una grandeza que no achique, que no disminuya, que no empequeñezca, que no rebaje. Algo que, obviamente, pasa por cosas más profundas y más sutiles que el método didáctico, y que no tiene nada que ver con esas dicotomías tan caras a los pedagogos de «clase magistral» versus «diálogo de experiencias», «enseñanza basada en el aprendizaje» versus «enseñanza basada en la transmisión», «actividad» versus «pasividad», «directividad» versus «no directividad», etc.. Algo que tal vez tenga que ver con el tono de voz, la altura de la mirada, el arte de las distancias, esos viejos valores en desuso que se llaman respeto, humildad u honestidad, con la relación que se mantiene con las ideas y las palabras que constituyen la materia de la transmisión y también, desde luego, con la forma de la relación que se establece con la palabra, el pensamiento, el silencio y la presencia de los estudiantes.

Esos mismos días acababa de publicarse una selección de textos sobre educación de María Zambrano y algunos de los contertulios tenían en común su amor por esa escritora. Así que fue inevitable introducir a María en nuestra conversación. En uno de esos textos, Zambrano habla de la dificultad de «subir a la cátedra para mirar desde ella hacia abajo y ver las frentes de sus alumnos todas levantadas hacia él».[6] La situación trata de la verticalidad, de la dificultad de la verticalidad. Los alumnos ofrecen su silencio, su quietud, su presencia. Y, antes de empezar a hablar, antes de tratar de corresponder con su presencia y con su palabra a esas frentes y a esas miradas que, aún desde abajo, son exigentes e interrogativas, retadoras incluso, el maestro se demora un momento en el silencio y tiembla. Ahí Zambrano escribe que *«podría medirse quizás la autenticidad del maestro por ese instante de silencio que precede a su palabra, por ese tenerse presente, por esa presentación de su persona antes de comenzar a darla. Y aún por el imperceptible temblor que le sacude. Sin ellos, el maestro no llega a serlo nunca por grande que sea su ciencia».[7]* El maestro no lo es por su saber, sino por su silencio y por su temblor. Ahí está su responsabilidad, su autenticidad, quizá su dignidad. Pero no la dignidad que tiene, sino la que se gana cada día exponiendo y arriesgando ante los otros el valor de su presencia y de su palabra. Después de ese párrafo, Zambrano habla de la doble tentación que acomete al maestro para defenderse de ese temblor, para no sentir *«ese vértigo que acontece cuando se está solo, en un plano más alto de silencio del aula»*, para hurtarse a la responsabilidad de ser maestro, para no aceptar su propia soledad. La primera es habitar una verticalidad ya dada: *«ampararse en la autoridad establecida»* o *«dar por hecho lo que ha de hacerse»*. Desde ahí ninguna vacilación, ningún temblor, ningún silencio. El lugar que se ocupa está asegurado por el poder que lo impone como superior y el modo de ocuparlo está asegurado por las con-

6. M. Zambrano, «La mediación del maestro» en *L'art de les mediacions. Textos pedagògics* (selección, introducción y notas de Jorge Larrosa y Sebastián Fenoy). Barcelona. Publicacions de la Universitat de Barcelona, 2002, pág. 109.
7. *Ibíd.*, pág. 112.

venciones sobre su funcionamiento. La segunda es refugiarse en la pseudohorizontalidad: «*querer situarse en el mismo plano del discípulo*».[8] La primera tentación es rebajar mediante la simple ocupación de una altura segura y asegurada. La segunda tentación es rebajarse.

Meses más tarde, en Barcelona, tras el relato de algunas experiencias de humillación, otra conversación siguió sobre el mismo hilo. Esta vez el tema fue la dignidad, esa virtud que se relaciona con la verticalidad y con la estatura, con el tamaño y con la grandeza del hombre. Alguien dijo que la dignidad es la cualidad de un ser que no admite la servidumbre, que no puede ser obligado a arrodillarse, a doblegarse, a bajar temerosamente los ojos o a mirar implorante hacia arriba. Alguien dijo que la dignidad es la cualidad de un ser que no acepta ser disminuido, empequeñecido, rebajado. Alguien se preguntó qué es mantener la dignidad, o perderla. Alguien habló de la dignidad del demandante, del suplicante, y se preguntó si puede haber dignidad en una posición que se reconoce como inferior, como necesitada y que, dignamente, sin perder la dignidad, reconoce su indigencia y mira hacia arriba. Alguien trató de distinguir la dignidad de la soberbia, y habló entonces de cómo la dignidad propia pasa por el reconocimiento de la dignidad ajena, de la común humanidad, de que nadie es más, ni menos, que nadie. Alguien habló de que esa común humanidad es también la condición común de un ser que se sabe necesitado de los otros pero que se mantiene digno en su dependencia. La dignidad, entonces, tiene también una dimensión horizontal que coloca al hombre en igualdad de estatura con los demás hombres, en igualdad de grandeza, en igualdad de pequeñez, en igualdad de necesidad y desamparo. Y en algún momento alguien habló de hombría, esa vieja palabra.

8. *Ibíd.*, pág. 113.

Por la misma época, uno de los babilonios, uno de los amigos que nos ayudaron a pensar qué significa eso de «habitar Babel babélicamente», vino a dar una conferencia en un curso de doctorado. Y aquella tarde, en un aula universitaria, se dio también el milagro de la conversación. Quizá fue una calidez especial en el recibimiento, o una calidad insólita en la escucha, o las risas del comienzo. Quién sabe si fue la incipiente primavera, o un cierto cansancio, o la belleza y la intensidad de unos ojos que miraban atentos desde el fondo de la sala. Tal vez el profesor invitado se sintió incómodo en su posición de profesor y percibió por un instante la impostura de estar diciendo una vez más lo que ya sabía decir, lo que ya podía decir, lo que ya quería decir. Quizá fue alguna pregunta impertinente, de esas que hacen tambalear la posición de saber y de poder del que habla, o un gesto cargado de ironía. En cualquier caso, lo que ocurrió es que el babilonio apartó las cuartillas que traía escritas y continuó su charla con otro tono, con otra voz, mirando a la gente a los ojos.

Habíamos comenzado hablando de la ciudad y del contraste entre una mirada que la contempla desde arriba y una mirada que la vive desde dentro. Habíamos estado explorando la oposición entre una mirada panorámica, planificadora, orientada al dominio, orgullosa de su saber y de su poder, y una mirada atónita, fragmentaria, constituida de ignorancia y de impotencia pero, precisamente por ello, avezada en el arte de los encuentros; entre la perspectiva del amo que reside en las alturas, y la perspectiva del habitante, del paseante, del intruso, del que se desplaza a ras de suelo; entre el punto de vista de los diseñadores y los ingenieros, y el punto de vista de los transeúntes, de los merodeadores, de los vagabundos; entre una mirada que identifica, clasifica y ordena, que pretende determinar el qué de cada cosa y el qué hay que hacer con ella, y una mirada que vive, que se mueve, que se cruza con otras miradas, con otros cuerpos; entre una visión racionalizadora, burocrática, objetivante, administrativa, hecha de teorías y de programas, de saber y de poder, y una visión abierta a las sorpresas, a las paradojas, a las aventuras, a la experiencia, a todo aquello a lo que sólo se accede cuando se renuncia a la voluntad de saber y a la voluntad de poder; entre una óptica que busca descubrir o imponer significados estables y estabilizados, que busca codificar, que busca comprender y hacer comprensible, y una óptica que vive de lo provisional, de lo azaroso, de lo insignificante, de lo incomprensible.

Y ahí, alguien nombró Babel como prohibición de la mirada vertical, de la mirada desde arriba. Babel ya no era sólo el mito de la disolución de la ciudad, la dispersión de los hombres, la confusión de las lenguas y la pérdida del nombre, sino que también hablaba de verticalidad y de horizontalidad, de altura y rebajamiento, de posiciones de poder y de posiciones de impotencia.

Babel era también el mito de la impostura del mirar desde arriba. Sólo desde arriba puede imponerse una ciudad ordenada, transparente; una humanidad idéntica e identificada, regulada en sus posiciones y en sus flujos; una lengua única, legítima, hecha de conceptos bien definidos y de significados estables; un nombre para cada cosa y una cosa para cada nombre.

Alguien habló del cine, del arte que forma y transforma la mirada, que la construye y la deconstruye, que la desfamiliariza, del arte que nos enseña a mirar. Y de cómo algunas películas exploran justamente el contraste entre la ciudad vista desde arriba y la ciudad vivida desde dentro. Alguien habló de literatura, del arte que forma y transforma el lenguaje, que nos enseña a problematizar cómo nombramos lo que vemos y cómo vemos lo que nombramos. Y de cómo ciertas narrativas urbanas construyen un mundo de personajes anónimos, de identidades efímeras e incomprensibles, de acontecimientos banales y, a la vez, llenos de posibilidades de vida. Alguien habló de esa galería de personajes compuesta por el inmigrante, el artista, el paseante, el desorientado, el marginal, el desubicado, el niño, el loco, el prófugo, el insumiso, el nómada..., de todas las figuras del *outsider*. Y de cómo todas esas figuras de lo menor, de lo pequeño y de lo bajo nombran lo que les pasa, el modo como se comprenden a sí mismos y al mundo en el que viven, de una manera que no tiene nada que ver con el lenguaje de los que saben, de los que pueden, de los que tienen un lugar en el orden y un lenguaje que ordena. Alguien recordó a Michel de Certeau, concretamente su anotación sobre la visión de la ciudad desde el piso 110 del derribado *World Trade Center* de Nueva York. Desde ahí, desde arriba, parece que la ciudad es legible, transparente, abierta a la mirada, completamente expuesta a nuestro saber, a nuestro poder y a nuestra voluntad. Sin embargo, y al mismo tiempo, no puede evitarse la sospecha de una opacidad total de la vida allá abajo, de una ilegibilidad completa de lo que pasa, de una invisibilidad absoluta. A ese comentario le sigue esta cita: «*Es abajo en cambio, a partir de ese suelo en que cesa la visibilidad, donde viven los practicantes ordinarios de la ciudad. La forma elemental de esta experiencia son los andariegos, aquellos cuyo cuerpo obedece a los grosores y a las finuras de un 'texto' urbano que escriben sin poderlo leer. Estos practicantes se mueven por espacios que no se ven; tienen de él un conocimiento tan ciego como el del cuerpo a cuerpo amoroso. Los caminos que se responden unos a otros en ese entrelazamiento, poesías ignorantes de las que cada cuerpo es un elemento firmado por muchos otros, escapan a la legibilidad. Todo pasa como si un encegamiento caracterizara las prácticas organizadoras de la ciudad habitada. Las redes de esas escrituras que avanzan y se entrecruzan componen una historia múltiple, sin autor ni espectador, formada de fragmentos de trayec-*

*torias y de alteración de espacios, que se mantiene coti-
dianamente, indefinidamente, otra».*[9]

Y ahí, en ese contexto, alguien se preguntó qué significaría hablar y escribir, vivir y pensar, leer y escuchar, proyectar y actuar desde abajo, desde dentro, fuera de las posiciones elevadas y ciegas de la torre, fuera de las posiciones de saber y de poder que aseguran un puesto en la torre, fuera incluso desde esas buenas intenciones morales y moralizantes que sólo pueden darse en las alturas de la torre. Si Babel significa que la mirada elevada que se apoya sobre la torre es una infamia, una impostura, la cuestión sería, de nuevo, como habitar Babel babélicamente. Tal vez fue esa pregunta la que acabó con la ficción de una clase universitaria en la que, casi por definición, se habla desde arriba sobre lo que ocurre abajo. Tal vez fue esa pregunta, que se dirigía a cada uno de nosotros, la que provocó la conversación, la sorpresa de la conversación.

Casi todos los que nos encontrábamos allí estábamos embarcados en proyectos de investigación pedagógica. Los había sobre muchos temas y formulados desde diversas perspectivas teóricas. Había alguien que trabajaba en educación moral, alguien que se estaba especializando en inmigración y multiculturalismo, alguien que analizaba programas educativos para población en situación de riesgo social, alguien que le interesaba la relación entre educación y empleo, alguien que estudiaba las nuevas formas de pobreza, alguien que estaba preocupado por la violencia entre los jóvenes. Obviamente todos queríamos una sociedad sin explotación, sin violencia, sin miseria, sin desigualdad. Todos queríamos el bien de los otros. Algunos estábamos implicados en distintas formas de activismo político, social, cultural. Pero todos sentíamos que las

9. M. de Certeau, *L'invention du quotidien. I.* Paris. Gallimard, 1992, págs. 141-142.

reglas discursivas de nuestros trabajos constituían tramas jerárquicas de saber y de poder, relaciones verticales, miradas desde arriba. Todos nos supimos habitantes de la torre o aspirantes a ocupar alguna de sus estancias. Y fue entonces, cuando nadie era otra cosa que la común extrañeza de sí y una sensación de intimidad con los otros, cuando se inició la conversación, cuando por fin pudimos conversar sobre lo que no sabíamos decir, sobre lo que no podíamos decir, sobre lo que tal vez no queríamos decir, sobre el sentido o el sinsentido de nuestras palabras, de nuestras ideas, de nuestros proyectos.

Una invitación al maestro ignorante

En medio de todas esas conversaciones empecé a trabajar en la edición española de *El maestro ignorante*, un libro de Jacques Rancière que también resuena extrañamente con la cuestión del empequeñecimiento y de los aparatos pedagógicos como lugares del empequeñecimiento.[10]

En ese libro, Rancière usa la voz de un solitario y excéntrico pedagogo de la época de la revolución francesa, Joseph Jacotot, para mostrar que, desde el punto de vista de la instrucción, la pedagogía *embrutece*, es decir, que enseña y hace aprender (se constituye como una teoría y una práctica de la enseñanza y del aprendizaje), pero produciendo y reproduciendo, en esas mismas operaciones, tanto la distancia en el saber co-

10. *El maestro ignorante. Op. cit.* La primera edición, en francés, es de 1985. El libro se inserta en la interrogación que hace Rancière en esa época de los discursos y las prácticas políticas del siglo XIX y del papel de los intelectuales progresistas en su constitución. Ver, por ejemplo, *La nuit des proletaires.* Paris. Fayard, 1981. *La philosophie et ses pauvres.* Paris. Fayard, 1983. y *Courts voyages au pays du peuple.* Paris. Seuil, 1990.

mo la desigualdad de las inteligencias. Rancière-Jacotot muestran cómo el orden pedagógico del embrutecimiento es consustancial a un orden social y político que persigue la igualdad al mismo tiempo que reproduce la desigualdad y que aspira a la libertad a la vez que construye la dominación.

Siguiendo esa estela, podría decirse que, desde el punto de vista de la formación, la pedagogía, solidaria también en eso con el orden social, produce y reproduce distancias y desigualdades que no son ya de orden cognoscitivo o de orden intelectual sino de orden personal o moral. Si la instrucción tiene que ver con lo que se sabe, la formación tiene que ver con lo que se es. Si en un caso se trata de *yo sé lo que tú no sabes... y sé lo que tú deberías saber... luego puedo y debo enseñarte*, o también de *yo sé cómo funciona una inteligencia... y sé cómo debería funcionar la tuya... por lo tanto puedo y debo dirigirla*, en el otro se trata de *yo soy mejor que tú... y soy lo que tú deberías ser... luego puedo y debo formarte*. En ambos casos, la pretensión de la igualdad, la buena conciencia igualitaria, parte de la producción sistemática de la desigualdad. Y ésta tiene por origen el menosprecio –intelectual en un caso, moral en otro– y su correlato necesario, la soberbia: si todos supieran lo que yo sé, si todos pensaran como yo pienso, si todos fueran como yo... sin duda el mundo sería mejor.[11]

Es así como muchos de los proyectos de mejora de la humanidad se formulan desde una perspectiva

11. En un libro reciente, Sloterdijk ha analizado el componente de desprecio implícito en el gran proyecto político-pedagógico de la Modernidad, el de transformar radicalmente la sociedad convirtiendo a la masa en sujeto, ese sueño a la vez político y pedagógico que consiste en la pretensión de cambiar el mundo liberando o emancipando a través de la educación a los hombres que viven en él o, dicho de otra manera, en la pretensión de crear una humanidad libre, en realizar la utopía de una humanidad constituída como una comunidad de hombres libres e iguales. P. Sloterdijk, *El desprecio de las masas. Ensayo sobre las luchas culturales de la sociedad moderna.* Valencia. Pre-textos, 2002.

vertical en la que las posiciones de lo bueno y de lo malo, de lo alto y lo bajo, de lo superior y lo inferior, quedan retóricamente definidas y moralmente marcadas, al tiempo que disponibles para ser ocupadas por distintos individuos. De lo que se trata, entonces, es de situarse en una posición segura y asegurada que permita hablar y actuar desde arriba. Y eso significa, en la modernidad, hablar y actuar desde una instancia de Poder, básicamente el Estado. Ya el pícaro español por excelencia, el Lazarillo de Tormes, se esforzaba inútilmente en *ser de los buenos* e identificaba la entrada en ese grupo privilegiado con *tener un empleo* de la Iglesia o de la Corona.

Sabemos desde Platón que a la pedagogía le es constitutiva una mirada desde arriba. Y, para que esa mirada sea posible, tiene que fabricar retórica y ontológicamente un abajo: la infancia, el pueblo, los estudiantes, los emigrantes, los inmorales, los pobres, los desempleados, los trabajadores, los consumidores, los jóvenes, los maestros, los ignorantes, los salvajes..., los otros..., definidos siempre por una distancia: por lo que les falta, por lo que necesitan, por lo que no son, por lo que deberían ser, por su resistencia a someterse a las buenas intenciones de los que tratan de que sean como deberían ser. De hecho, ubicarse en el discurso pedagógico significa, en muchos casos, adquirir una cierta legitimidad y una cierta competencia para mirar a los otros desde arriba, para hablar de ellos, y para lanzar sobre ellos ciertos proyectos de reforma o de mejoramiento.

La única excepción, la única disonancia realmente exterior a ese orden pedagógico de la verticalidad, es el maestro ignorante. El maestro ignorante, el maestro que enseña lo que no sabe desde el axioma de la igualdad de las inteligencias, el único maestro que emancipa sin emancipar, por la simple proclamación de la libertad, empieza desmontando el dispositivo pedagógico de la explicación.

Ese dispositivo, verdadera condición de posibilidad de toda pedagogía, auténtica matriz estructurante de toda relación educativa, es el que divide el mundo en dos decretando la desigualdad de las inteligencias, dividiendo la inteligencia en dos, construyendo una relación vertical y, por tanto, de subordinación, entre ciencia e ignorancia, entre capacidad e incapacidad, entre maestros y alumnos, entre los que explican y los que comprenden, entre los que dan y los que reciben, entre los que saben y los que no saben. La pedagogía vive de esa distinción, la produce y no cesa de reproducirla, la implanta obsesivamente y la administra con todo cuidado: «*antes de ser el acto del pedagogo, la explicación es el mito de la pedagogía, la parábola de un mundo dividido en espíritus sabios y espíritus ignorantes, espíritus maduros e inmaduros, capaces e incapaces, inteligentes y estúpidos*».[12]

Para el maestro ignorante, la explicación es la ficción pedagógica de la incapacidad del otro. La pedagogía se sostiene sobre una ficción vertical. Por eso, para construir un arriba, necesita inventar un abajo: en este caso, el incapaz, el ignorante. Y de la misma manera que el abajo necesita del arriba (no hay posibilidad de ascender si no es con la ayuda de los superiores, el alumno embrutecido necesita e inventa al maestro embrutecedor), también el arriba necesita del abajo: no hay maestro explicador sin alumno incapaz, el maestro embrutecedor necesita e inventa al alumno embrutecido. Dicho de otro modo, no hay pequeñez que no aspire a la grandeza (y por lo tanto la reconozca y se subordine a ella) y no hay grandeza sin empequeñecimiento. En palabras de Carlos Skliar, «*explicar es un monstruo de mil caras cuya finalidad parece ser la de disminuir al otro a través de los terrores de las palabras hábilmente encadenadas en la gramática del*

---

12. *El maestro ignorante. Op. cit.*, pág. 15.

maestro; ese monstruo explicador crea a cada momento la sensación de que el cuerpo del maestro aumenta su tamaño, en la misma proporción en que hace diminuto el cuerpo del alumno. Y en la medida en que el maestro hace más amplia la magnitud de su explicación, el cuerpo del alumno va quedando cada vez menor, hasta hacerse huérfano de sí mismo. Ese es el empequeñecimiento de la explicación. La explicación es un constante y perverso proceso de empequeñecimiento del otro o, en palabras de Rancière, de embrutecimiento del otro».[13]

El orden pedagógico no para de cultivar el dispositivo de la explicación, de estilizarlo, de perfeccionarlo, de embellecerlo, de redefinirlo. Incluso, suprema astucia, no para de construir alternativas explicadoras a las formas existentes de la explicación. Y ese ir de explicación en explicación es el progreso monótono de la pedagogía, su lógica tan implacable como insulsa.

El orden pedagógico se estructura así sobre una ficción de desigualdad que le permite, inmediatamente, presentar su trabajo como orientado al logro de la igualdad. Primero inventa y construye las distancias y después se esfuerza en reducirlas y se propone, en el límite, acabar con ellas. Se constituye así en un particular y perverso arte de las distancias, en un terrible y potentísimo arte de las desigualdades. La pedagogía, entonces, cultiva un evidente «*afecto igualitario*»[14] inseparable de una encarnizada «*pasión por la desigualdad*»,[15] esa pasión primitiva que proviene de esa mirada sobre el otro que le dice «*tú no eres mi igual*» y que se sustenta en la omnipresente lógica social de la comparación vertical, de la autoelevación por rebajamiento,

13. C. Skliar, «Jacotot-Rancière o la disonancia de una pedagogía (felizmente) pesimista» en *Educação e Sociedade.* Campinas (Brasil), 2003. Vol. 24, n.º 82, pág. 233.

14. Esa expresión la usa Sloterdijk en *El desprecio de las masas. Op. cit.*

15. *El maestro ignorante. Op. cit.* págs. 106 y ss.

del autoengrandecimiento por empequeñecimiento. La pedagogía está atravesada por un profundo menosprecio teñido, eso sí, de las mejores intenciones y, sobre todo, de muchísima buena conciencia.

El maestro ignorante, entonces, al desmontar tanto el dispositivo de la explicación como la ficción vertical que es su condición de posibilidad, se sitúa en una posición inasimilable para cualquier pedagogía, literalmente intempestiva, impensable desde los presupuestos que estructuran cualquier orden pedagógico, completamente loca, extrañamente perturbadora, radicalmente exterior.

Obviamente, el maestro ignorante se sitúa al margen de lo que Inés Dussel llama *«las retóricas de la equidad que pululan en los discursos educativos y que, habiendo renunciado ya a la posibilidad de considerar a los pobres, los marginales o los perdedores como iguales, se conforman, en el mejor de los casos, con gerenciar la crisis y silenciar los conflictos»*. Pero se sitúa también fuera de las pedagogías herederas de las tradiciones críticas y emancipadoras. Como también dice Dussel, *«el profesor que se anuncia como emancipador de las mentes está reproduciendo la misma jerarquía desigual de saberes y poderes; sigue sin renunciar a ubicarse en el escalón superior de las inteligencias (...). El intelectual crítico no desmantela las jerarquías; antes bien, las consagra, aunque sea por medio de la condena y la crítica. Al denunciar que los pobres y marginales son privados del único conocimiento que vale, que es el que él detenta, eterniza la desigualdad y la división del trabajo que garantiza su lugar de privilegio»*.[16]

Más radicalmente aún, el maestro ignorante se sitúa también al margen de cualquier retórica políticamente progresista y, por lo tanto, fuera de cualquier

---

16. I. DUSSEL, «Jacotot o el desafío de una escuela de iguales» en *Educação e Sociedade. Op. cit.*, pág. 216.

idea de educación que la considere como un mecanismo de progreso moral, social o político. Como dice Rancière, «*la singularidad, la locura de Joseph Jacotot, fue percibir esto: se estaba en el momento en el que la joven causa de la emancipación, la de la igualdad de los hombres, estaba transformándose en causa del progreso social (...). Una enorme maquinaria se ponía en marcha para promover la igualdad a través de la instrucción. Ahí estaba la igualdad representada, socializada, desigualizada, perfecta para ser perfeccionada, es decir, retrasada de comisión en comisión, de informe en informe, de reforma en reforma, hasta el final de los tiempos. Jacotot fue el único que pensó esta desaparición de la igualdad bajo el progreso, esta desaparición de la emancipación bajo la instrucción (...). Jacotot fue el único igualitario que percibió la representación y la institucionalización del progreso como renuncia a la aventura intelectual y moral de la igualdad, el único que percibió la instrucción pública como el trabajo de duelo de la emancipación. Un saber de este tipo genera una soledad espantosa. Jacotot asumió esa soledad. Rechazó toda traducción pedagógica y progresista de la igualdad emancipadora (...). El nombre Jacotot era el nombre propio de este saber a la vez desesperado e irónico de la igualdad de los seres razonables sepultada bajo la ficción del progreso*».[17]

Y aún más: el maestro ignorante se sitúa también al margen de esa pedagogización integral de la sociedad que sería la culminación y a la vez la cancelación del proyecto político y pedagógico moderno. Como dice Lilian do Valle, «*la conversión de lo político en educacional es obra de la modernidad que, después de decretar imposible el partir de la igualdad en política, estableció que todo dependía de la educación del pueblo. Desde entonces, la educación pública, en vez de derivación,*

---

17. *El maestro ignorante. Op. cit.*, págs. 172-173.

aparece como precondición para la participación política ampliada. Sin embargo, convertida en cuestión educacional, la desigualdad política evidentemente no sólo no desaparece, sino que se despliega en una nueva desigualdad insuperable ampliamente destacada por los esfuerzos educativos que deberían atenuarla: aquella que divide a la sociedad entre los que están en condiciones de ejercer su autonomía y aquellos que, para ello, todavía deben ser educados».[18] El maestro ignorante, entonces, se sitúa fuera de la unánime valoración moderna de la educación, incluso de la educación pública, y fuera también del gran número de significaciones que, para nosotros, tiene la educación. Se pone al margen de la lógica omniabarcadora de la sociedad pedagogizada y de todos sus disfraces sociales, culturales y políticos.

Por eso Estanislao Antelo escribe que *«quien consigue dejarse tomar seriamente por el maestro ignorante no puede evitar someterse a esa conocida sensación de vísperas de desempleo (...). Como si un grano de arena se hubiera introducido de golpe en el engranaje de la sabia pedagogía que pensamos y practicamos (...). Ya no más maestros explicadores progresistas se precisan. Ya no más pedagogos bienpensantes. Un raro mutismo nos envuelve luego de semejante chirriar de la maquinaria pedagógica».*[19] Por eso Paco Jódar y Lucía Gómez hablan de él como *«la experiencia de lo imposible en educación»*, como *«lo impensado en el pensamiento pedagógico»*, como *«la atracción de lo real imposible»* que *«exige ir donde es imposible ir»* y *«pensar lo que no se deja pensar»*, como *«la experiencia de una heterogeneidad radical»* que, al introducir la diferencia en lo que nos constituye, *«no dice lo que somos sino aquello de lo*

<hr>

18. L. Do Valle, «Pedra de tropeço: a igualdade como ponto de partida» en *Educaçao e sociedade. Op. cit.*, pág. 262.
19. E. Antelo, «Nada mejor que tener un buen desigual cerca» en *Educaçao e Sociedade. Op. cit.*, pág. 252.

que diferimos, no establece nuestra identidad sino aquello que la disipa».[20]

La excentricidad del maestro ignorante consiste en poner la educación bajo la ficción de la igualdad. Aunque eso haga que ya no sea estrictamente educación y la coloque fuera del orden pedagógico. La igualdad de las inteligencias es una y otra vez desmentida por los hechos (y el orden pedagógico de la explicación sabe mucho de hechos), pero para el maestro ignorante se trata de un axioma, de un principio que debe ser constantemente puesto a prueba y verificado: *«nuestro problema no es probar que todas las inteligencias son iguales, sino ver qué se puede hacer con esta suposición».*[21] La igualdad es un presupuesto y no un objetivo, debe ponerse antes y no después, no como una ilusión sino como una potencia de la que es posible verificar sus efectos. Y sólo nos quedará, como al maestro ignorante, comprobar por nosotros mismos lo que se puede hacer desde ella.

La antipedagogía del maestro ignorante se basa en poner a prueba la potencia de la igualdad, pero no de una igualdad reivindicada o deseada, sino de una igualdad practicada. En palabras de Alejandro Cerletti, *«lo que interesa a Rancière es descubrir la potencialidad de todo hombre o mujer cuando se considera igual a los demás y considera a todos los hombres iguales a él (...), la vuelta sobre sí del ser que se reconoce con capacidad para pensar, para hablar y para actuar».*[22]

Y esa potencia de la igualdad no es otra cosa que la potencia de la común humanidad que radica en la capacidad común de la palabra, en el reconocimiento,

---

20. F. JÓDAR y L. GÓMEZ, «Emancipación e igualdad: aspectos sociopolíticos de una experiencia pedagógica» en *Educação e Sociedade. Op. cit.*, pág. 245.

21. *El maestro ignorante*, pág. 64.

22. A. CERLETTI, «La política del maestro ignorante. La lección de Rancière» en *Educação e Sociedade. Op. cit.*, pág. 306.

en cada hombre, de la dignidad común de la palabra. Esa es la única moral del maestro ignorante, esa que preside el acto de hablar y escribir, de escuchar y de leer, de preguntar y de responder, de decir y de contradecir, el reconocimiento del otro como alguien que tiene algo que decir y como alguien capaz de comprender lo que los otros le dicen. De hecho, es el lenguaje el que acepta todas las paradojas de la comunidad y de la diferencia, el que nos hace a todos iguales y diferentes a la vez, el que hace que la comunidad humana sea una comunidad plural en la que aquello que los hombres tienen en común, lo que los hace iguales, no es otra cosa que la materialidad común en la que despliegan sus diferencias. No sus desigualdades, sino sus diferencias. El maestro ignorante habla y escucha, pregunta y responde, lee y escribe, dice y contradice, pero como hombre, no como maestro. Por tanto siempre habla y pregunta a seres humanos, no a alumnos. Se sitúa en el lenguaje como un igual, como un conversador, como alguien a quien interesa lo que los otros dicen, lo que piensan, lo que hacen, no como un sabio que ya sabe todas las respuestas, que ya sabe de antemano lo que los otros dicen y lo que quieren decir, ni tampoco como un orador consciente de las intenciones y de la eficacia de su palabra. Como él mismo dice: *«toda la práctica de la enseñanza universal se resume en la pregunta: ¿y tú que piensas? Todo su poder radica en la conciencia de emancipación que ella actualiza en el maestro y suscita en el alumno».*[23]

La pedagogía del maestro ignorante es una antipedagogía porque no puede estar institucionalizada, porque no puede depender de posiciones de saber o de poder, porque no puede pensarse ni practicarse desde arriba, desde ninguna de las posiciones superiores de la torre. El maestro ignorante es en eso muy claro: *«jamás*

---

23. *El maestro ignorante*, pág. 52.

*ningún partido gobernante, ningún ejército, ninguna
escuela ni ninguna otra institución emancipará a una
sola persona».*[24] Y es muy claro también en que esa
antipedagogía no puede pensarse ni practicarse desde
una visión de la sociedad en general como la que tienen todos aquellos que se sienten autorizados a hablar
de los demás desde un supuesto saber sobre lo que son,
lo que quieren o lo que necesitan: *«la enseñanza universal no puede dirigirse jamás a sociedades».*[25] La verificación de la potencia de la igualdad no necesita de
maestros, ni de pedagogos, ni de líderes, ni de sociológos, ni de expertos, ni de políticos. Necesita, eso sí, de
seres humanos dispuestos a aprender, a pensar, a hablar y a actuar con otros seres humanos. Sin otras intenciones. Sin otra legitimidad. Siempre en presente.
Siempre horizontalmente. A ras de suelo.

Una invitación a Ferdydurke

Mientras estaba atrapado por las paradojas contrapedagógicas del maestro ignorante, recordé a otro excéntrico, a otro solitario, a otro exilado, a otro radical, y
releí a Witold Gombrowicz, el gran maestro de las relaciones humanas verticales, al gran observador de los
juegos de lo grande y lo pequeño, de lo superior y lo
inferior. Y pensé que podría traer su *Ferdydurke* a esta
proteica y casi obsesiva conversación sobre la lógica
social y pedagógica de la elevación y el rebajamiento,
sobre las reglas sociales y pedagógicas del eterno juego
del empequeñecimiento.

¿Por qué Gombrowicz? Primero, por el modo
como encarna la distancia respecto a la forma, la conciencia de su carácter inauténtico, falso, artificial. En

24. *Ibíd.,* pág. 132.
25. *Ibíd.,* pág. 136.

segundo lugar, por la aguda percepción de cómo el juego de la formación descansa sobre una desigualdad moral fabricada y permanentemente reproducida. Tanto en sus novelas como en sus obras de teatro o en sus diarios, Gombrowicz elabora su propia patología: toma su yo –su rareza, su excentricidad, su indefinición, su anomalía, su imposibilidad, su inexistencia– como materia de disección y experimentación. Podemos encontrar ahí el niño en el castillo de Maloszyce, incapaz de ocupar Su Lugar Propio en esa sociedad rural y estúpidamente aristocrática en la que se cultiva la soberbia de casta y la absoluta división entre amos y siervos. O al escolar en el Instituto San Estanislao de Kotska, fascinado y a la vez humillado por sus nobles y sofisticados compañeros, dedicándose a ciertas lecturas lamentables e incapaz de entrar en lo que ahí se daba como Gran Literatura. O al joven provocador del café Ziemianska que nunca puede sentarse en las mesas en las que se discutían los Problemas Importantes. O al estudiante de la Facultad de Derecho, aprobando los cursos sin ningún convencimiento e incapaz de identificarse con esos compañeros que ya estaban elaborando su superioridad y la conciencia de su destino como Dirigentes al Servicio del Estado y de la Patria. O al observador irónico de las formas sociales ya decadentes y un tanto ridículas a las que se aferraba una burguesía en declive como si en ellas pudiera encontrar salvación en un mundo que se derrumbaba. O al viajero polaco rumiando su inferioridad cultural frente a las Gran Cultura de París o a la Gran Historia de Roma. O al desertor de la guerra incapaz de estar a la Altura de las Circunstancias. O al hombre aterrorizado por el espectáculo de esas muecas uniformadas tan seductoras como monstruosas con las que Europa se dirigía a la catástrofe. O al emigrante en Argentina, ya sin ninguna voluntad de continuar siendo Polaco e incapaz de convertirse en Argentino, entre otras cosas porque eso supondría también ser un Europeo que nunca conseguirá ser Europeo. O al escritorzuelo que nunca entra, por imposibilidad y por desprecio, en los cenáculos literarios en los que se reúnen los Cultos y los Exquisitos de Buenos Aires. O al incurablemente escéptico frente a todas las formas de creencia colectiva que luchaban por imponer la Idea Superior (la Democracia, el Socialismo, el Nacionalismo). O al eterno aspirante al Amor fascinado por la promiscuidad homosexual de los barrios bajos. O al inmaduro permanente que nunca puede llegar a ser Adulto. O, al final de su vida, cuando le había llegado el éxito y la fama, al hombre enfermo y cansado incapaz de ser ese Artista, Intelectual y Escritor Reconocido llamado Gombrowicz.

Atraído y a la vez asqueado y rechazado por lo alto, atrapado por la ambigua fascinación de lo bajo, cultivador obsesivo de todas las formas del egotismo y de la extravagancia, *outsider* irremediable, Gombrowicz experimentó, tanto en su carne como en su escritura, el esquema de la superioridad-inferioridad y el juego perverso de la elevación-rebajamiento en lo sexual, lo cultural, lo social, lo político, lo moral, lo pedagógico, lo profesional, lo intelectual, lo personal. Porque no quiso, o no pudo, o no le dejaron ser *alguien*, Gombrowicz nunca aceptó ninguna abstracción identitaria, nunca se identificó con ningún *nosotros*, y se mantuvo en el limbo de lo *pseudo*: pseudonoble, pseudoestudiante, pseudopolaco, pseudoexiliado, pseudoescritor, pseudointelectual, pseudointeligente, incluso pseudovanguardista o pseudoprovocador.

Incapaz de adscribirse a ninguna de las Tribus Superiores, refractario a cualquier *dentro* y, por tanto, habitando el territorio intermediario del *entre*, experto en la parodia y en el camaleonismo, imposibilitado para ser nada y, por ello, capaz de fingir cualquier cosa, *«favorable a todas las formas, incluso las más estrafalarias, como esas figuritas de gutapercha que permiten ser modeladas indefinidamente y con las que se puede fabricar el monstruo más espantoso»,*[26] Gombrowicz se hizo capaz de denunciar a través de la sátira, de la parodia, de la burla más mordaz, la mentira de los que se valen de cualquiera de esas formas prefabricadas para halagar su vanidad, para ocultar su estupidez, para protegerse de la vida y para jugar de manera oportunista al juego de las posiciones y las jerarquías, al juego de la autoelevación por menosprecio, inferiorización y rebajamiento del otro, al juego del fariseísmo en suma.

¿Por qué *Ferdydurke*? Primero, porque *Ferdydurke* no es ni una novela ni un ensayo ni un manifiesto (aunque podría ser una parodia de todos esos géneros) sino un panfleto, una descarada bomba verbal, un manual de instrucciones para la guerra de guerrillas cultural. Además, porque *Ferdydurke* puede ser leída como una novela de formación llevada al absurdo. Por último, porque, al igual que el libro de Rancière-Jacotot, *Ferdydurke* aniquila cualquier forma de buena conciencia, imposibilita cualquier mirada desde arriba y cancela así cualquier alternativa medianamente sensata que pueda venderse en ese mercado de lo que habría que hacer con los otros en el que los mejoradores de la humanidad compran y venden sus mercancías. En *Ferdydurke* todo está llevado al límite del ridículo: los ideales se vuelven grotescos y sangrientos, los valores aparecen como irreales y estúpidos, las identidades muestran su lado servil, su rigidez y su acartonamiento, las construcciones morales exhiben su falsedad y su carácter destructivo y autodestructivo, las formas son llevadas hasta el extremo de lo grotesco. *Ferdydurke* es implacable contra todas las modalidades del darse importancia, contra todas las formas de elevación. E implacable también contra todas las formas de empequeñecimiento que son su correlato. Su blanco son los altos, pero

26. W. Gombrowicz, *Testamento. Conversaciones con Dominique de Roux.* Barcelona. Anagrama, 1991, pág. 40.

también los que consienten en su propio rebajamiento, quizá para rebajar despúes a otros. Pero no se limita a ser un simple atentado a la hipocresía, a los convencionalismos o a las jerarquías. *Ferdydurke* es toda una antropología del absurdo humano y, a la vez, toda una teoría de las poéticas y las políticas de la falsificación: una reflexión sobre las trampas de la formación de la subjetividad y sobre las perversiones de los juegos de la intersubjetividad. Y una reflexión tan acerada que incluso se anula a sí misma como Reflexión, como Teoría, como Obra, como Literatura, como Arte, como Valor. *Ferdydurke* no quiere ser nada porque sólo así puede librarse de entrar como una pieza más en el sistema del cual revela los dispositivos.

Gombrowicz resume así el tema de su libro: «...*Ferdydurke no sólo se ocupa de lo que podríamos llamar la inmadurez natural del hombre, sino ante todo de la inmadurez lograda por medios artificiales: es decir que un hombre empuja al otro en la inmadurez y que también -¡qué raro!- del mismo modo actúa la cultura (...) ... el supremo anhelo de Ferdydurke es encontrar la forma para la inmadurez. Podemos en forma madura expresar la inmadurez ajena, pero con eso no logramos nada (...). Aún si nos pusiéramos a analizar y confesar nuestra propia insuficiencia, siempre lo haríamos en forma madura»*.[27] O, en otro lugar: «... *si la Forma nos deforma, entonces el postulado moral exige que saquemos las consecuencias pertinentes. Ser yo mismo, defenderme contra la deformación, mantener las distancias respecto de mis sentimientos, de mis pensamientos más íntimos, en la medida en que ni los unos ni los otros me expresan adecuadamente. Esa es la primera obligación moral. Es sencillo, ¿verdad? Pero he aquí el quid fatal: si soy siempre artificial, siempre definido por los*

____

27. W. GOMBROWICZ, «Prólogo para la primera edición castellana» en *Ferdydurke. Op. cit.*, págs. 17-18.

demás hombres y por la cultura, así como por mis propias necesidades formales, ¿dónde buscar mi 'yo'? ¿Quién soy realmente, y hasta qué punto soy? Esta cuestión me perturbaba en la época en que escribía Ferdydurke. No he encontrado más respuesta que ésta: ignoro cuál es mi forma, lo que soy, pero sufro cuando se me deforma. Así pues, al menos sé lo que no soy. Mi 'yo' no es sino la voluntad de ser yo mismo».[28]

Para Gombrowicz no existe la espontaneidad, ni la simplicidad, ni la autenticidad. Es más: las percibe como formas sofisticadas y pretenciosas de la falsificación y del fariseísmo. Sus burlas al existencialismo son, en ese sentido, altamente mordaces: *«Tal vez no me hallaba lejos de elegir la existencia que ellos denominan auténtica, al contrario de esa vida fútil, inmediata y temporal que llaman banal, pues la presión del espíritu de seriedad nos oprime con fuerza desde todas partes. Hoy, en este severo tiempo actual, no hay pensamiento ni arte que no nos griten con voz destemplada: ¡no te evadas, no juegues, asume la partida, responsabilízate, no sucumbas, no huyas! Bien. Claro que también yo preferiría, a pesar de todo, no mentirme sobre mi propia existencia. Intenté entonces conocer esta vida auténtica, ser absolutamente leal ante la existencia. Pero no me fue posible. No me fue posible por la razón de que tal autenticidad resultó más ficticia que todos mis jueguitos, vueltas y saltos juntos».*[29]

El individuo sólo puede ser alguien en el interior de alguna configuración formal. El hombre es creador de formas y, a la vez, es creado por ellas. Cualquier formación es deformación. Somos deformados por la forma, deformamos a los otros y somos deformados por ellos. Y esos procesos de formación y deformación mutua funcionan muchas veces en un orden vertical. El hombre no puede elevarse ni tratar de elevar a los otros si no es

28. *Testamento. Op. cit.*, pág. 82.
29. W. Gombrowicz, *Diario Argentino*. Buenos Aires. Adriana Hidalgo, 2001, pág. 201.

rebajando. *Ferdydurke* contiene varios de esos juegos de la falsificación y el rebajamiento. La escena en la que Pimko, el Maestro, exhibe su maestría requetemagistral para infantilizar con ella al narrador y convertirlo en alumno. La escena en que Pimko exhibe su fe pedagógica en la pureza y la inocencia de la juventud para, ayudado por las madres que observan a través de los agujeros de la valla, inocentizar a los muchachos que juegan en el patio de la escuela. La escena de la lucha entre el adolescente que pretende adolescentizar a los muchachos y el muchacho que quiere muchachear a los adolescentes y que culmina en un delirante duelo de muecas. La descripción de la forma vacía del cuerpo pedagógico que, justamente para ser pedagógico, tiene que carecer de cualquier contenido. El relato de la clase de la literatura en la que el enjuto profesor lucha desesperadamente contra el nopodermiento de la mayoría de los alumnos que no pueden conmoverse como deberían conmoverse por los elevados y conmovedores sentimientos de los grandes poetas nacionales. El desfile de los diferentes ideales de juventud que se disputan la formación de los jóvenes. La clase de latín en la que, pese a todas las evidencias en contra, el profesor confiado confía en las virtudes formativas de la materia que enseña y, frente al nopodermiento que se apodera de la clase, mantiene su confianza en los poderes enriquecedores y perfeccionadores de las conjugaciones latinas. El encuentro del narrador con la colegiala y su aire colegial, con la joven Juventona perfectamente moderna en su perfecto y juvenil modernismo, y sus tentativas desesperadas para escapar de los efectos juvenilizadores y modernizadores que le causa. Etc..

Y, en el medio de ese paroxismo de interformaciones e interdeformaciones, de superioridades que producen inferioridades y se nutren de ellas (y al revés), de elevaciones y rebajamientos, en el medio de todas esas abstracciones, de toda esa irrealidad, de toda esa movilización demoníaca de falsificaciones, la única posibilidad es la de la distancia de la forma. Una distancia que sólo será tal, y no otra versión del fariseísmo, si se toma en nombre de la vida, en nombre de lo ambiguo, lo inacabado, lo indefinido, lo misterioso, lo promiscuo y lo vago de la vida: «... *liberaos de la forma. Dejad de identificaros con lo que os define. Tratad de huir de toda expresión vuestra. Desconfiad de vuestras opiniones. Tened cuidado de las fes vuestras y defendeos de vuestros sentimientos (...) Pronto nos daremos cuenta de que ya no es lo más importante morir por las ideas, estilos, tesis, lemas y credos, ni tampoco aferrarse y consolidarse en ellos, sino esto: retroceder un paso y distanciarnos frente a todo lo que se produce sin cesar en nosotros (...) Pronto empezaremos a temer a nuestras personas y personalidades porque sabremos que esas personas no son del todo nuestras, Y, en vez de vociferar y rugir: Yo creo eso, yo siento eso, yo soy así, yo defiendo eso, diremos con más humildad: A través de mí se cree, se siente, se dice, se hace, se piensa, se obra... El vate repudiará su canto. El jefe temblará ante su orden. El sacerdote temerá al altar, la madre enseñará a su hijo no sólo principios, sino también como defenderse contra ellos para que no le hagan daño. Y, por encima de todo, lo humano se encontrará algún día con lo humano».*[30]

Para que lo humano encuentre a lo humano, hay que buscar la propia libertad y el encuentro con los otros en el juego de las formas, pero manteniéndose a distancia. Hay que cultivar la incredulidad y el escepticismo con los demás y con uno mismo, provocar y asumir las contradicciones (sobre todo las propias), ocupar irónicamente las formas para destruirlas desde dentro (y autodestruirse con ellas), moverse permanentemente de una forma a otra, aprender a expresar nuestra ignorancia, nuestra inmadurez, nuestra estupidez, nuestra bajeza, evitar todo contraste vertical si no

30. *Ferdydurke. Op. cit.*, pág. 62.

es para movilizar lo bajo contra lo alto, negarse a ser rebajados... a lo mejor así, algún día, los intelectuales podrán salir de su intelectualidad, los maestros de su maestridad, los alumnos de su alumnidad, los cultos de su cultidad, los políticos de su politicidad, los artistas de su artisticidad, los buenos de su bondad, los malos de su maldad, los superiores de su superioridad, los inferiores de su inferioridad, los individuos de su individualidad, las personas de su personalidad... sólo así se abrirá un camino hacia la realidad, hacia la vida.

Al final de *Ferdydurke*, el héroe se siente cansado y extraño, pero todavía es capaz de besar y de dejarse besar, y de sentir la fuerza vivificante de lo humano que se encuentra con lo humano: «*... y me acercó su facha. Y a mí me faltaron las fuerzas, el sueño sumergió la vela y no podía; tuve que besar su facha con mi facha, pues ella con su facha besó mi facha. ¡Y ahora, venid, fachas! ¡No, no me despido de vosotras, extrañas y desconocidas fachadas de extraños, desconocidos fachendos que me vais a leer; salud, salud, graciosos ramilletes de partes, justamente ahora que empieza! Llegad y acercaos a mí, comenzad vuestro estrujamiento, hacedme una nueva facha para que de nuevo tenga que huir de vosotros en otros hombres, y correr, correr, correr a través de toda la humanidad. Pues no hay huída ante la facha sino en otra facha, y ante el hombre sólo podemos refugiarnos en otro hombre. Y, ante el culito, ya no hay ningua huída. ¡Perseguidme si queréis! Huyo con mi facha en las manos*».[31]

Coda

Como dice Rancière en el Prefacio a la edición española de su obra, es difícil hacer escuelas, programas y reformas después de haberse tomado en serio la excen-

31. *Ibíd.*, pág. 313.

tricidad de el maestro ignorante. Pero nadie ha dicho que los libros tengan que servir para que las cosas sean fáciles. El reto está, naturalmente, en hacer escuelas, programas y reformas habiendo aprendido esa lección que ni se explica ni puede explicarse, la de la igualdad de las inteligencias. Una lección que nunca aprenderán ni los curas, ni los políticos, ni los policías, ni esa mezcla de curas, políticos y policías que tanto abunda entre los pedagogos. Habiéndose tomado en serio la excentricidad de Gombrowicz, es difícil seguir dándose importancia o seguir tomándose a uno mismo en serio utilizando para eso cualquier valor, cualquier ideal, cualquier superioridad intelectual o moral, cualquier máscara de fariseo. Pero nadie ha dicho que los libros sirvan para que los importantes puedan darse importancia. Sin embargo, quizá se puede trabajar apasionadamente en la contingencia, la relatividad y la finitud, en la estupidez y en la bajeza, contemplando la realidad desde dentro y no desde arriba, encontrando lo humano no en abstracciones retóricas y vacías, sino en lo humano y desde lo humano, en el arte de la conversación.

Para el combate contra el fariseísmo, propongamos pues una alianza entre el club de los jacototianos y el club de los ferdydurkistas. Por una instrucción que no atonte: todas las inteligencias son iguales. Por una lengua que no intimide: el arte de la conversación. Por una formación que no rebaje: cuanto más inteligente, más estúpido;[32] cuanto más alto, más bajo; cuanto más grande, más enano. En fin, que no somos nadie (ni queremos serlo), pero nos gusta encontrarnos, conversar, hacer cosas juntos y, a veces, meternos en líos.

32. Ese es el título de un fragmento del Diario de Gombrowicz que fue publicado aparte y que funcionó como un manifiesto de la subversión cultural. Puede encontrarse en *Gombrowicz-Dubuffet. Correspondencia.* Barcelona. Anagrama, 1971.

V. Conversaciones

Capítulo Décimoquinto
De la pluralidad, el acontecimiento y la libertad

MAGALDY TÉLLEZ. *Una característica de tu trabajo (me refiero sobre todo a Pedagogía Profana) es la pluralidad de textos y autores (Goethe, Nietzsche, Rousseau, Handke, Lezama, Rilke, Arendt...) y la diversidad de asuntos de los que te haces cargo (la formación, la autoconciencia y la autodeterminación, la lectura, su control pedagógico, su relación con la formación y la transformación de lo que somos, su ejercicio como forma de libertad, la educación como relación con el porvenir). Y creo que puede apreciarse que el lenguaje es uno de los hilos que atraviesa y articula dicha pluralidad y dicha diversidad.*

Hay un envite claro por renovar el lenguaje en el que se habla de educación. Digamos que he intentado ampliar tanto la biblioteca pedagógica convencional como los temas pedagógicos convencionales. Y eso, fundamentalmente, por el recurso a la literatura y por la recuperación de textos y autores de antes de que el vocabulario pedagógico fuese colonizado por las ciencias sociales, especialmente la psicología. Y, desde luego, procurando siempre no crear una nueva jerga especializada. Y tratando de evitar colaborar en esa edificación moralista y anodina que ya Hegel denunció como «miseria de la filosofía». Me parece que pensar de otro modo es escribir de otro modo, y que escribir de otro modo requiere leer de otro modo (y sobre todo leer otras cosas).

Como tú bien sabes, me he movido en un terreno fronterizo entre la Filosofía, la Literatura y la Pedagogía. Y no deja de ser curioso cómo se escuchan mis cosas en relación a esa lógica académica tan extraña del adentro y del afuera: cuando hablo en contextos «no pedagógicos», mi discurso suele ser comprendido como claramente pedagógico, obsesionado por las cuestiones de enseñanza y aprendizaje, por las cuestiones de la transmisión y la renovación, de la formación en definitiva; pero cuando hablo para «pedagogos», la mayoría de mis colegas tienen la impresión de que he abandonado completamente el campo. Suelen decir que son discursos «sugerentes», «provocadores», pero no saben muy bien qué hacer con ellos. Si además te sales, por la escritura misma, de la lógica epistemológica, de la lógica de la verdad positiva, y lo único que pretendes es producir efectos de sentido (como diría mi amigo Miguel Morey, no apelar tanto a decir «la verdad de lo que son las cosas», sino a problematizar «el sentido de lo que nos pasa»), los problemas de escucha se agudizan.

Sin embargo, y como invitado vuestro, creo que tengo la obligación de decirlo, he encontrado en algunos grupos académicos, sobre todo latinoamericanos, una complicidad muy estimulante y una enorme generosidad. Especialmente en grupos poco contaminados por la lógica perversa de las especializaciones académicas y poco interesados por la lógica económica de los temas de moda, de los que tienen alta cotización en el mercado. Cada vez estoy más convencido de que se trata de una cuestión de «sintonía», como de «simpatía en el tono».

Déjame desarrollar esto un poco a partir de Aristóteles y de María Zambrano. Primero ese célebre pasaje de Aristóteles, en *Sobre la interpretación*, en el que diferencia la *phoné* animal del *logos* humano, ese pasaje que dice que *«lo que está en la voz constituye el símbolo de los* pathemas *o de los padecimientos del alma, y lo que está escrito constituye el símbolo de lo que está en la voz»*. En ese pasaje, lo que constituye el paso de la voz (animal) al lenguaje (humano) o, si se quiere, de la naturaleza a la cultura, es precisamente la existencia de las letras, de los *grammata*, que articulan la voz y convierten el *logos* humano en un lenguaje articulado. Por eso los gramáticos antiguos oponían la voz inarticulada de los animales a la voz humana articulada, es decir, a la que se puede escribir porque está ya constituida en letras. Pero hay elementos de la voz, precisamente los que no se pueden articular como el gemido, el susurro, el balbuceo, el sollozo, el quejido, tal vez la risa, que no se pueden escribir, que necesariamente se pierden en la lengua escrita, así como se pierden también los elementos estrictamente musicales como el ritmo, el acento, la melodía o el tono.

Ahora leamos esa sentencia de María Zambrano que dice que *«pensar es ante todo –como raíz, como acto– descifrar lo que se siente»* a la luz de esa distinción aristotélica según la cual lo que está en la voz es justamente lo que se siente, lo que se padece, los padecimientos del alma, y lo que está en la escritura es lo articulado de la voz. Una palabra que contenga sólo lo articulado del lenguaje, sólo lo meramente inteligible, sería una palabra sin voz, una palabra afónica y apática. Y sería también una palabra sin tono, atonal o monótona, entonada en el tono dogmático propio de ese pensamiento que rehuye el padecer para limitarse a explicar o a comprender. María Zambrano nos estaría recordando entonces que un pensar pasional, un pensar que sea *«descifrar lo que se siente»*, poner en letra y en cifra los padecimientos del alma, exige una palabra fónica o, mejor, polifónica, una palabra tonal o politonal, una palabra, en definitiva, que conserve su dimensión musical-pasional, su dia-pasión, una palabra que no puede ser tomada sólo al pie de la letra.

Podríamos decir entonces que renovar el lenguaje no es sólo cambiar el vocabulario o la sintaxis, sino también cambiar el tono, y que lo que hace que simpaticemos con determinados tipos de escritura y no con otros, independientemente de su «contenido», o de que estemos o no de acuerdo con sus tesis, lo que hace que seamos sordos o no a determinados tipos de escritura, es justamente una cuestión de tono, o de pasión. Cada vez me interesa más la diferencia de tonos, el *Wechsel der Töne* de los escritos poetológicos de Hölderlin, eso que constituye la *«preocupación principal»* de Derrida según escribe en *La carte postale.* Y si somos capaces de «sintonizar» es porque somos sensibles a otros componentes de la lengua además del significado, de la comunicación o de la representación.

MAGALDY TÉLLEZ. *Pero me parece, además, que hay en tu trabajo una especie de inquietud por aquello que en el lenguaje emerge como enigma, por aquello que da que pensar una vez producida la fractura de la ilusoria certeza sobre un único lenguaje capaz de aglutinar la pluralidad de la vida y de las perspectivas que implican los actos de nombrar y construir eso que llamamos realidad. Una vez cuestionada la verdad sobre la significación y la comunicación; una vez que sobre el lenguaje se ha ejercido la sospecha de que éste no es remisible a la representación, no es unívoco en sus efectos de sentido ni responde a la intención de quien lo dice, ¿qué valor tiene para ti la cuestión del lenguaje como base de otro modo de acercarse al espacio cultural y educativo, a las prácticas, experiencias y mecanismos que se despliegan en dicho espacio?*

Si entiendo bien, aquí se trata del modo como he tratado de problematizar la relación entre educación y lenguaje o, quizá, la relación entre educación y literatura, si entendemos por «literatura» no la novela o la poesía o el teatro sino simplemente la vida del lenguaje, es decir, el acontecimiento del lenguaje, el enigma del lenguaje, la inquietud del lenguaje, aquello que en el lenguaje está más allá de su uso instrumental, automático, previsible, más allá de nuestro saber, de nuestro poder y de nuestra voluntad. Me parece que la gran limitación de la tematización pedagógica dominante del lenguaje es su consideración como un soporte (de significado), como un instrumento (de expresión, de comunicación) o como un vehículo (de información). Digamos, por utilizar tus propias palabras, que se sigue pensando la lengua desde la óptica de la significación (homogénea), de la comunicación (transparente), de la representación (verdadera), de la intencionalidad (manifiesta) y, sobre todo, de un modo objetivante, desde la perspectiva de las ciencias del lenguaje. Es posible que lo que he intentado hacer pueda resumirse en dos gestos complementarios. El primero es tratar de problematizar el lenguaje desde una perspectiva no objetivante y no instrumental, no desde el saber y desde el poder, sino desde la experiencia. Y el segundo es tratar de poner el acento en lo que la experiencia de la lengua tiene de incontrolable. Sólo con estos dos gestos, que habría que continuar radicalizando, la imagen de lo que tú llamas «espacio cultural y educativo» como un espacio constituído de lenguaje y en el lenguaje se modifica completamente.

RIGOBERTO LANZ. *Trataré de entrar en «sintonía» con las preguntas anteriores, pero cambiando la perspectiva. Como es sabido el tema del poder ha sido «abandonado» por el pensamiento crítico en la medida en que ese «pensamiento crítico» ha abandonado a su vez toda chance de cuestionamiento radical de la sociedad postcapitalista. Diríase que existe una secreta correlación entre la renuncia a una crítica radical y la evaporación de la cuestión del poder. Tú insistes en tematizar las relaciones de poder en el interior de las formaciones discursivas, en el campo del lenguaje, en la comunicación mediada por la escritura. ¿Significa eso que el asunto del poder puede ser trabajado (pensado, nombrado) sin recaer en una reducción puramente empírico política?*

Si he tematizado las relaciones de poder en el lenguaje ha sido, desde luego, con una intención de denuncia, de desenmascaramiento. Pero también porque es lo único que puede tematizarse. Yo no estoy seguro de que se haya abandonado el tema del poder. Lo que sí se ha abandonado es el tema de la libertad, al menos esa idea moderna de libertad que la entiende como autonomía de la voluntad, como la propiedad de un sujeto capaz de autoconciencia y autodeterminación, no sometido a ninguna imposición exterior, dueño de sí..., esa idea de libertad como algo que se tiene o a lo que se aspira. La modernidad inventó la «libertad» (ese concepto de libertad que la relaciona con la razón, con el hombre y con la historia, y que produce todos esos motivos de la «aventura humana» como «realización histórica de la idea de libertad», como «conquista racional de la libertad», como «lucha por la libertad», como «reflexión crítica permanente de la libertad sobre sí misma») y al mismo tiempo inventó las disciplinas, puso en marcha las técnicas de dominación y de control que aún constituyen nuestro mundo. La modernidad logró una fórmula común entre libertad y opresión con la idea de sujeto, con esa idea que es la condición de posibilidad para todas esas «soberanías imaginarias» de las que hablaba Marx, y abrió el camino para que la ideología liberal remitiese la libertad al cultivo de la individualidad y a la persecución de los intereses individuales. Yo creo que el pensamiento crítico contemporáneo, al menos el que a mí me interesa, se ha desembarazado, afortunadamente, de esa idea de libertad.

La libertad ya no sabemos lo que es, y sólo podemos comprenderla en la resistencia y en la transgresión, en la resistencia al poder y en la transgresión de los límites que se nos imponen, es decir, también del poder. Quiero decir que lo que tiene existencia positiva y, por tanto, puede ser sometido a análisis y a crítica, lo que sí que puede ser tematizado, es el aplastamiento, la manipulación o la limitación de la libertad. Pero la libertad misma (o una voluntad de vivir que aún seguimos nombrando con la palabra libertad) sólo podemos comprenderla, sin apropiarnos nunca de ella, en la experiencia de la resistencia y en la experiencia de la transgresión, es decir, siempre que se produce en nosotros una relación con el poder que no es de sometimiento. El poder sí que tiene existencia empírica, aunque su tematización no pueda ser hecha de una forma exclusivamente empirista. Lo que ocurre, y tal vez por ahí se pueda dar el efecto de que se ha evaporado la cuestión del poder, es que si hemos desustantivizado y desubjetivizado la libertad, el poder también se nos ha desustantivizado y se nos ha desubjetivizado. El poder, como la libertad, ya no existe como sustancia, sino como relación, y como una relación que no es sólo una relación entre sujetos, entre individuos personales que tratan de imponer sus respectivas voluntades. Además, también hemos sacado la libertad, la experiencia de la libertad, de un espacio exclusivamente político. Digamos que nuestras resistencias y nuestras transgresiones no nos comprometen sólo como ciudadanos y no siempre se transforman en asuntos políticos, o jurídicos. Por eso tampoco el poder puede ser ya reducido a lo político.

Permíteme retomar eso respecto al modo como he tematizado las relaciones de poder en las prácticas de escritura y de lectura. Lo que yo he analizado han sido los dispositivos de control de la lectura. Con ello se trata de mostrar el funcionamiento de todos esos mecanismos que fijan el significado y nos dan el texto ya leído de antemano. Y también de todos esos mecanismos que hacen que el lector encuentre en el texto sólo la proyección de lo que ya sabe (leer) o de lo que ya quiere (leer). Pero, obviamente, nunca he intentado determinar qué sería una lectura libre. La libertad en la lectura sólo está en la resistencia a esos mecanismos de control y en la posibilidad siempre abierta de transgredirlos. La libertad, en el lector, no existe como algo que se tiene o como algo que se aspira, como la propiedad de un sujeto lector supuestamente libre. Pero algo, que tal vez podamos llamar libertad, insiste una y otra vez en la lectura y la lleva a veces a un resultado imprevisible. Yo creo que un trabajo de ese tipo tiene que ver con lo que podríamos llamar «políticas de la lectura» o «políticas de la interpretación» (en un sentido parecido a la expresión «políticas de la verdad») aunque desde luego habría que precisar lo que significa aquí «política». De todos modos, no creo que los mecanismos de producción y de control del sentido que se dan, por ejemplo, en el discurso mediático explícitamente político sean esencialmente distintos de los que se dan en el discurso académico o, en general, en los aparatos culturales. Creo que llamar político a un análisis de las relaciones de poder y resistencia que se dan en torno a una textualidad electoral y no llamar político a un análisis de las mismas relaciones en torno a una textualidad literaria es una arbitrariedad.

MAGALDY TÉLLEZ. *A vueltas con el poder y la libertad, la resistencia y la transgresión, también en la comunicación mediada por la lectura. A propósito de la lectura y de las políticas de la lectura... uno de los aspectos que acentúa la crítica derridiana es la pluralidad y diseminación en temas y significados del texto. De ahí su condición de ilegibilidad, la que hace del texto algo incalculable, imprevisible e incomunicable, la que trastoca cualquier pretensión de su escritura y de su lectura legitimada en la identidad de un sentido, en un querer-decir inmutable y definitivo. Uno de tus campos fundamentales de reflexión es precisamente el de la lectura y su relación con la formación. A ese respecto has planteado la idea de que toda lectura es formación y de que toda formación es lectura. ¿Podría sostenerse que a dicha condición se articula lo que rompe con lo que normalmente se entiende y efectúa como lectura, la lectura normal, normalizada, la lectura como dispositivo de poder-saber normalizador, lo que abre la lectura a la posibilidad ilimitada e incontrolable de su ejercicio como experiencia de libertad?*

En tu pregunta está la crítica derridiana a la identidad del sentido, la cuestión de la lectura como formación, la cuestión de la experiencia de la lectura como experiencia de libertad y, como trasfondo, todo eso de la lectura como dispositivo normalizador. Poniendo todo eso junto has señalado, me parece, el problema principal que ahora veo en mi libro *La experiencia de la lectura*. Vamos a ver si soy capaz de explicarme con cierta claridad, aunque tendré que extenderme tal vez excesivamente.

Como se sabe, la hermenéutica contemporánea, sobre todo gadameriana, afirma el primado de la comprensión. Desde esa perspectiva, leer los textos de la tradición es incluirlos en el presente de nuestra conversación, hacer que dialoguen con nosotros, hacer que comuniquen, ponerlos en común con nosotros y ponernos nosotros en común con ellos, convertirlos en textos disponibles, legibles, comprensibles. Y eso sin desatender tanto las resistencias a la comprensión como la pluralidad y el conflicto de las interpretaciones que se derivan del carácter polisémico de la lengua y de la diversidad de contextos. El envite de la de-construcción es romper el principio hermenéutico de la comprensión y radicalizar el sentido creativo y dionisíaco de la lectura: diseminación contra polisemia, por decirlo de una forma demasiado tajante. O, de otro modo, la pluralidad errante, proliferante y diabólica de la diseminación contra la pluralidad controlada y aún dialógica de la polisemia, aún claramente del lado del sentido. En esa «sintonía» está también el *«no interpretéis, experimentad»* de Deleuze o el *«lo que necesitamos es una erótica y no una hermenéutica de la interpretación»* de Sontag: hacer pasar la experimentación y el deseo por la relación con el texto, no sólo la comprensión o el sentido.

Pues bien, uno de los lectores de mi libro dijo que lo que más le había interesado era el gesto de pensar la lectura como experiencia y no como comprensión, como si el modo como ahí se elabora la cuestión de la experiencia (de la lectura) me hubiera permitido salir de la problemática clásica de la comprensión. Una problemática, por otra parte, aún fácilmente pedagogizable puesto que, en contextos pedagógicos, saber leer (bien) es ser capaz de comprender. Pero no estoy seguro de que mi problematización de la experiencia de la lectura esté claramente fuera del primado hermenéutico de la comprensión. De lo que sí se separa claramente, me parece, es de la comprensión meramente apropiadora, de esa concepción instrumental de la lectura en la que leer es enriquecer lo que sabemos o lo que somos sin ponerlo nunca en cuestión. O sea, que esa concepción de la lectura que rompe con la lectura normalizadora de los aparatos pedagógicos quizá no esté mucho más allá de un pluralismo del sentido o de un dialogismo polisémico de tipo más o menos liberal. Lo cual no es poco si tenemos en cuenta que aún se sigue leyendo, enseñando a leer y controlando la lectura como si el sentido fuera único y homogéneo. Pero quizá no sea suficiente.

Y lo mismo ocurre con la cuestión de la lectura como formación. Por una parte, creo que recuperar críticamente el concepto de formación aplicado a la lectura puede ser interesante y provocativo porque sitúa la lectura fuera del modelo cognitivo dominante que la entiende como procesamiento de información, como apropiación y elaboración exclusivamente mental de un contenido. Pero, por otra parte, también es verdad que la idea de formación tiene las mismas bases filosóficas, estéticas, literarias y culturales que la idea hermenéutica de comprensión: toda la tradición que va del neo-humanismo, el idealismo, el historicismo y el romanticismo alemán de finales del XVIII hasta la cultura de la crisis en la república de Weimar. Y es muy difícil liberarlo de esas bases. Lo que yo he intentado ha sido pensar la lectura no tanto desde el modelo de la formación, de la *Bildung,* sino desde su crisis, desde su estallido De hecho he enunciado la cuestión de la formación reescribiendo el subtítulo del *Ecce Homo* de Nietzsche: *Wie man wird, was man ist,* cómo se llega a ser lo que se es. Y he utilizado el enunciado firmado por Nietzsche justamente para leerlo en sentido nietzscheano, es decir, desde una idea del devenir que no fluye en el ser sino que permanece como devenir, y desde una idea del ser que no se opone a apariencia sino que es él mismo una apariencia, una interpretación, una ficción: la formación entendida como un proceso interminable y como un juego de máscaras. Nada que ver con la constitución final de una identidad substancial más o menos determinada. Nada que ver tampoco con el cultivo de la sensibilidad y la formación del carácter. Pero quizá tampoco sea suficiente.

Se me ocurre que quizá todas esas vacilaciones tengan que ver con lo que decía antes del adentro y del afuera de la Pedagogía. Es como si pensar la experiencia de la lectura en un contexto pedagógico exigiera mantenerse dentro de la comprensión, dentro del sentido, aunque sea en su crisis, y dentro de la formación, dentro del sujeto, aunque sea en su estallido. De ahí tal vez la oscilación o la ambigüedad de mi elaboración de la noción de experiencia. Como si hubiese tratado de sugerir una liberación del sentido, pero manteniéndolo como sentido, y una liberación de la formación, pero manteniéndola como formación.

Magaldy Téllez. *Hay en tus escritos otra clave interpretativa cuyas resonancias se aprecian de manera especial en los ensayos de la tercera parte de Pedagogía Profana. Se trata de la idea de acontecimiento, con la cual buscas romper con la pesada impronta del concepto de educación «como fabricación del futuro a través de la fabricación de los individuos que lo encarnan». Ese concepto anclado en el «sueño totalitario», del cual puede decirse que definió el proyecto educativo de la modernidad y que continúa presente, bajo nuevos ropajes, como regla del discurso pedagógico dominante. ¿Con la palabra acontecimiento tratas de crear un efecto de sentido para «una forma otra de pensar y escribir en Pedagogía», para reinventar la idea de formación, para la invención de otro tipo de prácticas y experiencias educativas desde las cuales propiciar la creación de otras formas de relación de los individuos con el mundo, con los otros y consigo mismos?*

Tienes razón en que *Pedagogía Profana* da más juego al acontecimiento que *La experiencia de la lectura.* Y tengo la impresión de que mi propio pensamiento va cada vez más por ese lado. Y pienso que esa figura puede ayudar a pensar una pluralidad que no se reduzca a una síntesis de lo heterogéneo y una discontinuidad que no se limite a la conservación en la renovación. El acontecimiento hace la diferencia incomprensible y la ruptura inapropiable. Y ya no permite pensar la educación como diálogo entre diversidades ni como mediación entre el pasado y el futuro. Ya veremos a qué nos lleva.

RIGOBERTO LANZ. *Parece inevitable avanzar alguna idea sobre el espacio institucional donde habitamos (como profesores, como pensadores, como individuos). La crisis suele ser la clave común de todos los diagnósticos sobre la realidad universitaria. Vivimos una experiencia paradójica de agonías y alumbramientos; de espacios inertes y burbujas de excelencia. ¿Cómo visualizas la perspectiva de un mundo académico revitalizado, de una universidad que reviva su potencial creador? ¿Será esto una mera ilusión?*

Parafraseando a Freud podemos formular la siguiente alternativa: ¿como universitarios, estamos atrapados en el «porvenir de una ilusión» o seremos capaces de generar la ilusión de un porvenir? En *Crepúsculo de los Idolos* hay un aforismo que dice: «–*¿Cuál es la tarea de todo sistema escolar superior? –Hacer del hombre una máquina. –¿Cuál es el medio para ello? –El hombre tiene que aprender a aburrirse. –¿Cómo se consigue esto? –Con el concepto del deber. –¿Quién es su modelo en esto? –El filólogo, que enseña a ser un empollón. –¿Quién es el hombre perfecto? –El funcionario estatal. –¿Cuál es la filosofía que enseña la forma suprema del funcionario estatal? –La de Kant: el funcionario estatal como cosa en sí, erigido en juez del funcionario estatal como fenómeno»*. La Universidad al servicio del Estado. El funcionario como modelo de humanidad. Ahora se habla mucho de autonomía universitaria, pero nunca como ahora la Universidad se ha orientado tanto hacia los intereses del Estado y del Capital, aunque a eso se le llame «demanda social», «utilidad pública» y cosas semejantes. Casi todo el mundo trabaja para el gobierno o para la empresa. Y desde luego se está convirtiendo básicamente en un aparato de capacitación profesional. Creo que lo que tú llamas «posibilidades», «alumbramientos» o «islas de excelencia» son, y creo que seguirán siendo, excepciones. Excepciones incluso de las políticas oficiales de excelencia o de revitalización. A veces tengo la impresión de que, como universitarios, todavía seguimos idealizando la Universidad, como si la Universidad tuviera que ser distinta de otros espacios institucionales. Pero lo que sí es verdad es que la Universidad ha crecido exponencialmente en las últimas décadas y se ha convertido en un gigantesco aparato de masas. Por otra parte se han multiplicado las redes de intercambio, de comunicación. La gente viaja mucho, los libros circulan con rapidez, se constituyen grupos de trabajo con personas de diferentes países, de diferentes áreas de trabajo. Yo creo que todo eso ha hecho a la Universidad demasiado grande, demasiado fluída y demasiado plural como para ser controlada eficazmente. Y ahí está la esperanza.

MAGALDY TÉLLEZ. *Agregaría lo siguiente: revivir el potencial creador de la Universidad, ¿implicaría a su vez la creación de condiciones como aquella en la cual, como has escrito, «la palabra produce palabra y el pensamiento pensamiento»? Dicho de otro modo, hacer lugar al pensamiento y a la palabra como acontecimientos que se abren al pensamiento y a la palabra del otro, como ejercicios que anudan ética y estética en la relación con el otro y lo otro?*

Claro. El tema está en que la Universidad es un espacio donde se producen y se hacen circular palabras e ideas. Palabras e ideas de todo tipo: como dogmas que tienen que ser creídos, como mercancías que tienen que ser compradas o consumidas, como paquetes de información que tienen que ser asimilados. Pero en cualquier caso nuestro oficio es un oficio de palabra y de pensamiento. Y la palabra y el pensamiento es algo que no se puede controlar nunca completamente. Las palabras producen palabras y las ideas producen ideas. Y las palabras o las ideas que se producen nunca pueden ser completamente previstas, prescritas, fabricadas. La lengua no funciona sólo como un automatismo. Bernstein decía que «*el discurso no puede controlar al discurso*». Y podría decirse también que el pensamiento no puede controlar al pensamiento. Por eso, ambos, lenguaje y pensamiento, son lugares donde se ejercen potentísimas estrategias de dominación y control, de reproducción de lo mismo, pero también son lugares de acontecimiento, de diferencia, de discontinuidad, de novedad, de creación. Por lo tanto, siempre puede ocurrir que se diga lo que no está dicho o que se piense lo que no está pensado. Pero el acontecimiento, por definición, no se puede fabricar. Por lo tanto no puede haber políticas de producción de acontecimientos y sólo se pueden favorecer sus condiciones. La esperanza para lo que tú llamas «el potencial creador de la universidad» está precisamente en que ocurra lo que no depende de nuestro saber, ni de nuestro poder, ni de nuestra voluntad. Pero eso sobre lo que no podemos tener ninguna expectativa ocurre, y por eso hay historia.

RIGOBERTO LANZ. *El trabajo intelectual es al mismo tiempo una empresa radicalmente solitaria y necesariamente colectiva ¿Cómo resuelves esa tensión? ¿Qué papel juega en tu labor de investigación el diálogo intelectual?*

Antes de responder a tu pregunta quiero decir que no estoy seguro de hacer investigación. Es más, a veces he ironizado sobre la desaparición de la palabra estudio en el ámbito académico y su sustitución por la palabra investigación. Hoy nadie estudia, todo el mundo investiga. En España, ni los niños pequeños estudian sino que también investigan, es decir, buscan y copian información de las enciclopedias o de las bases de datos o de las páginas de internet. La investigación, por lo menos en los ámbitos, digamos, teóricos, de las ciencias humanas y sociales, no es otra cosa que mover información, recortar y pegar, leer apresuradamente lo que nos sirve para lo que estamos escribiendo, y escribir a toda velocidad. Y muchas veces los así llamados foros de diálogo (me refiero a congresos, seminarios, etc.) no son otra cosa que lugares en lo que nos enteramos del tipo de información que se está moviendo en ese momento, las fuentes que manejan nuestros colegas, los temas y los autores de moda, todo lo que hay que simular que se ha leído. ¿Dónde está la humildad del estudio, la lentitud del estudio, el silencio del estudio? Y no es que yo me considere un estudioso, que tampoco lo soy, no al menos en el sentido de la erudición sistemática y especializada con la que se configura la idea de profesor universitario en la Alemania de principios del XIX.

Además, y volviendo a tu pregunta, tampoco estoy seguro de que lo que yo hago sea trabajo. ¿No te parece un poco sospechoso que la actividad intelectual, digamos el pensamiento por usar una palabra quizá demasiado rimbombante, se nombre con toda naturalidad con la categoría del trabajo? En España los estudiantes hacen constantemente «trabajos». Y es un hecho que, en el campo intelectual, se están introduciendo formas de división del trabajo, formas de producción y de marketing que no son esencialmente distintas de las que dominan en otros ámbitos de producción y venta de mercancías.

Y no digo tampoco que lo que yo hago sea «pensar», que sería una barbaridad, no sólo una inmodestia, sino una barbaridad, una estupidez, porque sabemos demasiado bien que no se piensa cuando se quiere sino cuando pasa. Yo preferiría decir que lo que hago es leer y escribir, escribir leyendo y leer escribiendo. Steiner dice que un intelectual es un tipo que lee con un lápiz en la mano. Y podríamos decir, a la inversa, que un intelectual es también un tipo que escribe en una mesa llena de libros. Y es desde ese punto de vista, desde el punto de vista del lector que escribe, o del escritor que lee, o del profesor que escucha, o del oyente que habla, como me gustaría plantear la respuesta a tu pregunta.

Porque me parece que en esa actividad doble de leer-escribir o de escribir-leer se da una articulación muy especial de la soledad y la comunicación. La soledad de la lectura-escritura es una soledad específica, una soledad que es comunicación: retirarse a leer-escribir es establecer una separación que une, una distancia que aproxima. El lector-escritor se separa de la realidad y de los otros para recuperarlos de otra manera. Lo que el lector-escritor necesita es cambiar su modo de relación con aquello que le da que pensar, con los demás, y consigo mismo. Y además de una soledad que es comunicación (aunque una comunicación especial), y de una distancia que es proximidad (aunque una proximidad característica), la lectura-escritura da también el silencio que interrumpe esa habla vacía y ruidosa, presa de las circunstancias y los apremios de la vida. La soledad de la lectura-escritura deriva, me parece, de la necesidad de acallar esa cháchara insustancial y siempre excesiva en la que estamos continuamente sumergidos. Necesitamos retirarnos a leer-escribir porque hablamos demasiado sin decir nada, porque escuchamos demasiado sin oir nada, porque necesitamos otro tipo de comunicación. Leer-escribir es antes que nada un imponer silencio al habla de la comunicación más banal, a la que responde en definitiva a las necesidades más inmediatas. En el habla las palabras siempre circulan demasiado deprisa, y por eso nos traicionan; sentimos que las palabras que oímos nos invaden, nos atacan, nos tienden trampas; y sentimos también que las palabras que decimos se nos escapan, que las perdemos en el momento mismo de decirlas. Y necesitamos entonces escapar de algún modo a la velocidad del momento y a la presión de las circunstancias. El leer-escribir nos da entonces el silencio que necesitamos para darnos tiempo, para detener el tiempo, al menos ese tiempo crónico, veloz, por el que nos sentimos arrastrados. Y nos da también el silencio que nos es preciso para escapar de las circunstancias, para huir de ese modo de estar en el mundo siempre pragmático e interesado, siempre demasiado concreto, demasiado próximo, demasiado circunstancial en suma, por el que nos sentimos atrapados.

RIGOBERTO LANZ. *Si te tocara hacer alguna profecía sobre este «perro mundo»: ¿cuál sería tu «nota» (como gustan decir los amigos mexicanos)? ¿eres un optimista o un pesimista? Mirando el mundo desde Europa o desde Hispanoamérica ¿cuáles serían tus apuestas con relación al curso de la sociedad postcapitalista?*

MAGALDY TÉLLEZ. *Como puedes ver, a Rigoberto no le ha abandonado el deseo de profecías (risas). Yo me quedaría sólo con eso de las apuestas, sin definirlas como provenientes de definidos «optimistas» o «pesimistas», coincidiendo con Pessoa en eso de que «la vida es para los indefinidos; sólo pueden convivir con los que nunca se definen, y son uno y otro, /nadie/».*
Me parece que aquí viene bien una anécdota y una cita. Tal vez como artificio retórico para escapar a la pregunta-trampa de Rigoberto o para afirmar eso de «ni sí ni no, sino todo lo contrario» a lo que apunta Magaldy con su negativa a la dicotomía optimista/pesimista. Una vez, en un viaje por Portugal, a principios de los 90, unos entrevistadores le pidieron a Agustín García Calvo que hiciese una profecía sobre los próximos años, sobre lo que faltaba para el 2000. Y don Agustín dio una respuesta doble y contradictoria. Una «para aquéllos que creen en el Futuro y otra para los que no». Para los que creen en el futuro, en el de sí mismos y en el de la Humanidad o el Mundo o la Sociedad Postcapitalista, o lo que sea eso, así en general, hizo una profecía clara y neta: seguirá imponiéndose el modelo de la Tecnodemocracia con su correspondiente producción de inutilidades, con su correspondiente destrucción

(por construcción) de pueblos y ciudades, con su correspondiente producción de diversiones para llenar el tiempo vacío y el aburrimiento, con su correspondiente producción de guerras en los márgenes del mundo desarrollado. Para los que no tienen futuro ni creen en el futuro hizo una contraprofecía, porque «*a ésos todas esas profecías les suenan a mentira; esos se ríen del año 2000 que les vienen vendiendo desde hace 50 años; se niegan a creer en fatalidad ni destino alguno; saben, como canta don Antonio Machado, que 'caminante no hay camino / se hace camino al andar', para ésos los 10 años que vienen no son nada: son una pregunta que no ha encontrado su respuesta todavía, y por más dura que sea la resistencia contra el Poder, esos diez años son un campo de batalla contra el Futuro que les impone Estado y Capital*».

Lo único seguro es que nosotros (y también nuestras palabras, nuestras ideas, nuestros ideales, nuestras esperanzas y nuestras desesperanzas, nuestros optimismos y nuestros pesimismos, nuestras profecías y nuestras contraprofecías) seremos más viejos.

Capítulo Décimosexto
Sobre lectura, experiencia y formación

En tu concepción de la experiencia puede percibirse un cierto socratismo: por ejemplo, en ese «no saber» que no es sólo el punto de partida sino también la meta de la experiencia. El tono de tu exposición «sabe» a Sócrates. Sin embargo, tu concepción de la educación no tiene nada de mayéutica... Y en el modo como tratas la cuestión de la lectura resuena también algo del modo como Platón condena la escritura en el Fedro: eso de privilegiar la escritura en el alma, la ciencia que se escribe o se inscribe en el alma.

Quizá se trate de ejercer un cierto gesto. Quizá socrático. Quizá, si la palabra no fuera demasiado solemne, simplemente filosófico si pensamos que fue Sócrates el que inauguró la filosofía separando al filósofo del *sofós*, del sabio, del que sabe. En cualquier caso, ese gesto que consiste en interrumpir lo que creemos saber sin habernos parado a pensar. O, dicho de otro modo, de cuestionar lo que todo el mundo sabe, lo que todo el mundo dice, lo que todo el mundo piensa, lo que podríamos llamar los automatismos del saber, los automatismos del decir y los automatismos del pensar. Y ese gesto de interrupción, de cuestionamiento, tiene más de desaprendizaje que de aprendizaje. De lo que se trata es de desautomatizar nuestra percepción de las cosas y de nosotros mismos. Lo diré con palabras de Chantal Maillard:

«Sólo una cosa vale la pena ser enseñada: a descreer (...). Es preciso desaprender los gestos que imitan viejos patrones, aquellos en los que subyacen ideas de segunda mano, ideas pequeñas, mezquinas, ideas que agrupan a los unos en contra de los otros, ideas que hacen mayorías, ese poder de hecho bajo el cual el auténtico poder, el poder de decisión para la acción libre, queda eliminado. Descreer para erradicar el miedo y liberar el poder, el humano poder que corresponde a una conciencia abierta».[1]

En ese sentido del desaprendizaje, o de la interrupción de los automatismos, o del enseñar a descreer, alguien observó que *La experiencia de la lectura* comienza con un gesto de oscurecimiento. La primera frase es una cita de Gadamer que dice: *«qué cosa sea leer y cómo tiene lugar la lectura me parece ser todavía una de las cuestiones más oscuras».* Algo así como lo siguiente: ...todos nosotros sabemos lo que es leer, leemos todos los días, nos dedicamos a hablar sobre nuestras lecturas e, incluso, sobre las lecturas de los otros, hacemos investigaciones sobre la lectura, damos cursos sobre lectura y, con nuestra arrogancia pedagógica, queremos que los demás también lean, y sepan leer... pero a lo mejor no sabemos lo que es leer, a lo mejor leer es otra cosa que lo que sabemos, que lo que hacemos, que lo que queremos... a lo mejor las posibilidades de la lectura están reducidas por nuestro saber leer, nuestro poder leer, nuestro querer leer... quizá no nos hemos parado a pensar... y aquí, pararse a pensar, significa simplemente convertir en problema todo lo que ya sabemos. No se trata de convertir lo desconocido en conocido, sino que el gesto es, más bien, convertir en desconocido, en misterioso, en problemático, en oscuro, eso que creemos saber.

1. Chantal Maillard, *Filosofía en los días críticos*. Valencia. Pre-textos, 2001, págs. 45-46.

Y alguien observó también que el libro termina con la palabra «fuego», como invitando a quemar cualquier cosa que se haya construido a lo largo de sus páginas. La última frase del libro, del capítulo «Imágenes del estudiar», de ese capítulo que aparece también en *Pedagogía Profana* dentro de la sección que se titula «Figuras del porvenir», dice así: «*en medio del fuego, rodeado de humo, el estudiante ha empezado a estudiar*». Aquí la palabra «estudio» resuena con fuego, con humo, y con comienzo. Como si hubiera que quemar lo que ya sabemos para hacer de nuevo el vacío. Otra vez lo diré con palabras de Chantal:

«*Descreer. Descreer. Eliminar el lastre de todas las creencias. Éste es el umbral del vacío, la puerta que conduce al interior que es centro y superficie. No os convenceré. No es un combate la enseñanza. Han venido a combatir, pero he aquí que el enemigo les dice: 'no creáis nada de lo que os he dicho, no creáis lo que os cuento'. Ésta es la primera lección de filosofía; también será la última. Entre la primera y la última enseñaré lo que otros han pensado y han creído. Nadie puede entrar en el reino de la filosofía si no es sabiendo esta lección, la primera y la última. Ya no. Nunca más. Hemos creído demasiado. Hemos matado demasiado. Es hora de hacer limpieza. Que la nada espera a ser probada. Y luego, desde la nada, todo. Todo ha de ser construido, por gusto o por utilidad, ya nunca más por creencia*».[2]

En *La experiencia de la lectura*, la última palabra está quemada para que no haya última palabra, para que no haya punto final, para que el libro se abra a un espacio en blanco en el que seguir leyendo, pensando, escribiendo... El libro no quiere enunciar ninguna teoría. Lo que pretende es dar a leer una pregunta, nada más que una pregunta. Por eso empieza con una oscuridad y acaba con una llamarada. Edmond Jabès, ese

2. *Op. cit.*, págs. 237-238.

poeta del que tomé la cita que encabeza uno de los capítulos del libro, esa cita que dice «... *eternidad del libro, de incendio en incendio»*, esa cita maravillosa en la que se da a pensar la temporalidad paradójica de la transmisión a través de la lectura, esa temporalidad a la vez continua y discontinua en la que la palabra se conserva y se renueva al mismo tiempo, escribió también:

«... *la aurora es un gigantesco auto de fe de libros, espectáculo grandioso del supremo saber destronado. Virgen es entonces la mañana.»*

Para que la mañana sea virgen, nueva, como recién nacida, hace falta una noche y una aurora, una oscuridad y un incendio. Por eso, invitar al lector a que se pare a pensar, a que cuestione lo que ya sabe, e invitarlo también a que lea incendiando lo que lee, no es otra cosa que provocar su propio pensamiento, sus propias preguntas, quizá sus propias palabras.

Me gustaría que el libro fuese leído interrogativamente, aún en sus afirmaciones. Me gustaría que incluso sus afirmaciones dieran a pensar. Otro lector de *La experiencia,* pero menos juguetón, después de alabar la erudición que se pone en juego en el libro, escribió: «... *esperamos que en el próximo libro, la única respuesta no sea la reiteración de las preguntas».* A mí me gustó su perspicacia. Otros lectores, esos que dan por supuesto que todo enunciado afirmativo es, por definición, una representación de aquello sobre lo que el libro trata, han creído encontrar en el libro una especie de modelo o de paradigma teórico que puede ponerse en relación con otros modos de entender la lectura. Y sin duda algo de eso hay, aunque a mí me interese ahora destacar más bien sus momentos negativos, esos que percibió la perspicacia de ese primer lector decepcionado. Lo que ocurre es que quisiera seguir decepcionándole. Lo que me interesa es conservar las preguntas renovándolas. Yo creo que leer sirve, sobre todo, para hacerse preguntas. Y da igual si son nuevas preguntas o si son preguntas de siempre. El camino del pensamiento tiene que ver, me parece, con llegar a las propias preguntas, o a la propia formulación de las viejas preguntas.

¿Es eso socratismo? ¿es Nietzsche, el antisocrático? sin duda es un gesto de liberación, pero ¿cómo formularlo? Eso depende de las resonancias que se produzcan en la cabeza de cada uno, en la biblioteca de cada uno. Lo que sí sé es que no es didáctica, ni psicopedagogía. Y, si hay en ese gesto algo de liberador, no se trata de la liberación al modo trucado de la mayéutica. Eso que consiste en que el aprendiz encuentre por sí mismo, y bien guiado por el profesor, lo que ya estaba de algún modo prefijado y predeterminado como término de esa búsqueda metódica. Las metáforas ginecológicas, me parece, sólo pueden ser usadas si la fecundidad se relaciona con lo desconocido. A lo mejor podríamos usar los dos sentidos de la palabra 'parto' en español en estos versos de Gonzalo Rojas:

«*Parto soy, parto seré.*
Parto, parto.»

Se podría pensar en los posibles sentidos de ese parto y considerar después si es mayéutica, o socratismo, o qué tipo de socratismo.

O este poema de Ulalume González de León que se titula «Escribo»:

«*Pensamiento para dibujar lo que no existe*
y pensamiento para borrar lo que ya es
(...)
Pensamiento que se dibuja borrando
Pensamiento que se borra a sí mismo.»

Por otra parte, en ese descreer, en ese fuego, en ese desaprendizaje, en ese pararse a pensar, en esa reiteración de las preguntas, en ese borramiento de lo que ya es, en ese parto, hay algo así como la producción de un cierto silencio. Pero un silencio que tiene que ver más bien con el acallamiento de un lenguaje inservible o, mejor, con la renuncia a un lenguaje envilecido. Un silencio que tiene que ver con la imposibilidad de usar el lenguaje recibido. O, lo que es casi lo mismo, con la imposibilidad de habitar el saber recibido o con la imposibilidad de seguir pensando como se pensaba. Barthes lo dijo muy bien:

«...el que quiere escribir, debe saber que empieza un largo concubinato con un lenguaje que es siempre anterior. Por lo tanto, el escritor no tiene en absoluto que 'arrancar' un verbo al silencio, como se dice en las piadosas hagiografías literarias, sino que a la inversa, y cuánto más difícilmente, más cruelmente y menos gloriosamente, tiene que arrancar una palabra segunda del envilecimiento de las palabras primeras que le proporciona el mundo, la historia, su existencia, en otros términos, un inteligible preexistente en él, ya que él viene a un mundo lleno de lenguaje, y no queda nada real que no esté clasificado por los hombres».[3]

Para lo que quiero decir, se puede cambiar la primera frase y ensayar variaciones como «el que quiera pensar», «el que quiera aprender» o «el que quiera saber».

Sobre la condena platónica de la escritura, la segunda parte de tu comentario, se me ocurre que de alguna forma continuamos trabajando con la oposición entre lo exterior y lo interior. Cada vez tengo más clara la impresión de que deberíamos problematizar esa distinción tan cómoda, tan obvia, tan demasiado cómoda. Pero es cierto que la he usado tal vez con demasiada facilidad y voy a continuar usándola aquí, aunque sólo sea por su expresividad. En relación a ese cierto platonismo que sin duda también atraviesa mi libro, se podría releer ese capítulo que se titula «Sobre la enseñanza de la filosofía» y que, con el pretexto de un texto marginal de Kant, opone una ciencia exterior, pegada

3. ROLAND BARTHES, prefacio a *Ensayos Críticos*. Barcelona. Paidós, 1972, pág. 12.

al cuerpo como esas carpetas que los estudiantes y los profesores llevan debajo del brazo, y una ciencia interior que de algún modo atraviesa y constituye el alma del que aprende. Ese texto está todo él escrito como una revisión de esas críticas al pedantismo y al saber libresco que atraviesan la cultura humanística. Hay otro poema de Gonzalo Rojas que podría venir bien en este contexto. El poema se titula «Escrito con L» y dice así:

> «Mucha lectura envejece la imaginación
> del ojo, suelta todas las abejas pero mata el
>   zumbido
> de lo invisible, corre, crece
> tentacular, se arrastra, sube al vacío
> del vacío, en nombre
> del conocimiento, pulpo
> de tinta, paraliza la figura del sol
> que hay en nosotros, nos
> viciosamente mancha.
> Mucha lectura entristece, mucha envilece,
>   apestamos
> a viejos, los griegos
> eran los jóvenes, somos nosotros los turbios
> como si los papiros dijeran algo distinto al
>   ángel del aire:
> somos nosotros los soberbios, ellos eran
>   inocentes,
> nosotros los del mosquerío, ellos eran los sabios.
> Mucha lectura envejece la imaginación
> del ojo, suelta todas las abejas pero mata
>   el zumbido
> de lo invisible, acaba
> no tanto con la L de la famosa lucidez
> sino con esa otra L
> de la libertad,
> de la locura
> que ilumina lo hondo
> de lo lúgubre.»

Naturalmente no quiero decir con eso que no hay que leer. Gonzalo Rojas también lo leyó todo. De lo que se trata aquí es de la experiencia de la lectura, de la lectura como experiencia, y eso no tiene nada que ver con la erudición, ni con la pedantería, ni con la «mucha lectura» en el sentido del poema. Tiene que ver con el modo como podamos continuar asociando la L de lectura a libertad, a locura, a iluminación y, por qué no, a la «famosa lucidez». O dicho de otro modo, también en relación al poema, tiene que ver con el modo como seamos capaces de leer juvenilmente, con la inocencia de la imaginación, solarmente.

Volviendo a lo del interior/exterior que, en el texto de Platón que has citado, se asocia a la memoria, pero no a la memoria como mmemotécnia sino a la memoria como interiorización, se me ocurre que el pedantismo, el saber libresco en el mal sentido de la palabra, dista mucho de haber hecho de nuestras lecturas la sustancia misma de nuestro ser, de nuestro pensamiento.

Esto último me sugiere que se percibe también en tu trabajo una tentativa de recuperar la idea de formación, esa idea que fue tan importante y que hoy está tan olvidada ¿Qué significa hoy repensar la formación desde el clásico modelo de la Bildung?

Yo he tratado de repensar la formación más bien desde el estallido del modelo de la *Bildung*. De hecho la cuestión de la formación está magistralmente enunciada en el subtítulo del *Ecce Homo* de Nietzsche: *Wie man wird, was man ist*, cómo se llega a ser lo que se es, cómo se deviene lo que se es, el que uso en *Pedagogía Profana* y, en general, en mis trabajos sobre la novela de formación, sobre el *bildungsroman*. Y utilizo el enunciado firmado por Nietzsche, y no otros similares, justamente para leerlo en sentido nietzscheano, es decir, desde una idea del devenir que no fluye en el ser sino que permanece como devenir, y desde una idea del ser que no se opone a apariencia sino que es él mismo una apariencia, una interpretación, una ficción. La formación entendida como un proceso interminable y como un juego de máscaras. Nada que ver con la constitución final de una identidad substancial más o menos determinada.

El modo como he intentado reabrir la pregunta pedagógica por la lectura y su relación con la experiencia de formación supone obviamente enfrentarse a los que la rechazan por insignificante y a los que creen que sólo es legítimo preguntar si podemos anticipar una respuesta probable, hipotética. Por eso intenta sobre todo despejar un espacio doblemente ocupado. Ocupado en primer lugar por todos los enfoques de la lectura derivados del triunfo de la idea tecno-científico-positivista de la educación, es decir, por todos los que entienden la lectura como un proceso más o menos cognitivo de comprensión. Y ocupado en segundo lugar por todos los que se empeñan en mantener la vieja idea humanística de formación como cultivo de la sensibilidad y como formación del carácter. Creo que lo que aún queda en nosotros de la vieja idea de *Bildung*, esa idea en cuyas ruinas vivimos, es en parte lo que nos impide formular de otro modo la pregunta por la lectura, lo que nos impide la radicalidad del preguntar.

En el modo como se han leído mis trabajos he percibido, a veces, una cierta retórica viejohumanista o neohumanista. Quiero decir que cuando uno se aparta de los modos científico-técnicos y pragmático-utilitarios de pensar la educación, da la impresión de que se están reocupando las viejas posiciones humanistas. Y como esas posiciones están altamente codificadas en nuestra cultura pedagógica más tradicional y más moralizante, se le lee a uno en ese sentido: el hombre por aquí, la humanidad por allá, el humanismo, la humanización. El modelo de la *Bildung*, que puede ser eficaz en tanto que confrontado con el marco técnico-instrumental dominante o, incluso, con el modelo crítico que se presenta como su alternativa, está para mí agotado. El último número de una de las revistas francesas de educación más interesantes, *Le Télémaque*, está dedicado justamente al tema del humanismo. Y hay un artículo de mi amigo y colega Jan Masschelein que acaba mostrando el agotamiento del lenguaje humanista de la *Bildung* para pensar la educación con cierta radicalidad, y la necesidad de fundar otro vocabulario.[4] Yo estoy básicamente de acuerdo con eso. Lo que ocurre es que he intentado hacer estallar el modelo, digamos, desde dentro, y eso, en un contexto en el que la delicadeza en la lectura no es común, ha tenido esos efectos de lectura que te comentaba. Quizá he tenido un cierto empecinamiento en partir de la vieja sonoridad de la palabra «formación» para tratar después de pensarla de otro modo, de hacerla sonar de otro modo. A lo mejor la palabra «formación» debería ser abandonada, simplemente porque tiene ciertas adherencias de significado muy potentes y altamente cristalizadas que le hacen producir casi automáticamente efectos de sentido humanistas. A lo mejor hay que dejársela directamente al enemigo. Pero a mí me parece una pena borrar de mi vocabulario una palabra tan hermosa, tan importante desde el punto de vista teórico y práctico, tan sutilmente elaborada en distintos contextos. Además continúo pensando que es posible hacerla sonar intempestivamente. No sé si yo lo he conseguido, a veces tiendo a pensar que no, pero estamos en ello. Ya veremos. Hay un poema de Roberto Juarroz que dice así:

«También las palabras caen al suelo,
como pájaros repentinamente enloquecidos

---

4. JAN MASSCHELEIN, «Éducation et humanisme?» en *Le Télémaque*, n.º 21. Caen. 2002, págs. 37 y sigs.

por sus propios movimientos,
como objetos que pierden de pronto su
    equilibrio,
como hombres que tropiezan sin que existan
    obstáculos,
como muñecos enajenados por su rigidez.
Entonces, desde el suelo,
las propias palabras construyen una escala,
para ascender de nuevo al discurso del hombre,
a su balbuceo
o a su frase final.
Pero hay algunas que permanecen caídas.
Y a veces uno las encuentra
en un casi larvado mimetismo,
como si supiesen que alguien va a ir a recogerlas
para construir con ellas un nuevo lenguaje,
un lenguaje hecho solamente con palabras
    caídas.»

La palabra «formación», cuando suena en lo que queda en nosotros de los clichés de la vieja jerga humanista, conserva algo de la arrogancia y de la fuerza que una vez tuvo. Pero yo quisiera tomarla como una palabra caída, arruinada. Y no para volverla a colocar en lo alto, no para hacer de ella una bandera o una contraseña, no para usarla como un arma, sino para mantenerla como caída. A veces pienso que son ya tantas las palabras que se nos han hecho impronunciables que no podemos hablar sino en ese lenguaje hecho solamente con palabras caídas del que hablaba el poeta. Quizá para devolverles, en tanto que caídas, una cierta dignidad.

Recientemente apareció un artículo en la *Revue Française de Pédagogie* comparando la aproximación entre literatura y pedagogía que hacemos Philippe Meirieu y yo. El autor del texto, un profesor brasileño muy perspicaz llamado Flavio Brayner, sitúa ese interés por la literatura en el agotamiento de los marcos en que se ha movido la discusión pedagógica en los últimos decenios: tanto ese sociologismo encaminado a mostrar el carácter social y de clase de toda práctica educativa, como ese psicologismo que, basado en el aprendizaje, transformaba la sala de clase en un espacio de desarrollo cognitivo. Por otra parte, el profesor Brayner apuntaba también a la crisis de un *logos* pedagógico capturado por un modelo instrumental y utilitario: todos esos discursos que privilegian cosas como «la integración ciudadana», «la empleabilidad», «la flexibilidad de competencias» exigida por las nuevas tecnologías, «la inserción de los individuos en el mercado». Y es ahí, en ese contexto, donde el artículo sugiere que lo que estamos tratando de hacer tanto Meirieu como yo no es otra cosa que reintroducir el viejo concepto romántico-humanista de formación adaptando algunos motivos de la «educación estética» a la Schiller. Pero con mis textos el profesor Brayner tiene algunos problemas, precisamente porque no encuentra una idea de formación relativamente identificable a los motivos tradicionales. Y en ese contexto escribe:

«La segunda orientación, de inspiración netamente nietzscheana, busca una solución que yo llamaría "literaturización de la pedagogía". Si en la primera, la literatura aporta los elementos para una especie de diálogo interior a través de la experiencia de otros hombres (ficcionales o no), en la segunda las ambiciones son más importantes: hacer de la educación una reescritura de sí donde el acto educativo ejercido sobre sí mismo (como una especie de autosubjetivación) se confunde con la escritura ficcional, donde la vida y la literatura se interpenetran tomando la forma de una estetización de la existencia».[5]

5. Flavio Brayner, «Littératurisation de la pédagogie et pédagogisation de la littérature. Simples notes sur Philippe Meirieu et Jorge Larrosa» en *Revue Française de Pédagogie,* n.º 137, 2001, pág. 28.

Aquí no se cantan los viejos motivos humanistas y creo que el autor ha visto bien que yo trabajo más bien con una idea de formación que suena a Nietzsche y a Foucault. Y que no vuelvo a poner en movimiento los viejos motivos humanistas e idealistas de la formación. De hecho, siempre me ha costado construir cualquier discurso medio decente sobre eso de «la literatura y la formación de los profesores». O, incluso, tomando como punto de partida los trabajos que he hecho sobre la novela de formación y sobre los relatos de identidad, me ha costado también sentirme cómodo en planteamientos del tipo «narrativas y formación de profesores» o «relato y construcción de la identidad». Otros lo han hecho, y muy dignamente, y a veces en relación con mis propios trabajos. Pero a mí me cuesta cualquier formulación positiva de la formación que, además, pueda convertirse en un modelo pedagógico relativamente elaborado.

Sigamos con las resonancias filosóficas. En La experiencia de la lectura hay varios capítulos dedicados al romanticismo alemán. ¿Cuál es la importancia de esas referencias en tu concepción de la lectura? Yo quisiera insistir en el fondo romántico, o de lecturas románticas, que hay en tu libro y también, creo, en una cierta tensión entre hermenéutica y deconstrucción o, quizá, más en general, entre un pensamiento alemán y un pensamiento francés.

El romanticismo supone una revolución en la concepción de la literatura. Creo que lo primero que hay que problematizar es esa institución llamada «literatura», que lo que hoy llamamos «literatura» no ha existido siempre bajo esa forma. Citemos ahora a nuestro viejo Foucault:

«Nadie duda de que eso que retrospectivamente tenemos el hábito de llamar 'literatura' existe desde hace milenios. Y esto es precisamente lo que debe ser cues-

tionado. No es del todo seguro que Dante, Cervantes o Eurípides fueran 'literatura'. Sin duda pertenecen a la literatura en el sentido de que, en la actualidad, forman parte de nuestra literatura, pero forman parte de ella en virtud de una determinada relación que nos concierne exclusivamente a nosotros. Forman parte de nuestra literatura, no de la suya, y ello por la simple razón de que nunca hubo nada semejante a la 'literatura griega' o la 'literatura latina'. En otras palabras, aunque la relación de la obra de Eurípides con nuestro lenguaje la convierta en 'literatura', no era ese el caso en absoluto de la relación de la misma obra con el lenguaje griego».[6]

De esa cita, y aparte de la consideración de la «literatura» como una institución, como un invento reciente, me interesa eso de la relación con la lengua. La literatura es una determinada relación con la lengua. Y la lectura es también una determinada relación con la lengua. Y yo creo que nuestra relación con la lengua queda profundamente trastocada con el romanticismo. De ahí el lugar clave que ocupa en la elaboración de mi pensamiento. Lo que es para nosotros literatura arranca con el romanticismo: tanto la figura contemporánea del escritor como la del lector son un resultado de la revolución romántica en la experiencia del lenguaje. Así como también es un resultado del romanticismo la concepción del hombre mismo como un animal lingüístico, como un ser de palabra. No ya como un animal racional, sino como un viviente cuya vida misma está comprometida en su lenguaje. Después del romanticismo ya no puede entenderse el lenguaje como comunicación, o como representación, o como instrumento de comunicación o de expresión, o como una facultad del hombre entre otras, o como una cosa entre las cosas. Digamos que después del roman-

---

6. MICHEL FOUCAULT, *De lenguaje y literatura*. Barcelona. Paidós, 1998, págs 63-64.

ticismo la literatura es, entre otras cosas, una experiencia radical del lenguaje y, por lo tanto, el movimiento infinito de volver hacia la interrogación del lenguaje. Y eso, que arranca sin duda de la exaltación romántica que se produce en Alemania alrededor de 1800, de la poesía de Novalis y Hölderlin, de la poética de los hermanos Schlegel, de la filosofía de Schelling, trasciende una época determinada y se extiende como una atmósfera, como un haz de problemas, como un talante. Y lo que me ha interesado es justamente esa atmósfera. El famoso primer párrafo, por ejemplo, de *El arco y la lira*, de Octavio Paz, forma parte de esa constelación:

«La poesía es conocimiento, salvación, poder, abandono. Operación capaz de cambiar al mundo, la actividad poética es revolucionaria por naturaleza; ejercicio espiritual, es un método de liberación interior. La poesía revela este mundo; crea otro. Pan de los elegidos; alimento maldito. Aísla; une. Invitación al viaje; regreso a la tierra natal. Inspiración, respiración, ejercicio muscular. Plegaria al vacío, diálogo con la ausencia: el tedio, la angustia y la desesperación la alimentan. Oración, letanía, epifanía, presencia. Exorcismo, conjuro, magia. Sublimación, compensación, condensación del inconsciente. Expresión histórica de razas, naciones, clases. Niega la historia: en su seno se resuelven todos los conflictos objetivos y el hombre adquiere al fin conciencia de que es algo más que tránsito. Experiencia, sentimiento, emoción, intuición, pensamiento no dirigido. Hija del azar; fruto del cálculo. Arte de hablar en una forma superior; lenguaje primitivo. Obediencia a las reglas; creación de otras. Imitación de los antiguos, copia de lo real, copia de una copia de la Idea. Locura, éxtasis, logos. Regreso a la infancia, coito, nostalgia del paraíso, del infierno, del limbo. Juego, trabajo, actividad ascética. Confesión. Experiencia innata. Visión, música, símbolo. Analogía: el poema es un caracol en donde

*resuena la música del mundo y metros y rimas no son
sino correspondencias, ecos, de la armonía universal. Enseñanza, moral, ejemplo, revelación, danza, diálogo, mo-
nólogo. Voz del pueblo, lengua de los escogidos, palabra
del solitario. Pura e impura, sagrada y maldita, popular y minoritaria, colectiva y personal, desnuda y vesti-
da, hablada, pintada, escrita, ostenta todos los rostros
pero hay quien afirma que no posee ninguno: el poema
es una careta que oculta el vacío, ¡prueba hermosa de la
superflua grandeza de toda obra humana!».*[7]

En esta página resuena la concepción hölderlinia-
na del poeta como mediador, la absolutización schlegeliana del poema del poema, la afirmación de Novalis de
la intransitividad de un lenguaje que no se ocupa más
que de sí mismo, las concepciones humboldtianas del
lenguaje como condición de posibilidad del hombre y
del mundo. Y, a la vez, todo lo contrario. La literatura
como una experiencia radical y contradictoria del lenguaje que testimonia una y otra vez su propia imposibilidad, que se interroga constantemente sobre sí misma. Entonces, ¿qué es leer? Lo que yo he encontrado en
el romanticismo es, justamente, la ilegitimidad de esa
pregunta. Leer no es nada y, a la vez, es todo. Es cualquier cosa y además más y otra cosa. De ahí, quizá, lo
de la experiencia de la lectura, lo de remitir la lectura
a una experiencia y no a una esencia, o a una actividad, o a una práctica.

Por ahí iría mi interés por lo que aquí estoy llamando la «atmósfera romántica» en nuestra comprensión del lenguaje y del texto y, por tanto, en nuestra
comprensión (o incomprensión) de esa experiencia de
relación con el texto que llamamos lectura.

Y quizá también por otra cosa. Estoy cada vez más
convencido de que si queremos pensar la lectura como

---

7. OCTAVIO PAZ, *El arco y la lira.* México. Fondo de Cultura
Económica, 1956, pág. 13.

una determinada relación con el texto escrito, como una determinada experiencia de la lengua, hay que leer a los que se toman en serio esa experiencia, es decir, a los poetas y a los filósofos. Más precisamente, a los poetas no entendidos como fabricantes de versos sino, siguiendo la fórmula de Deleuze, como aquellos que están comprometidos con la creación de una lengua en el interior de la lengua. Y a los filósofos que están tocados por esa revolución radical en la concepción del lenguaje que podríamos señalar con el nombre de Nietzsche. Lo diré de una forma más provocativa: si queremos pensar la lectura hay que leer a los escritores y a los lectores, a los que nos están enseñando con sus prácticas de escritura y de lectura que se puede leer de otro modo, que lo que sea el leer no tiene por qué quedar determinado por las reglas actualmente dominantes de la lectura o, lo que es lo mismo, por esas simplezas de pensar la lectura desde la comunicación o desde la comprensión. Ya basta de leer a lingüistas, a psicólogos del lenguaje, a teóricos de la comunicación, a didactas, a legisladores de la lengua y a otros funcionarios al servicio del orden y del control. Esa gente nos puede ayudar a alcanzar posiciones de dominio o de poder en los aparatos que tienen que ver con lo que podríamos llamar, en sentido amplio, políticas de la lengua, en los aparatos educativos o culturales, pero nunca entenderán nada de lo que importa. La pregunta podría ser qué experiencia de la lengua puede reducir la lectura a comunicación o a comprensión. Una experiencia sin duda miserable pero, además, perfectamente coherente con los poderes al servicio de las tecnologías de la comunicación universal y transparente. Ya está bien de pensar la lengua desde una concepción técnica e instrumental. Y para eso no va mal un baño de locura romántica.

Por otro lado, y con esto entro ya en la segunda parte de tu comentario, me parece que la recepción francesa de ese romanticismo que se produce tras la publicación de los textos fundamentales en el libro de Lacoue-Labarthe titulado *L'Absolu Littéraire* es de gran importancia en muchos de los autores franceses que me han interesado, digamos que los que se mueven en la órbita-Blanchot. Por eso, creo que lo que hay en *La experiencia de la lectura* es un pensamiento alemán, digamos, afrancesado. Y eso ocurre también, en mi caso, con Heidegger. Digamos que yo he leído un Heidegger francés, con perdón de la barbaridad. O, por volver a la cuestión de las preguntas, me ha interesado el modo francés de preguntar a los textos alemanes.

Tu concepto de experiencia es mucho más amplio que la idea general de comprensión, o de interpretación, que se ha venido utilizando a la hora de pensar la lectura, sobre todo en el campo educativo. ¿En qué la lectura como experiencia va más allá de la lectura como comprensión? ¿y cómo podría integrarse la idea de experiencia de la lectura en unas prácticas pedagógicas que están montadas desde el punto de vista de la comprensión?

Lo primero que se me ocurre es que no creo que lo que yo haya intentado sea elaborar un concepto de experiencia. En general, me molesta la definición de conceptos, ese comenzar definiendo los conceptos, ese empezar por la pregunta ¿qué es? Yo trabajo con palabras, y no con conceptos. Lo que he tratado de hacer, entonces, sería algo así como hacer sonar la palabra experiencia en distintos contextos para que el lector advierta de alguna de sus posibilidades. Una amiga dijo que *La experiencia de la lectura* era un libro musical. Y un libro musical es un libro que funciona por variaciones y resonancias. Si yo hubiese querido dar un concepto de experiencia y definir qué debería entenderse por experiencia en relación a la lectura, no hubiese necesitado tantas páginas. Simplemente hubiera dicho lo que quería decir y todo lo demás sería «relleno».

Si el libro es como es, es porque hace sonar la palabra
«experiencia» y la palabra «formación» en distintos
contextos, cada uno de ellos análogo y, a la vez, distinto de los anteriores. Algo que molesta a ciertos lectores
apresurados que quieren llegar inmediatamente a la
idea, al concepto, a la formulación más o menos apropiable, a la tesis. Y mi libro no es exactamente un libro
de tesis.

Lo que intenté, como decía, era recuperar cierta
sonoridad perdida de la palabra «experiencia». Y, sobre
todo, como condición de posibilidad de esas resonancias, limpiar la palabra «experiencia» de algunas contaminaciones empíricas que la hacen demasiado
cómoda, demasiado segura, demasiado inofensiva.
Además, estoy cada vez mas convencido de que la
experiencia es algo de lo que no puede haber concepto.
Al menos esa experiencia de la que yo hablo y que está
próxima a la existencia misma, a la vida misma por
decirlo con una palabra de resonancias menos idealistas y más nietzscheanas. Quizá por eso la experiencia
es, precisamente, lo que desborda cualquier concepto y
lo que no se deja conceptualizar. Después del triunfalismo romántico sobre el poder de la palabra al que
antes me he referido, hubo una serie de escritores crepusculares como Hofmansthal, o Musil, o incluso Wittgenstein, que insistieron precisamente en la incapacidad
de la palabra para nombrar y dominar la realidad, para
albergar la vida, para nombrar y someter la experiencia humana. Y lo que en esos autores hace desfallecer
el poder de la lengua no es el silencio de lo real, sino la
multiplicación y la proliferación de sus voces, no
la ausencia de vida, sino su exceso, su desbordamiento. Y a esa crisis del lenguaje le corresponde una crisis
de la subjetividad, una cierta disolución del sujeto
como principio ordenador de la realidad. Como si no
hubiera ya posibilidad de valorar y jerarquizar lo que
nos pasa. Yo creo que con la experiencia pasa un poco

eso. Que es imposible de conceptualizar porque sobrepasa inmediatamente cualquier concepto, porque excede de cualquier idea que trate de determinarla. La experiencia sería precisamente lo indeterminado de la vida, ese pasar de lo que nos pasa cuando no sabemos lo que nos pasa, esas afecciones que nos llevan a cuestionar lo que ya sabemos, lo que ya queremos, todo lo que se deja someter sin dificultad a la medida de lo que ya somos. Dicho de otro modo, si la experiencia no está del lado del ser, sino del lado del devenir, es imposible decir lo que es la experiencia. Y si la experiencia no está del lado de lo que sabemos, sino de lo que interrumpe lo que sabemos, es imposible saber lo que es la experiencia.

No sé si por ahí podríamos darle ya un sentido a lo de «experiencia frente a comprensión» de tu pregunta. Decir que la lectura es experiencia es, simplemente, decir que desborda nuestros modos establecidos de leer, lo que ya sabemos leer, los modos como ya leemos, cualesquiera que sean esos modos. Incluído, desde luego, el de la comprensión. Cuando el viejo Deleuze decía eso de «*no interpretéis, experimentad*», no especificaba qué tipo de experimentación era esa. Simplemente abría la lectura a cualquier tipo de práctica productiva, incluso las más «experimentales» en el sentido de vanguardia que todavía conserva esa palabra. Y con eso desafiaba los modos establecidos de leer filosofía en la academia con lo que ellos tienen de represión de la lectura, de la escritura y, desde luego, del pensamiento. Entonces, hablar de experiencia no significa sólo ampliar el estrecho concepto de comprensión, ese que nos indica que el modo más adecuado de relación con un texto es intentar comprender su sentido, sino que hace estallar cualquier modalidad canónica e históricamente constituida de relación con el texto escrito. Y eso no sólo por una actitud más o menos «experimental» del sujeto lector, sino también por fidelidad al texto mismo. ¿No es el texto mismo el que desafía cualquiera de sus lecturas?

Además, si recorremos el modo como algunos escritores posicionan a sus posibles lectores, en los prólogos a sus libros por ejemplo, o en esas interpelaciones al lector que tan frecuentemente salpican los libros, no sólo de literatura, sino también de conocimiento, veremos que los mejores de ellos piden otra cosa que ser comprendidos. Se me ocurre el caso de Nietzsche, cuando dijo eso de *«hay algo humillante en ser comprendido»*. O el de Deleuze cuando, comparando los libros a cajas de herramientas, dijo eso de que *«en un libro no hay nada que comprender, y sí mucho que utilizar»*. O el de Cortázar, pidiendo lectores dispuestos a jugar para su *Rayuela*. O el de Clarice Lispector pidiendo *«no leer lo que escribo como si fuese un lector»*. Los ejemplos serían interminables. Quizá lo de la lectura como experiencia no sea otra cosa que un cierto paraguas teórico para que expresiones como esas no sean imposibles, o al menos para que seamos capaces de escucharlas. Y no he dicho de comprenderlas, sino de escucharlas.

Porque la escucha no es la comprensión. ¿No os ha ocurrido a veces que os habéis sentido comprendidos, pero no escuchados? ¿no será la voluntad de comprender, la buena voluntad de comprender, una de las maneras más perversas de no escuchar? Gadamer decía que escuchar es *«dejarse decir algo»*. Y querer comprender no es necesariamente dejarse decir algo. Lo diré en forma de *boutade*: yo no quiero que me comprendan, en el fondo me da igual que me comprendan, el que me comprendan o no no es lo más importante, pero sí que quiero que me escuchen, sí que quiero que hoy, aquí, vosotros os dejéis decir algo. No deseo otra cosa que ser capaz de deciros algo. Y más allá de que se comprenda mejor o peor lo que quiero decir, más acá de que vayamos avanzando en la comprensión de ciertas ideas, o de ciertos enfoques, no estaría aquí si no tuviera la esperanza de que alguien me dijera algo. O, si quieren, si no tuviera la esperanza de que en esta conversación, más allá de ideas apropiadas y apropiables, pase alguna cosa, se produzca alguna experiencia. No se trata, entonces, de ir más allá de la comprensión sino, literalmente, de hacer estallar el paradigma hermenéutico. Quizá en *La experiencia de la lectura* eso no estaba aún suficientemente claro. Pero cada vez estoy más convencido de que la cosa va por ahí, de que la apuesta es esa.

Al mismo tiempo, habría que preguntarse, como tú bien haces, por qué los aparatos educativos privilegian la comprensión. Y, en lo que a nosotros nos concierne, por qué los discursos psicotécnicos y pedagotécnicos sobre la lectura se mueven exclusivamente en el interior del marco de la comprensión. Voy a adelantar dos hipótesis. La primera es que en la escuela que conocemos es esencial la evaluación. Por lo tanto, es esencial hacer visibles de una forma máximamente estandarizada cuáles son los resultados de las prácticas de enseñanza. Si sus objetivos han sido o no alcanzados, y de qué modo. Y para eso, el modelo de la comprensión es perfecto. De lo que se trata es de saber si el alumno ha comprendido lo que tiene que comprender. Y enseguida podemos establecer problemas de comprensión, niveles de comprensión, y todas esas cosas que les gustan tanto a los psicopedagogos en ejercicio.

La segunda hipótesis tiene que ver con la concepción técnica del lenguaje. Y con el modo como esa concepción es perfectamente funcional tanto a la escuela como al sistema. Y por sistema quiero decir lo que un viejo marxista llamaría «el Capital y el Estado» y lo que, en nuestra lengua eufemística y mentirosa, se llama «demandas sociales», porque ¿qué es eso de las demandas sociales sino los intereses del Capital y del Estado?

Por concepción técnica del lenguaje entiendo

considerar la lengua como instrumento de comunicación. La lengua no es otra cosa que un soporte de ideas, sentimientos y, en general, expresiones, y leer no es otra cosa que apropiarse de eso que la lengua comunica. La lengua no es otra cosa, en definitiva, que soporte y transporte de información. No es otra cosa que telecomunicación. No creo necesario insistir en la cantidad de discursos que se asientan sobre ese supuesto. Desde la concepción cognitivista de la lectura, según la cual leer no es otra cosa que procesar información, hasta toda esa retórica de la sociedad de la información que se está imponiendo sin crítica y con el apoyo de estados y oligopolios de todo el mundo. No creo necesario insistir tampoco en la cantidad de programas de investigación educativa y de formación del profesorado que incluyen una u otra de esas retóricas. El sistema educativo trabaja el lenguaje desde el punto de vista de la tecnología de la información. Por eso trabaja la lengua desde el punto de vista de su máxima transparencia y de su máxima eficacia. En definitiva, desde el modelo hermenéutico tradicional de la comprensión. Un modelo, por otra parte, como el gadameriano, que tiene también su cara humanista para cuando conviene poner en juego retóricas del diálogo, de la convivencia o de la identidad/diversidad. De ahí que cualquier intento de hacer estallar o, por lo menos, de problematizar la hermenéutica tenga consecuencias difícilmente integrables tanto por la dogmática psicopedagógica, como por la dogmática humanista o por la dogmática informacional.

En un libro deslumbrante, José Luis Pardo expone con claridad cómo la insistencia en la comunicación, en la cara externa, pública, eficaz y transparente del lenguaje, lo priva de su intimidad, de su plurivocidad, de su cara interna, de esa cara que lo hace humano. Voy a transcribir algunas líneas:

«La intimidad es el contenido no informativo del lenguaje (por eso parece desaparecer cuando considera-

mos el lenguaje como un mero sistema de transmisión de informaciones). (...) La intimidad de la lengua es lo que hace que todo significado vaya acompañado de un sentido, todo uso de una mención, toda denotación de una connotación, toda información de una contraseña, toda opinión de un temblor y todo acto ilocutorio de una pasión perlocutoria, porque es lo que hace que el lenguaje vaya acompañado de sí mismo. Cada palabra dicha tiene siempre un plus de sentido o, en términos más rigurosos, una cantidad inagotable o una multiplicidad inexhaurible de sentido, siempre quiere decir más de lo que dice y nunca puede decir todo lo que querría. (...) Todo el tiempo del mundo no bastaría para aclarar el sentido de un dicho. Y ello, precisamente, porque los dichos son cuestión de tiempo, porque todo lo dicho es dicho en el tiempo, en un tiempo y en un espacio que no pueden obviarse a menos que consideremos esa palabra como si nadie la hubiese dicho nunca. Y, aunque no puede negarse que los filósofos (y otras especies) han sido proclives a esta consideración, de la que surge esa curiosa lengua-de-nadie, la lengua de los que no tienen lengua, de los deslenguados (...), toda palabra lleva en su ser la marca ilegible de la intimidad».[8]

Esa cita pertenece a un capítulo del libro que se subtitula «Fragmentos de una teoría de la pasión comunicativa». Y como homenaje tanto a Pardo como a ese título maravilloso, coordiné un monográfico en *RELEA* titulado precisamente «Teoría de la pasión comunicativa». En ese monográfico hay un artículo de Fernando González Placer que se titula «La frigidez del lenguaje: la Sociedad de la Información», en el que puede leerse lo siguiente:

«...lo consagrado como Teoría de la Acción Comunicativa encuentra uno de sus pilares en aquella con-

---

8. José Luis Pardo, *La intimidad.* Valencia. Pretextos, 1996, págs. 122-124.

sideración instrumental e informativa del lenguaje a la búsqueda de una palabra pública, legítima y democrática. Esto es, a la caza y captura de una palabra y de un lenguaje cuyo significado haya sido razonablemente negociado ('consensuado', dicen) entre todos los hablantes en condiciones de igualdad, con el horizonte de que quede bien claro de una vez por todas (y/o hasta nuevo aviso, hasta nueva negociación, hasta un nuevo progreso de la racionalidad) qué quiere decir y qué se quiere decir con tal cosa y con tal otra. Por el contrario, creo que entre unos y otros, pícara y traviesamente, venimos acuñando –y arropándonos con– la expresión 'pasión comunicativa' para practicar una aproximación a nuestro lenguaje (nuestro hablar, escuchar, escribir, leer...) que, sin desembarazarse del significado de las palabras, atiende a aquella dimensión eto-poética, esto es, a lo sentido con y por ellas; con pasión comunicativa prestamos atención al papel que las formas de decir (y callar), de atendernos (y desentendernos) desempeñan, tanto en nuestro modo de vivir-la-vida, en nuestra manera de sentirla, de experimentarla, de aprenderla, de contarla, de darnos cuenta de ella, etc., como en el modo de vivirnos a nosotros mismos y a los otros. La palabra y el lenguaje, pues, como algo inexcusable en el desafío por aprender, ser, vivir y sentir de otro modo. Dicho de otro modo, en disidencia y disentimiento, con pasión comunicativa, anhelamos desclausurarnos, descerrajarnos, abrirnos, exponernos, ofrecernos a la experiencia (al roce, la caricia, la herida, la erosión, la cicatriz, el desconcierto, la perplejidad, la sacudida, etc.) que la palabra, a veces, produce en nosotros por el simple hecho de haber sido exigida, regalada, publicada, pronunciada, defendida, escuchada, escrita, leída, negada, evitada, regateada, camuflada, silenciada, etc.».[9]

9. Fernando González Placer, en *RELEA*, n.º 9. Caracas, 1999, págs. 89-90.

No creo que sea necesario continuar dando sentido a ese «más allá de la comprensión». Se trata, simplemente, de no tratar la lengua al modo de los deslenguados o de los frígidos, de todos aquellos, en suma, para quienes el lenguaje es instrumento de comunicación. E insisto en que no hay aquí novedad teórica alguna. Se trata, simplemente, de atender a los que tienen una relación más intensa con la lengua o, dicho en una sola frase, de escuchar a los poetas. No a los profesionales del verso, a los sofisticados de la lengua, sino a todos aquellos para los que la experiencia de la lengua no es en absoluto una experiencia de comunicación, ni siquiera de expresión-comprensión. Transcribo otra cita de Pardo, esta vez de un texto dedicado a un poeta, a José Angel Valente, que se titula «Carne de palabras»:

«Yo leo, no desde el estupor ni desde el análisis, sino desde la experiencia del usuario común de la lengua que encuentra en ellos una pedagogía de la sensibilidad capaz de preservar en ese instrumento –la lengua– algún valor que se resiste al total allanamiento. (...) El cuerpo de las palabras –su carne, su sabor, su sonido– nos pasa habitualmente desapercibido: cuando escuchamos hablar, no oímos un sonido que luego traducimos en términos significativos, escuchamos directamente sentidos, significados, mensajes, consignas. La poesía expone el cuerpo de la palabra en su carnalidad sensible y devuelve a los usuarios ese suplemento que en el uso se ha vuelto insensible e inaudible. El estupor que surge de la revelación poética se explica quizá por esto: no podemos decir nada ante estas obras porque ellas son lo que decimos, el amontonamiento de todo cuanto se ha dicho, pero perversamente organizado para suspender su sentido. La palabra se convierte entonces en un cuerpo para el que no tenemos palabras. Y, en esa experiencia, precisamente porque la palabra recupera su cuerpo, nosotros también recobramos la carne: volvemos a ser densos y sensibles. Vemos entonces que hacer un poema no es

poner una experiencia privada bajo una forma literaria cuyos secretos técnicos se poseen, sino producir literalmente una experiencia nueva, que no es de nadie, y que por eso puede ser de todos, de cualquiera. No es un inocente juego de palabras sino el modo en que la palabra acoge algo que está completamente fuera de ella, pero que ella lleva adherido como su afuera: su carne, su cuerpo, su sensibilidad, que son los nuestros, que somos carne de palabras.»[10]

No está mal eso del cuerpo de las palabras y eso de los seres humanos como carne de palabras. Y eso de que entender la lengua al modo de la información, de la comunicación, implica tanto descorporeizar la lengua como descorporeizar a los hablantes (y a los lectores). En fin, por ahí va la cosa.

Entonces, si abandonamos el concepto de comprensión y sugerimos una perspectiva más experimental, ¿cualquier cosa es leer? ¿qué sería entonces enseñar a leer?

La experiencia de la lectura y *Pedagogía Profana* trataban de pensar la lectura desde el punto de vista de la formación y la transformación de la subjetividad. Y hubo quien leyó el modo como allí se usa la categoría de experiencia en un sentido, digamos, demasiado blando. Algo así como que lo importante es lo que nos pasa, lo subjetivo, lo privado, lo sensible, lo personal, lo que pasa en la interioridad de cada uno y sólo le concierne a uno, algo que casi se podía poner en relación con todos esos discursos narcisistas, individualistas y un tanto terapéuticos del crecimiento o del desarrollo personal. Y ahora, cuando estoy tratando la lectura desde el punto de vista de la diferencia y de la pluralidad, hay veces que se vuelve a convocar a eso de «lo subjetivo» para apelar a una supuesta libertad individual de interpretación.

10. En *Anatomía de la Palabra.* Valencia. Pretextos, 2000, págs. 184-185.

Los argumentos son bien conocidos: se trata de afirmar la pluralidad de las lecturas, el infinito del texto, la indecibilidad de la interpretación, poniendo el acento en una supuesta libertad que estaría del lado de la subjetividad del lector individual. Así, la subjetividad siempre recomenzada de un texto se confunde con una suerte de subjetivismo blando e inofensivo que no es otra cosa que un individualismo trivial. Y la libertad de la lectura se hace consistir a que se puede hacer lo que se quiera con un texto, a que cualquier cosa es leer. Y sin duda se puede hacer lo que se quiera con un texto, sin duda es bueno insistir en la libertad de la lectura, sin duda la lectura es infinita, sin duda todo texto es indecidible, pero eso no implica que ese infinito o esa libertad o esa indecibilidad signifiquen no importa qué. El infinito del texto pertenece al texto mismo y no a la arbitrariedad de un lector subjetivo que, generalmente, está por debajo del texto que lee. Y la libertad de la lectura no tiene nada que ver con la voluntad libre del individuo personal. Es más, el individuo personal, leer como un individuo personal, suele jugar en contra de la libertad de la lectura.

Entender la lectura como invención, como creación, como experimentación en el sentido que esa palabra tiene en las «artes experimentales», implica un rigor y una exigencia, un ascetismo incluso, que nada tiene que ver con el individualismo blando y un tanto perezoso de que cada uno lee como le viene en gana. Cualquier artista sabe que desobedecer o transgredir las reglas de producción de cualquier arte no es ni fácil ni, sobre todo, voluntario. Y que nada garantiza el resultado de esa desobediencia o de esa transgresión. La lectura es un arte, sin duda, y como tal arte no puede prescribirse, y como tal arte debe darse todas las libertades formales, debe permitirse todas las licencias para la experimentación, pero también, como tal arte, la lectura no es ni fácil ni falta de rigor, y también, como tal arte, la lectura puede ser practicada por buenos y por malos artistas.

En ese artículo del profesor Brayner que he citado se identifica una «trampa» en el capítulo sobre Rilke de *Pedagogía Profana*. Dice Brayner que, para escapar a los imperativos de la «sociedad administrada», allí se privilegia un lector infantil, un lector que lea con ojos de niño, y escribe:

«Si ayer era la mirada advertida y entrenada del platonismo la que permitía un acceso a la verdad de las cosas situadas más allá de las apariencias, hoy es la mirada ingenua y pueril, no contaminada por esa ortopedia visual propuesta por la Ilustración, la que nos procurará la verdad. (...) Yo tengo ciertas dificultades para aceptar esa ficción proyectada sobre una infancia cuya mirada permanecería impenetrable a la sociedad administrada. Y además, un autor que tiene el poder del lenguaje expositivo, interpretativo, proposicional, que sostiene una tesis sobre la recepción de la obra poética y alimenta expectativas futuras (transformarse por la literatura), ¡puede ser cualquier cosa excepto un niño!».[11]

Comparto las dificultades del profesor Brayner así como la trampa que denuncia: eso de proponer una lectura infantil, pero a través de una lectura de Rilke que no tiene nada de infantil. Lo que ya no comparto es que una lectura infantil suponga que cualquier cosa es leer. La infancia aquí es una imagen de la libertad. Pero no de la libertad subjetiva, de la arbitrariedad individual, sino de la libertad como condición de la novedad, de la creación. Algo que implica, como ya ha dicho, toda una ascesis. La infancia está aquí del lado de ese descreer, de ese silencio, de ese parto de los que hablábamos al principio. Algo que está en el niño del «Discurso de las Tres Metamorfosis» del *Zaratustra* de Nietzsche. Se trata de una inocencia que no tiene nada

11. F. Brayner, *op cit.*, pág. 34

de inocente, nada de ingenua, que no está al principio del camino, sino al final. Hay toda una exigencia en ese niño. En cualquier caso, no puedo sino aceptar la situación de riesgo que supone tratar la lectura con cierto rigor y con cierta exigencia y, al mismo tiempo, resistirse a formular qué sería una buena lectura o, dicho de otro modo, qué es leer bien. La dificultad, y también, creo, la honestidad, estaría en adoptar una perspectiva que no pretenda convertirse en *la* perspectiva, o en sugerir un camino que no tenga pretensiones de ser *el* camino. Y aquí de nuevo el maestro es Nietzsche. Un maestro, por otra parte, enormemente exigente y, al mismo tiempo, de esos que te dejan libre, es decir, completamente antipedagógico.

¿Cómo enseñar a leer, entonces, evitando cualquier tentación doctrinaria? ¿cómo enseñar a leer en una dirección que no se conoce de antemano y sin asegurar, por tanto, una llegada tranquila? La respuesta no puede ser sino paradójica. Y hay que ser capaz de sostener la paradoja, de sostenerse en ella. Lo diré con las sagaces palabras de otro de mis lectores, del profesor Alejandro Cerletti, en una cita quizá demasiado larga pero en la que se formulan algunas preguntas cruciales:

«Aspirar con ahínco a no modelizar, a no disciplinar, o no disponer una autoridad rectora que induzca un control pedagógico, implica situarse en una zona de riesgo permanente. Supone transitar un equilibrio inestable, siempre amenazado por recaídas que no harán más que multiplicar la magnitud de lo que se quería evitar, imponiendo (pero ahora con palabras dulces y modales suaves), o adoctrinando (pero sin parecerlo, o al menos creyendo que las cosas que son aceptadas lo son de una manera voluntaria y consensuada). ¿Cómo no inducir, influir, afectar, al otro —en definitiva, cómo no constituirse en palabra sabia— cuando lo que se pone sobre la mesa (o a los ojos del lector) es una apuesta

subjetiva muy intensa? Este es el desafío pedagógico del libro. Decir para no imponer, abrir el pensamiento para no transmitir un saber legitimado en otra parte, que, en ultima instancia, nunca se cuestiona. En este sentido, a lo largo de las páginas de Pedagogía Profana *hay algo de profanación, de burla simpática a lo sagrado de ciertas pedagogías pragmatistas, o moralizantes (como por cierto, de manera más o menos evidente, son casi todas) y de ciertos saberes estandarizados de la educación. Hay algo también de disposición irreverente para tratar cosas serias. Pero detengámonos un poco en esa invitación que se nos hace. ¿No terminaremos girando en un círculo? ¿no es éste un libro de un profesor universitario de Filosofía de la Educación (quien está por lo tanto inserto profesionalmente en el medio áspero de la seriedad académica de la universidad y los centros de investigación) y no es él quien nos hace un guiño, nos da vía libre para leer su libro como queramos? ¿cómo eludir la trampa que nos induce a que hasta para ser desobedientes tenemos que hacer lo que nos dice –o sugiere...– alguna autoridad para, en última instancia, seguir siendo obedientes? ¿es posible quebrar este encierro? ¿se puede hacerlo? ¿se debe? Y acá se juega la apuesta fuerte del libro: cómo transformar esa aparente paradoja en espacio de libertad y creación. Todo el libro es un esfuerzo por mostrar que una lectura sagaz no debe ampararse necesariamente en la seriedad de alguna tutela, en una ayuda privilegiada que debe ir guiando paso a paso en la dirección correcta para llegar al significado verdadero de un texto. El libro muestra una clave de resolución para este problema: pensar al otro (lector o autor) no como una reproducción o una variante de uno mismo –algo que suele dar una engañosa sensación de proximidad y afinidad–, sino en la sospecha de que sólo pensando una alteridad radical –es decir, evitando reducir el otro a mí– es posible definir caminos inéditos en la relación con los demás. En este juego de tensiones se vislumbra un problema mayor de la educación y de toda relación pedagógica: la función del maestro o del profesor en relación con la transmisión de conocimientos y, fundamentalmente, de valores; su función específicamente moralizadora, explícita o no.»*[12]

El profesor Brayner concluye su artículo de un modo parecido:

«Meirieu y Larrosa creen en los poderes formativos y regeneradores de la literatura, pero no tienen exactamente la misma posición sobre su relación con la educación: Meirieu propone lectores con metas precisas; Larrosa el rechazo de la recepción dirigida de la obra ficcional. Ambos están en profundo desacuerdo con un mundo cuya exigencia mayor tiende a la utilidad y a la performance. En el fondo, en todo eso reside un ataque sistemático contra la modernidad que conduce, después de algunas peripecias, a su única identificación con la razón instrumental, imperdonable traición de la Ilustración, causa de nuestro malestar. Hay de hecho en nuestros autores la intención subterránea de todo reformador educativo: redescribir las subjetividades. Falta por saber si la literatura podrá aportar los predicados necesarios para esta redescripción y si, haciéndolo, no estará transformándose en una nueva y más sofisticada tecnología del yo.»[13]

Quizá yo no lo diría exactamente así, pero por ahí puede haber elementos para pensar.

Hay algo que caracteriza también a tus escritos, y que se ha hecho patente en esta conversación, que es el uso constante de la literatura. De la novela, desde luego, en el modo como has trabajado la articulación narrativa de la idea de formación, por ejemplo en Pedagogía Pro-

---

12. Alejandro Cerletti, «Lecturas de la subjetividad» en *Versiones*, n.º 11, Buenos Aires, 2001, pág. 57.
13. F. Brayner, *op. cit.*, págs. 34-35.

fana, *pero también en el modo como has construido escenas de lectura en* La experiencia de la lectura, *los capítulos sobre Proust o sobre Handke por ejemplo, o más recientemente, en un uso de fragmentos de poetas. ¿Podrías decir algo sobre eso? ¿cuál sería la relación entre Literatura y Pedagogía? o, mejor dicho, ¿cómo has trabajado tú esa relación?*

Lo más importante no es lo que yo he hecho con la literatura, sino lo que la literatura ha hecho conmigo, lo que a mí me ha pasado, cuál ha sido mi experiencia con la literatura y cuáles han sido los efectos de esa experiencia en mi manera de pensar, de leer y de escribir en el campo pedagógico. Diré, para empezar, que la literatura ha sido para mí una experiencia de lenguaje y una experiencia de pensamiento. Al mismo tiempo. Y es ahí, en esa experiencia de dos caras, en esa experiencia en la que leer y escribir de otro modo es indisolublemente pensar de otro modo, y a la inversa, es ahí, en esa experiencia doble, donde literatura y filosofía no son otra cosa que los polos que tensan tanto el espacio de lo que nos es posible pensar como el ámbito de lo que nos es posible decir, también, desde luego, lo que nos es posible pensar y lo que nos es posible decir en relación a eso que a todos los presentes nos ocupa y nos preocupa y que llamamos educación.

Se diga lo que se diga, nuestro oficio es un oficio de palabras. Lo que hacemos es hablar y escuchar, leer y escribir. Hablar de cierto modo, y no de otro. Escribir de cierto modo, y no de otro. Decir ciertas cosas y no decir otras. Y eso es, sin duda, una cuestión de estilo, pero no en el sentido trivial y decorativo de hablar o escribir más o menos «bonito». El estilo no tiene nada que ver con amaneramientos o con exquisiteces verbales, nada que ver con la elegancia o con el buen gusto. Cuando la cosa va por ahí, por esa concepción meramente efectista del estilo, el que te digan que escribes bien es casi un insulto. Nuestro oficio es un oficio de palabras. Y eso no significa sólo que nosotros hagamos cosas con palabras, sino también, y sobre todo, que son las palabras las que hacen cosas con nosotros y que, a veces, cuando nos embarcamos en ciertas experiencias, algo les pasa a nuestras palabras. Por eso yo puedo hablar de lo que yo he hecho con la literatura, con ese tipo especial de palabras que llamamos literatura, pero lo importante seguirá siendo lo que la literatura ha hecho conmigo: con mi relación con las palabras, con mi relación con las palabras de ese conjunto disperso y heterogéneo de juegos de lenguaje que llamamos Pedagogía, con mi relación con las palabras de ese conjunto disperso y heterogéneo de juegos de lenguaje que llamamos Filosofía de la Educación, con mi relación, sobre todo, con mis propias palabras.

Además, el nuestro es un oficio de ideas. Nosotros aceptamos y rechazamos ideas, construimos y deconstruimos ideas, desarrollamos ideas, mejoramos o degradamos ideas, repetimos ideas, disfrazamos ideas, defendemos y atacamos ideas, usamos ideas, seguimos ideas, nos agrupamos alrededor de ideas, probamos ideas, exploramos ideas, inventamos ideas. Y una idea es un modo de pensar las cosas, una cierta determinación de nuestro pensamiento, algo que nos hace pensar de determinada manera. Usando la metáfora visual del perspectivismo podríamos decir que una idea es como un punto de vista, como una determinación de nuestra mirada, como algo que nos hace ver de determinada manera. Por eso las ideas no son verdaderas o falsas, correctas o incorrectas. Simplemente nos hacen pensar de un modo o de otro. Y es ese modo de pensar el que debemos calibrar. Rechazar una idea no es refutarla, sino rechazar el modo como nos da a pensar las cosas: y tratar de pensarlas de otro modo. Las ideas construyen realidad en el mismo movimiento en que nos permiten pensarla de un modo y no de otro. La realidad, las cosas, no es sino lo que se constituye en el acto mismo en que la pensamos. Por eso no es que las ideas nos den la posibilidad de acceder al mundo real, sino que nos dan lo real como una determinada posibilidad. Por eso no se trata de argumentar a favor o en contra, sino de consentir o de disentir, de aceptar o de no aceptar lo que las ideas nos dan como realidad, como verdad. De lo que se trata es de conformarse o de no conformarse.

Por eso no se trata sólo de usar la literatura para ilustrar determinadas ideas, o para construir determinadas ideas, o para refutar determinadas ideas, o para exponer determinadas ideas. No se trata sólo de cómo la literatura sirve a nuestras ideas, de la utilidad o el uso de la literatura para nuestras ideas, sino que se trata sobre todo de qué es lo que la literatura les puede hacer a nuestras ideas, de qué es lo que les pasa a nuestras ideas cuando hacemos esa experiencia de lenguaje y de pensamiento que yo he llamado literatura. A posteriori, desde luego, pueden identificarse algunas apuestas (teóricas, pero también éticas y políticas) y algunos efectos (teóricos, pero también éticos y políticos) en ese trabajo con la literatura en el que me he embarcado durante algunos años o, como tú dices, en esa relación entre Literatura y Pedagogía en la que yo me he movido de un modo específico.

De todas formas, para abordar las relaciones entre Literatura y Pedagogía, lo primero que hay que hacer es problematizar esas «cosas» llamadas Literatura y Pedagogía, más que nada para tratar de evitar esa tendencia casi natural de nuestro pensamiento y de nuestro lenguaje a cosificar. Quiero decir que la palabra «literatura» y la palabra 'pedagogía» son de esas palabras a la vez vagas y demasiado conocidas, a la vez evidentes y mal determinadas, que dicen demasiadas cosas y, a la vez, no dicen nada. Un poco como lo que decía San Agustín del tiempo: si no me lo preguntan, sé lo que es, pero si me lo preguntan, no lo sé. Todos nosotros sabemos qué es eso de la literatura, o qué es eso de la pedagogía, pero no sabríamos decir más que vaguedades o estupideces si tuviésemos que responder a esas preguntas. Además, ¿a quién le interesa qué es literatura o qué es pedagogía? Hay que tener mentalidad de burócrata o de policía (o de profesor, esa mezcla de burócrata y de policía) para pensar que esas son las preguntas importantes. Lo que existen en el discurso son prácticas más o menos institucionalizadas de escritura, modos institucionalizados de clasificar las obras, modos institucionalizados de leer, relaciones institucionalizadas entre tipos de discursos, trazados discursivos de fronteras, etc., y cada vez estoy más convencido de que la pregunta ¿qué es? no es una buena pregunta, al menos si está planteada, ingenuamente, como la pregunta por una cosa, por la identidad y la identificación de una cosa. Me parece que, en estos casos, es útil ese gesto de descosificación y de desnaturalización de lo todo lo que nos parece evidente, ese gesto que subyace a expresiones nietzscheanas y/o foucaultianas como: la razón es un invento reciente, la historia es un invento reciente, la verdad es un invento reciente, la locura es un invento reciente, la escuela es un invento reciente, la cultura es un invento reciente, la sexualidad es un invento reciente, la prisión es un invento reciente, el hombre es un invento reciente... la literatura es un invento reciente, la pedagogía es un invento reciente... para preguntarse después cómo se constituyen y cómo funcionan esos inventos. Creo que lo primero que hay que hacer problematizar es esas instituciones llamadas «literatura» y «pedagogía». Lo que hoy llamamos «literatura» no ha existido siempre, aunque sobre esa ficción se monten las Historias de la Literatura. Recuerda la cita de Foucault que he transcrito antes sobre el cuestionamiento de que *«eso que retrospectivamente tenemos el hábito de llamar 'literatura' existe desde hace milenios»*. Y lo mismo podríamos decir de la Filosofía o de la Pedagogía.

Es imposible (e imbécil) definir la literatura sea con la idea vaga de un repertorio de obras o con la idea, aún más vaga, de una esencia común a todas las obras literarias. Porque la literatura, al menos la que a mí me interesa, no es otra cosa que el movimiento infinito de cuestionarse a sí misma. La literatura es una determinada relación con la lengua o, más radicalmente, la literatura es una experiencia radical de escritura en la que, en cada momento, está en juego qué es escribir. Y como escribir es, simplemente, escribir de otro modo, entonces la literatura se determina siempre contra la literatura. Lo diré otra vez con Foucault. En *Las palabras y las cosas*, al final del capítulo dedicado a la emergencia del lenguaje como una nueva positividad, como un nuevo objeto de conocimiento y como un instrumento más o menos eficaz de comunicación, Foucault habla de la literatura en un párrafo largo y complejo que no tiene desperdicio y que no resisto a reescribir casi en su totalidad:

«... a principios del siglo XIX, en la época en que el lenguaje se hundía en su espesor de objeto y se dejaba, de un cabo a otro, atravesar por un saber, la literatura se reconstituyó bajo una forma independiente, de difícil acceso, replegada sobre el enigma de su nacimiento y refererida por completo al acto puro de escribir. La literatura es la impugnación de la filología (de la cual es, sin embargo, la figura gemela): no remite el lenguaje a la gramática sino al poder desnudo de hablar y ahí encuentra el ser salvaje e imperioso de las palabras. Desde la rebelión romántica contra un discurso inmovilizado en su ceremonia, hasta el descubrimiento de Mallarmé de la palabra en su poder impotente, puede verse muy bien cuál fue la función de la literatura, en el siglo XIX, en relación con el modo de ser moderno del lenguaje. Sobre el fondo de ese juego esencial la literatura se distingue cada vez más del discurso de ideas y se encierra en una intransitividad radical; se separa de

todos los valores que pudieron hacerla circular en la época clásica (el gusto, el placer, lo natural, lo verdadero) y hace nacer en su propio espacio todo aquello que puede asegurarle la denegación lúdica (lo escandaloso, lo feo, lo imposible); rompe con toda definición de 'géneros' como formas ajustadas a un orden de representaciones y se convierte en pura y simple manifestación de un lenguaje que no tiene otra ley que afirmar –en contra de los otros discursos– su existencia escarpada; ahora no tiene otra cosa que hacer que curvarse en un perpetuo regreso sobre sí misma, como si su discurso no pudiera tener como contenido más que decir su propia forma: se dirige a sí misma como subjetividad escribiente donde trata de recoger, en el movimiento que la hace nacer, la esencia de toda literatura; y así todos sus hilos convergen hacia el extremo más fino –particular, instantáneo y, sin embargo, absolutamente universal–, hacia el simple acto de escribir. En el momento en que el lenguaje, como palabra esparcida, se convierte en objeto de conocimiento, he aquí que reaparece bajo una modalidad estrictamente opuesta: silenciosa, cauta deposición de la palabra sobre la blancura de un papel en el que no puede tener ni sonoridad ni interlocutor, donde no hay otra cosa que decir que no sea ella misma, no hay otra cosa que hacer que centellear en el fulgor de su ser».[14]

El silencio de la escritura, parece decir Foucault, nace de una relación inédita con el lenguaje. La literatura se aparta, por un lado, del lenguaje como objeto de conocimiento y como instrumento de comunicación. El escritor no es ya el que conoce la lengua, ni el que la domina, ni el que la usa. Y la literatura se aparta también de toda tradición de formas consagradas. El escritor no es ya el que construye un lenguaje formado

14. M. FOUCAULT, *Las palabras y las cosas*. México. Siglo XXI, 1968, págs. 293-294.

según determinadas reglas y el poeta no es ya un fabricante de versos. La escritura no es ya el lugar de la lengua-conocimiento, ni de la lengua-comunicación, ni de la lengua-belleza. Y es en esa serie de negaciones, en esa serie de apartamientos, en esos repliegues, en donde la escritura hace del silencio su propia experiencia.

Voy a intentar mostrar eso de la literatura como cuestionamiento de sí misma, eso de la literatura contra la literatura, con algunos fragmentos poéticos. Con una queja de Enrique Lihn:

> *«Cuánta palabra en cada cosa*
> *qué exceso de retórica hasta en la última hormiga.»*

O con el poema «Crítica de la poesía», de José Emilio Pacheco, un poema que funciona borrando lo que se acaba de escribir y renunciando a esos «mil poemas» que vienen casi automáticamente a la boca, o a la pluma:

> *«He aquí la lluvia idéntica y su airada maleza.*
> *La sal, el mar deshecho...*
> *Se borra lo anterior, se escribe luego:*
> *Este convexo mar, sus migratorias*
> *y arraigadas costumbres,*
> *ya sirvió alguna vez para hacer mil poemas.*
> *(La perra infecta, la sarnosa poesía,*
> *risible variedad de la neurosis,*
> *precio que algunos hombres pagan*
> *por no saber vivir.*
> *La dulce, eterna, luminosa poesía).*
> *Quizás no es tiempo ahora:*
> *nuestra época*
> *nos dejó hablando solos.»*

O, finalmente, con unos versos de Roberto Juarroz en los que la poesía aparece como una forma de decir las cosas desdiciéndolas, como una forma de nombrar el mundo desnombrándolo:

*«Desbautizar el mundo,
sacrificar el nombre de las cosas
para ganar su presencia.»*

La literatura, repito, es una experiencia del lenguaje en la que lo que está en juego es qué es escribir. De ahí la permanente tentación y la permanente amenaza del silencio. ¿Podríamos decir lo mismo de la filosofía? La filosofía es una determinada relación con las ideas o, dicho de otro modo, una experiencia radical de pensamiento en la que, en cada momento, lo que está en juego es qué es pensar. Y como pensar es, simplemente, pensar de otro modo, entonces la filosofía se determina siempre contra la filosofía.

Lo diré, de nuevo, con Foucault, con ese espléndido motivo foucaultiano del «pensar de otro modo» que aparece en el prólogo al segundo volumen de la *Historia de la sexualidad*, es decir, después de un largo silencio. La cita es también larga y muy conocida, pero creo que vale la pena leerla una vez más:

«En cuanto al motivo que me impulsó, fue bien simple. Espero que, a los ojos de algunos, pueda bastar por sí mismo. Se trata de la curiosidad, esa única especie de curiosidad, por lo demás, que vale la pena de practicar con cierta obstinación: no la que busca asimilar lo que conviene conocer, sino la que permite alejarse de uno mismo. ¿Qué valdría el encarnizamiento del saber si sólo hubiera de asegurar la adquisición de conocimientos y no, en cierto modo y hasta donde se puede, el extravío del que conoce? Hay momentos en la vida en los que la cuestión de saber si se puede pensar distinto de como se piensa y percibir distinto de como se ve es indispensable para seguir contemplando o reflexionando. Quizá se me diga que estos juegos con uno mismo deben quedar entre bastidores, y que, en el mejor de los casos, forman parte de esos trabajos de preparación que se desvanecen por sí solos cuando han

logrado sus efectos. Pero ¿qué es la filosofía hoy –quiero decir la actividad filosófica– si no el trabajo crítico del pensamiento sobre sí mismo? ¿Y si no consiste, en vez de legitimar lo que ya se sabe, en emprender el saber cómo y hasta dónde sería posible pensar de otro modo?»[15]

Yo creo que aquí es donde está la tangente que atraviesa filosofía y literatura, en esa apuesta por pensar de otro modo, por interrogar constantemente qué es lo que podemos pensar, qué es lo que nos está permitido pensar, qué es lo que nos es dado pensar. Y en esa apuesta por hablar o escribir de otro modo, por interrogar constantemente qué es lo que podemos decir, qué es lo que nos está permitido decir, qué es lo que nos es dado decir, de lo que se trata es de cómo pensar de otro modo y de cómo hablar de otro modo en cualquier ámbito de la experiencia, también, desde luego, en ese ámbito de experiencia que llamamos educación. Por eso esa tangente entre filosofía y literatura tiene que ver, esencialmente, con la invención de nuevas posibilidades de vida, con la experimentación de otras formas de habitar el mundo, con el trazado de otras formas de relacionarnos con los demás y con nosotros mismos. La búsqueda de una lengua otra y la búsqueda de un pensamiento otro son también, al mismo tiempo, la búsqueda de una experiencia otra, de una vida otra.

Dicho esto, podríamos determinar el campo pedagógico o, si se quiere, esa institución llamada Pedagogía, como un lugar constituido por la puesta en marcha de determinadas políticas de la lengua, de determinadas políticas del pensamiento y de determinadas políticas de la subjetividad. Aquí aprendemos, a la vez, a hablar como dios manda, a pensar como dios manda, y a vivir

15. M. FOUCAULT, *Historia de la sexualidad 2. El uso de los placeres.* Madrid. Siglo XXI, 1986, págs. 11-12.

las relaciones educativas como dios manda. Y aquí sentimos, a veces, que ya no podemos pensar lo que todo el mundo piensa, ni podemos decir lo que todo el mundo dice, ni podemos vivir como todo el mundo vive, y sentimos, a veces, como una cierta inquietud que atraviesa nuestra lengua, nuestro pensamiento y nuestra vida. Y cuando sentimos eso, ya estamos afuera, afuera de los marcos que se nos imponen (y que nos constituyen), pero afuera también de cualquier territorio seguro o asegurado. Y sentimos una tentación de silencio que tiene que ver, simplemente, con el acallamiento de un lenguaje inservible o, mejor, con la renuncia a un lenguaje envilecido. Un silencio que tiene que ver con la imposibilidad de usar el lenguaje recibido. O, lo que es casi lo mismo, con la imposibilidad de seguir pensando como se pensaba. Es entonces cuando también la Pedagogía se determina contra la Pedagogía, contra los modos constituidos de leer, de escribir, de pensar y de vivir que se nos imponen. En ese contexto, a la pregunta «¿para qué sirve la literatura?» se le puede dar ya una respuesta, o un camino de respuesta, aparentemente constructivo.

En primer lugar, la literatura como experiencia de lenguaje puede servir para fomentar lo que llamaré una «actitud filológica», es decir, para luchar contra el general allanamiento del lenguaje de la Pedagogía producido, no sólo por esa lengua trivial y trivializada, aparentemente neutra y objetiva, con la que se articulan los discursos científico-técnicos, no sólo por esa lengua mentirosa y canalla en la que se articulan los discursos moralizantes y edificantes, sino también, y sobre todo, por la pretensión de la lengua de no ser otra cosa que comunicación, de no ser otra cosa que información. Lo diré con José Luis Pardo:

«Hay un intento en marcha para librar al lenguaje de su incómodo espesor, un intento de borrar de las palabras todo sabor y toda resonancia, el intento de

imponer por la violencia un lenguaje liso, sin manchas, sin sombras, sin arrugas, sin cuerpo, la lengua de los deslenguados, una lengua sin otro en la que nadie se escuche a sí mismo cuando hable, una lengua despoblada, hecha de imágenes insípidas que habitan una superficie sin fondo.»[16]

En segundo lugar, la literatura como experiencia de pensamiento puede servir para fomentar lo que llamaré una «actitud filosófica», es decir, para luchar contra la estupidez. Esta vez lo diré con Deleuze:

«El pensamiento adulto y aplicado tiene otros enemigos, estados enemigos diversamente profundos. La estupidez es una estructura del pensamiento como tal: no es una forma de equivocarse, expresa por derecho el sinsentido del pensamiento. La estupidez no es un error ni una sarta de errores. Se conocen pensamientos imbéciles, discursos imbéciles construidos enteramente a base de verdades, pero estas verdades son bajas, son las de un alma baja, pesada y de plomo. La estupidez y, más profundamente, aquello de lo que es síntoma: una manera baja de pensar.»[17]

Y, en tercer lugar, la literatura puede servir para fomentar lo que llamaré una «actitud vital», es decir, para luchar contra ese empequeñecimiento de la vida que observamos por doquier donde reina ese lenguaje sin lenguaje de la información y ese pensamiento sin pensamiento de la estupidez. Lo diré otra vez con Pardo:

«En el flujo de la vida corriente se observan dos clases de movimientos. El primero es negativo a pesar de su positividad: se trata de la violencia que la conciencia le hace a la vida para intentar retenerla o contenerla, detenerla, someterla, manipularla, esa violencia es negativa ante todo porque fracasa, porque al querer detener

16. J.L. Pardo, *La intimidad. Op. cit.*, pág. 72.
17. Gilles Deleuze, *Nietzsche y la Filosofía*. Barcelona. Anagrama, 1971, págs. 148-149.

lo vivo no hace más que asesinar un fragmento de vida, recortarlo, aislarlo de la corriente, mutilarlo para poder conservarlo y, por tanto, lo pierde justamente en la medida en que se apropia de él. (…) El segundo movimiento es en cambio positivo a pesar de su negatividad: la humillación que la conciencia siente cuando es desbordada por la vida, cuando experimenta una fuga de vida, cuando deja de hacer violencia porque ha comprendido ya la inutilidad de sus esfuerzos, cuando la conciencia, en fin, se da por vencida y se convierte en sensibilidad, en sentido que siente su propia impotencia de sentir (…); esta humillación es positiva simplemente porque triunfa en su intento de experimentar la vida, porque, al dejar correr la vida, al liberarla en su interior, devuelve la vida a la vida y siente cómo la vida se le escapa, se siente morir. Entonces, la vida no se limita a correr sino que se demora para consentirse a sí misma, da un rodeo antes de proseguir su carrera, se detiene entrelazándose consigo misma antes de desbordarse, dejándose sentir a sí misma en su huida, disfrutando del hecho de escapar perpetuamente de sí misma.»[18]

La literatura sirve para sentir nuestra propia lengua, para tratar de no ser demasiado estúpidos, para sentirnos vivos.

De todas formas, llegados aquí, hay que hacer una salvedad. No puede haber defensa de la literatura que no sea, al mismo tiempo, crítica de la literatura. Lo explicaré con otro ejemplo. En los últimos años, como sabéis, se han realizado ciertos ejercicios de defensa de las humanidades en el curriculum como resistencia a las constantes reformas educativas que privilegiaban cada vez más los contenidos utilitarios y pragmáticos. Y esa defensa se ha hecho apelando al sentido crítico y al pensamiento propio que, según se decía, fomentaban las humanidades. Pero todos los que hemos pasado un

18. J.L. PARDO, *La intimidad. Op. cit.*, págs. 151-152.

bachillerato de letras sabemos que por las disciplinas humanísticas pasaban rigurosos ejercicios de moralización, de disciplina, y de adoctrinamiento ideológico. Sin hablar del carácter eurocéntrico, sexista o clasista de muchos de sus contenidos. Por lo tanto, no puede haber reivindicación de las humanidades sin una crítica de las humanidades. Algo que, dicho en su favor, las humanidades mismas se han encargado muchas veces de realizar. Yo creo que con la literatura pasa lo mismo. La literatura es un producto de mercado sometido a todas las constricciones de la industria cultural de nuestros días. Y no podemos hacer de ella, sin más, un producto salvífico o emancipador. Para defender la literatura hay que curarse primero de cualquier religión literaria. Y, desde luego, hay que tomarla en serio.

Como hemos ido viendo, hay en tu exposición un cierto trasfondo de lecturas. Tanto literarias como no literarias (si es que esa distinción, por lo que has dicho, tiene algún sentido). Y La experiencia de la lectura *es, sin duda, un libro hecho de lecturas, un libro que está como dejado en la puerta de la biblioteca para invitar a leer. Además, me parece que* La experiencia de la lectura *está en una relación curiosa de continuidad-discontinuidad con* Pedagogía Profana, *no sólo porque existan algunos capítulos que se repiten en los dos libros, sino porque también, en parte,* Pedagogía Profana *es un libro hecho de lecturas.*

Los escritores suelen repetir el tópico de que uno escribe siempre el mismo libro. Para mí, ese siempre es quizá excesivo porque *La experiencia de la lectura* salió en 1996, hace nada como quien dice, y es cierto que *Pedagogía Profana* e, incluso, los textos que aparecerán en *Entre las lenguas,* que ya está casi listo, podrían considerarse variantes, en el sentido musical de la palabra, de *La experiencia.* Sin embargo hay algunos desplazamientos, como en todas las variantes, como si mi obra fuera algo que se abre en espiral, o que va añadiendo otros puntos de vista sobre las mismas cuestiones centrales, o que va acentuando de otro modo los mismos temas. Y esos desplazamientos tienen que ver, sobre todo, con una distancia cada vez mayor de la hermenéutica (digamos que los temas «experiencia» y «formación» tenían en *La experiencia de la lectura* un aroma hermenéutico que van poco a poco perdiendo) y con un énfasis cada vez mayor en las cuestiones de la pluralidad. Si consideramos, por ejemplo, el modo de problematizar la traducción, la vieja cuestión de «leer es como traducir», se advierte enseguida que si el tópico está tratado en *La experiencia de la lectura* desde el punto de vista de la formación, de la *Bildung*, en mis textos posteriores está tratado desde el punto de vista de la babelización de la lengua, de la lectura como productora de diferencias. Algo que ya está presente en *La experiencia de la lectura*, pero más desde el punto de vista lectura y subjetividad que desde el punto de vista lectura y lenguaje.

Y sobre lo del «libro colocado a la puerta de la biblioteca» te diré, primero, que me ha encantado la imagen, que nunca la había pensado y que me parece halagadora e iluminadora. Creo que los libros interesantes son los que dan ganas de leer. O, dicho de un modo más preciso, los que ponen en movimiento hacia la lectura. Algo de eso hay en el capítulo de *Pedagogía Profana* que se titula «Sobre la lección». Y algo de eso hay también en el último capítulo de *La experiencia de la lectura*, ese del incendio de la biblioteca al que ya me he referido, como una invitación a quemar lo que se ha leído para empezar a leer, para que la lectura siga siendo posible. A mí me parecen terribles esos libros, tan comunes en Pedagogía y, sobre todo, en Filosofía de la Educación, que te dan la biblioteca leída para que ya no haga falta que tú la recorras por ti mismo. O todos esos libros de profesores (en el mal sentido de la palabra) que te dan la biblioteca clasificada en escuelas, en enfoques, en *ismos*. Todos los libros, en resumen, que te dicen lo que la biblioteca piensa o lo que la biblioteca dice para que tú te acomodes en lo ya pensado o en lo ya dicho, para que lo único que tengas que hacer sea apropiarte de eso y, por tanto, para que ya no sea necesario leer.

Por otra parte, uno aprende también el valor y el sentido de lo que hace en el modo como lo va poniendo en relación con lo que hacen sus amigos. Y digo «amigos» y no «colegas». De hecho cada vez me interesan menos las comunidades científicas, o las comunidades de especialistas (si es que esos montajes institucionales pueden llamarse comunidades) y cada vez me interesa más darle un sentido noble a eso que se llama amistad, una amistad que, como dice Deleuze, es interior a la filosofía: *«No se puede saber qué es la filosofía sin vivir esa cuestión oscura, y sin responderla, aunque sea difícil».* Y una amistad que, seguramente, es también interior al lenguaje. Por eso podría decirse que no se puede saber lo que es hablar, o escuchar, sin vivir esa cuestión oscura, sin responderla, aunque sea difícil... o aunque la respuesta sea sólo el modo como hablamos y como escuchamos, como escribimos y como leemos. Lo diré de otra manera: cada vez me interesa menos eso que se llama discusión, o debate, o eso que lo políticamente correcto nombra con esa palabra completamente vacía y enormemente tramposa de diálogo. Y cada vez estoy más convencido que lo único que vale la pena es la conversación. Es decir, que el problema es hasta qué punto somos aún capaces de hablar, hasta qué punto somos aún capaces de hablarnos, hasta qué punto somos capaces de poner en común lo que pensamos, o lo que nos hace pensar, hasta qué punto podemos aún vivir los unos con los otros, no sólo tolerarnos, o sernos útiles los unos a los otros sino vivir, sentir la vida y pensar la vida y contar la vida con los otros.

Porque uno puede discutir, o debatir, o dialogar, con cualquiera, pero no puede conversar con cualquiera, ni puede pensar con cualquiera, ni puede vivir con cualquiera. Y el espacio académico, el espacio instituido en términos de especialistas, es un lugar cada vez más inhábil para la conversación y para el pensamiento y cada vez más inhabitable para la vida. ¿Se tratará, entonces, de hacer amigos?

www.ingramcontent.com/pod-product-compliance
Lightning Source LLC
LaVergne TN
LVHW010308200726
843507LV00010B/1190